HISTÓRIA DA BRUXARIA

HISTÓRIA DA BRUXARIA

JEFFREY B. RUSSELL & BROOKS ALEXANDER

EDIÇÃO REVISTA E ATUALIZADA

TRADUÇÃO
Álvaro Cabral e William Lagos

goya

HISTÓRIA DA BRUXARIA

TÍTULO ORIGNAL:
A History of Witchcraft

TRADUÇÃO DO CAPÍTULO 12:
Marcello Borges

REVISÃO:
Hebe Ester Lucas
Ana Luiza Candido

CAPA E ILUSTRAÇÕES DE GUARDAS:
Mateus Acioli

PROJETO GRÁFICO E DIAGRAMAÇÃO:
Elis Nunes

DADOS INTERNACIONAIS DE CATALOGAÇÃO NA PUBLICAÇÃO (CIP) DE ACORDO COM ISBD
ELABORADO POR VAGNER RODOLFO DA SILVA - CRB-8/9410

R961h Russell, Jeffrey B.
História da bruxaria / Jeffrey B. Russell, Brooks Alexander ; traduzido por Álvaro Cabral, William Lagos. - 3. ed.
- São Paulo : Goya, 2025.
288 p. : 16cm x 23cm.

Tradução de: A History of Witchcraft

ISBN: 978-85-7657-738-6

1. Bruxaria. 2. História. 3. Não ficção. I. Alexander, Brooks. II. Cabral, Álvaro. III. Lagos, William. IV. Título.

2025-1927 CDD-133.43
CDU 133.4

ÍNDICES PARA CATÁLOGO SISTEMÁTICO:
1. Bruxaria 133.43
2. Bruxaria 133.4

PUBLICADO MEDIANTE ACORDO COM THAMES & HUDSON LTD, LONDRES.

Para Ky Russell e Michael Thomas e para Anastasia.

goya
é um selo da Editora Aleph Ltda.

Rua Bento Freitas, 306, cj. 71
01220-000 – São Paulo – SP – Brasil
Tel.: 11 3743-3202

www.editoragoya.com.br

@editoragoya

Sumário

PREFÁCIO ... 7
INTRODUÇÃO ... 10

PARTE 1: FEITIÇARIA E BRUXARIA HISTÓRICA ... 24

1. Feitiçaria ... 25
   - A feitiçaria no mundo ... 28
   - A feitiçaria em tempos antigos ... 39
   - Feitiçaria e religião ... 44

2. As raízes da bruxaria europeia ... 51
   - Interpretações da bruxaria europeia ... 55
   - Feitiçaria, folclore e religião na Europa pagã ... 59
   - O status legal da feitiçaria ... 69

3. Bruxaria, heresia e Inquisição ... 73
   - As heresias dualistas ... 75
   - Da feitiçaria à bruxaria ... 83

4. A caça às bruxas na Europa continental ... 92
   - O crescimento da caça às bruxas ... 97
   - O auge da caça às bruxas ... 105

5. Bruxaria na Grã-Bretanha e nas colônias inglesas da América do Norte ... 115
   - Bruxaria nas Ilhas Britânicas ... 115
   - Bruxaria nas colônias americanas ... 130

6. Bruxaria e sociedade ... 136
   - Bruxaria e mulheres ... 141
   - Os julgamentos de Salem ... 149

7. O declínio da bruxaria ... 153
   - O ressurgimento romântico ... 164

PARTE 2: BRUXARIA MODERNA ... 170

8. Sobrevivências e ressurgimentos ... 171
   - Feitiçaria moderna ... 173

9. Bruxaria neopagã: as origens ... 179
   - Bruxaria como paganismo: Jarcke, Mone e Michelet ... 179
   - Os precursores: Leland, Murray e Graves ... 184
   - Gerald Gardner: o pai da bruxaria moderna ... 197
   - Descrevendo a bruxaria moderna ... 203

10. Bruxaria neopagã: o movimento ... 205
   - A releitura da Wicca: de Doreen Valiente a Alex Sanders ... 207

O florescimento da diversidade: a bruxaria nos Estados Unidos 214
Cibercultura, cultura pop e a ascensão dos paganoides 221
Bruxaria e a interface inter-religiosa 232
Olhando o futuro: crescimento, validação e mudança 236

11. O papel da bruxaria 241

12. Bruxaria hoje 247

APÊNDICE 254
NOTAS 256
BIBLIOGRAFIA 262
LISTA DE ILUSTRAÇÕES 268
ÍNDICE REMISSIVO 274
SOBRE OS AUTORES 283

Prefácio

Na Galícia espanhola costuma-se dizer uma frase popular: *yo no creo en meigas, pero hayas* (eu não creio em bruxas, mas elas existem!). Quer se acredite ou não nos poderes da bruxaria, tem que se acreditar na existência de bruxas. Conheço muitas pessoalmente.

Em 2007 foi lançada uma edição revista de *A history of witchcraft*,* livro publicado pela Thames & Hudson em 1980. Incluía um novo prefácio, uma nova introdução, dois capítulos completamente novos (escritos por meu colaborador, Brooks Alexander) sobre bruxaria neopagã, uma conclusão revisada (o Capítulo 11) e uma bibliografia totalmente atualizada. Em muitos sentidos, era um novo livro. Em 2024 acrescentamos, ainda, um último capítulo sobre o atual momento da bruxaria, que complementa a presente edição.

Gostaria de agradecer a todos os que trabalharam comigo no livro original, especialmente minha falecida esposa, Diana M. Russell. Ofereço com alegria um agradecimento especial a nosso editor, Jamie Camplin, cujo contínuo interesse no livro originou a nova edição. Agradeço, também, a minha esposa, Pamela C. Russell, que trabalhou comigo na área da bruxaria histórica durante muitos anos e, naturalmente, a Brooks Alexander, cujo conhecimento da bruxaria moderna tornou possível este novo livro.

Jeffrey B. Russell

* Publicado no Brasil com o título *História da feitiçaria* (Campus, 1993). [N. E.]

Como a própria bruxaria moderna, esta apresentação é uma colagem das contribuições de muitas pessoas – entre as quais a dos próprios bruxos não é a menos importante. Eu conheci, entrevistei e conversei com um grande número de bruxos ao longo dos anos e seus generosos conselhos, *insights* e explicações pacientes foram indispensáveis para a criação deste manuscrito. Tenho uma dívida toda especial para com Don Frew, um alto sacerdote wiccano, cuja acessibilidade incansável facilitou muito minha pesquisa. Também devo gratidão aos bruxos de mentalidade ecumênica do COG (*Covenant of the Goddess*), que consistentemente lutaram (algumas vezes contra a resistência de membros de sua própria comunidade) para tornar sua religião mais amplamente conhecida e compreendida pelo público em geral; dentre eles, envio meus agradecimentos especiais a Anna Korn, Alison Harlow, Jennifer Gibbons, Gus DiZerega e Diana Paxson – bruxos cuja colaboração e amizade pessoal me abriram amplos caminhos de pesquisa e compreensão que, de outro modo, teriam permanecido desconhecidos para mim.

Minha esposa, Victoria, e minhas filhas, Leslie e Anastasia, foram uma profunda fonte de apoio e encorajamento durante este projeto, dando-me forças quando encontrei dificuldades e sendo uma defesa contra o desespero. Finalmente, quero agradecer ao homem de ampla visão e profundidade de conhecimento, o criador inicial deste notável trabalho, Jeffrey Russell, que nos deixou um legado definitivo sobre o assunto. Sinto-me honrado, por isso, em participar desta edição revista de seu livro.

Brooks Alexander

HISTÓRIA DA BRUXARIA

Introdução

O QUE É UMA BRUXA?

Se você perguntar a seus conhecidos o que é uma bruxa, provavelmente eles lhe dirão que bruxas não existem. Bruxas, afirmarão eles, são personagens imaginários, representados como velhas horrorosas, com verrugas no nariz, chapéus compridos e pretos em formato de cone, montadas em cabos de vassoura, que criam gatos pretos e dão gargalhadas malignas, bastante parecidas com cacarejos. A Rainha Má de *A Branca de Neve* de Walt Disney, o desempenho de Margaret Hamilton como a Bruxa Má do Oeste em *O Mágico de Oz* e, por trás delas, uma longa tradição artística que se estende do século XIII a Goya, fixaram essa imagem em nossas mentes. Provavelmente, nenhuma bruxa, em tempo algum, jamais teve as características desse estereótipo.

Todavia, bruxas existem realmente. De fato, a bruxaria é considerada uma religião de pleno direito por numerosas instituições, inclusive as forças armadas e o sistema legal dos Estados Unidos. Dentre as bruxas que conhecemos, nenhuma correspondeu jamais a esse estereótipo, exceto talvez em festas à fantasia.

Outros podem dizer que "bruxa" é uma pessoa que tem poderes psíquicos. É verdade que muitas bruxas afirmam ter poderes psíquicos, mas isso não prova se de fato elas os possuem ou não, nem se a simples posse de tais poderes transformaria uma pessoa em bruxa. Existem muitos outros elementos para se caracterizar uma bruxa. Algumas pessoas podem imaginar vagamente que bruxas praticam alguma coisa parecida com vodu. Isso é sinal de que tais pessoas interpretam mal tanto a bruxaria como o vodu. O vodu é uma religião que combina o cristianismo com o paganismo africano, e seus rituais são praticados como um meio de proteção *contra* a bruxaria.

Há respostas mais acuradas e úteis para a pergunta que se coloca no título desta introdução: (1) bruxa é o mesmo que feiticeira: esta é a abordagem antropológica; (2) a bruxa adora o Diabo: esta é a abordagem histórica para a bruxaria europeia; (3) a bruxa reverencia deuses e deusas e pratica a magia para boas

Ilustração marginal para o livro *Le champion des dames*, de Martin Le Franc (cerca de 1451). Esse é um dos primeiros desenhos de bruxas na Europa medieval. Elas são representadas cavalgando uma vassoura e um bastão pelos ares.

causas: este é o enfoque adotado pela maior parte dos bruxos modernos. Cada um desses pontos de vista pode ser justificado.

Alguém que pretenda mergulhar mais fundo nessa questão encontrará muito pouca ajuda na maioria dos inúmeros livros populares oferecidos nas seções de ocultismo das livrarias. Recentemente, são muitos os trabalhos que se dedicam ao tarô, astrologia, satanismo, abertura de canais (psicografia), mediunidade, cristais, tábua Ouija, quiromancia, extraterrestres, drogas psicodélicas – e também à bruxaria. Bruxaria e ocultismo não são a mesma coisa, e muitos bruxos se esforçam ao máximo para dissociar sua imagem e suas práticas de qualquer forma de ocultismo. Por outro lado, hoje, já há muitos livros que discutem seriamente o assunto, e seus títulos estão na bibliografia deste livro.

O equívoco mais comum a respeito da bruxaria é a concepção de que "bruxas não existem". Stephen Jay Gould, o grande paleontólogo e ensaísta, continuamente deplorou a tendência humana à dicotomia – por exemplo, a de se satisfazer em receber um simples "sim" ou "não" como resposta –, bloqueando, assim, o caminho para a obtenção de respostas mais profundas. A existência ou não de bruxas está intimamente relacionada à definição adotada para caracterizá-las. Está aí a justificativa principal deste livro.

Uma série de enganos nessas muitas definições deve ser mencionada antes de seguirmos em frente. A noção de que o curandeiro é bruxo é um deles.

O curandeiro [*witch-doctor*] pratica a magia, mas sua função é justamente a de *combater* as ameaças ou os efeitos da bruxaria. Outra ideia muito comum, mas igualmente errônea, é a de que a bruxaria é igual em qualquer parte do mundo. De fato, existem grandes e profundas variações entre a bruxaria das diversas culturas. Como demonstraremos mais adiante, existe, por exemplo, uma grande diferença histórica entre a bruxaria europeia e a das outras culturas. Outra afirmação incorreta que se faz sobre o assunto é que a possessão está relacionada com a bruxaria. A possessão é um ataque interno de maus espíritos sobre um indivíduo, uma invasão da psique; já a obsessão é um ataque externo e físico perpetrado por tais espíritos malignos. Em nenhum dos casos a vítima realiza um pacto voluntário com o espírito maligno. Na chamada bruxaria diabólica das épocas da Renascença e da Reforma europeias, por outro lado, a chamada bruxa voluntariamente convocava o mau espírito por meio de invocações, dentre outras formas. Quase todos os bruxos modernos condenam totalmente esse tipo de prática.

Outra concepção errônea é a de que as bruxas praticam a missa negra. A missa negra é desconhecida na história da bruxaria europeia e certamente não faz parte do repertório dos bruxos modernos. A única ocasião em que a celebração da missa negra foi historicamente registrada foi na corte do rei francês Luís XIV, e mesmo assim como uma espécie de sátira grosseira do catolicismo. Alguns satanistas modernos celebram a missa negra mais ou menos pelas mesmas razões, mas o satanismo não tem absolutamente nada a ver com a bruxaria moderna.

Ainda mais uma ideia equivocada, mas amplamente difundida, é a de que a bruxaria é um fenômeno característico da Idade Média. Bem ao contrário, as acusações de bruxaria diabólica somente emergiram bem no final da Idade Média. As grandes perseguições às bruxas ocorreram durante a Renascença, a Reforma e o século XVII. A afirmação de que bruxas são mulheres velhas é igualmente uma distorção da verdade e um exagero leviano. Tanto no passado como no presente, muitos homens praticaram a bruxaria, além do que muitas bruxas eram bastante jovens – muitas delas eram até crianças.

"A Inquisição foi a responsável pela caça às bruxas" é mais uma afirmação cujo conteúdo é, no máximo, uma meia-verdade. A maioria das perseguições às bruxas foi realizada localmente e dirigida também por autoridades civis (além das eclesiásticas) e que se encontravam, usualmente, nos escalões médios. Gradualmente, a partir do século XVI, à medida que as Inquisições (nunca

A Bruxa Má do Oeste, do filme **O Mágico de Oz** (1939). Vestida de preto, usando um chapéu cônico e ameaçando uma criança, a mulher velha e feia é o estereótipo da bruxa.

houve uma única Inquisição, unificada) foram se formalizando, também se traçaram regras estritas de procedimento e de aceitação de evidências para comprovação das acusações de bruxaria, o que, por outro lado, levou, frequentemente, à revogação das condenações locais e à libertação de acusados. O caso é semelhante do lado secular. Quanto mais o procedimento legal secular ia se tornando formal e centralizado (tal como no caso do Parlamento de Paris, a corte suprema da França setentrional), mais acusados eram absolvidos. Em grande extensão, a caça às bruxas adquiriu características locais, em vez de ser imposta por elites religiosas ou seculares.

Tomar a bruxaria como algo sem importância, trivial é outro erro, em muitos sentidos. Durante as perseguições às bruxas, entre 1450 e 1750, aproximadamente 110 mil pessoas foram torturadas, sob a acusação de bruxaria, sendo que 40 mil a 60 mil delas foram executadas. Esse fato cruel certamente não é trivial. Além disso, o número de bruxas e bruxos modernos vem crescendo enormemente, desde a década de 1960, e a bruxaria, hoje, deve ser tratada como um importante fenômeno religioso. Mais ainda, as crenças em bruxas tiveram grandes efeitos psíquicos e sociais, afetando um número significativo de culturas durante longos períodos. Atualmente, antropólogos, psicólogos e historiadores tratam a bruxaria como assunto sério, conforme se observa pelo aumento dos livros dedicados ao assunto, desde a primeira edição deste livro, datada de 1980.

Mas, enfim, o que é uma bruxa? Uma das respostas pode ser obtida nas raízes semânticas e no desenvolvimento dos variados termos ligados à sua definição. A palavra *witch* ["bruxa", em inglês] deriva de *wicca* (pronuncia-se "uítcha", que significa "bruxo", um praticante masculino da bruxaria) e de *wicce* ("uitchê", que é "bruxa"); ambos os termos pertencentes ao inglês antigo (*Old English*). Os dois substantivos derivam do verbo *wiccian* ("uítchan", que quer dizer "jogar um feitiço" ou "lançar um encantamento"). Contrariamente às crenças de alguns bruxos modernos, a palavra definitivamente não é de origem celta e não tem a menor relação com o verbo *witan* ["saber"] do inglês antigo, nem com qualquer outra palavra com o significado de *wisdom* ou "sabedoria". A explicação de que *witchcraft* ["bruxaria"] significa "a arte dos sábios" (*craft of the wise*) é inteiramente falsa.

A significação do termo *warlock*, raramente usado hoje, é erroneamente determinada como "bruxo". *Warlock* deriva das palavras do inglês antigo *waer*, "verdade", e *leogan*, "mentir" e, originalmente, significava qualquer traidor ou alguém que quebra um juramento. Era aplicado tanto a homens como a mulheres. O termo *warlock* foi reutilizado na Escócia durante os séculos XVI e XVII, sendo então associado à bruxaria diabólica. Não é um termo muito útil para nós. A palavra *witch* se aplica a ambos os sexos.

Wizard ["mago" ou "mágico"], diferentemente de *witch*, realmente deriva da palavra *wis* do inglês médio, hoje *wise* ["sábio"]. A palavra *wizard* surgiu por volta de 1425, significando um homem ou mulher de grande saber, os quais, acreditava-se, possuíam certos conhecimentos e poderes extranormais. Durante os séculos XVI e XVII designou um *high magician* ["alto mago"]. Foi somente a partir de 1825, e raramente, que o termo foi usado como sinônimo de "bruxo(a)".

Sorcerer deriva da palavra francesa *sorcier*, do latim vulgar *sortiarius*, ou "adivinho". Mas em francês, *sorcier* significa tanto feiticeiro como bruxo. A palavra francesa foi introduzida no inglês durante os séculos XIV e XV, tornando-se de uso corrente durante o século XVI. Como no francês, a palavra no inglês sempre foi ambivalente: algumas vezes se refere à simples feitiçaria, outras vezes à bruxaria diabólica. *Magician* ["mago"] deriva do latim *magia*, proveniente do grego *mageia*. A palavra grega *magos* designava originalmente os sacerdotes-astrólogos iranianos que acompanharam o exército do rei persa Xerxes, quando de sua invasão à Grécia (é bastante provável que os "reis magos" que viajaram para visitar o Menino Jesus fossem alguns desses astrólogos). Em inglês, a palavra *magic* ["magia"] frequentemente implicou um sistema intelectual sofisticado, em oposição às práticas rudes da *sorcery* ["feitiçaria"]; muitas vezes a denominação inglesa foi *high magic* ["alta magia"] (veja adiante).

Uma bruxa moderna, Sybil Leek, com uma "bruxinha" de sua loja de antiguidades.

Os conceitos ligados a essas palavras também precisam de esclarecimento. Um deles é o de "superstição". Bruxaria não é necessariamente

Goya, **Conjuro**, c. 1794-5. Goya, ele mesmo um cético, pintou cenas grotescas de bruxaria com propósitos satíricos. Aqui, as bruxas estereotipadas estão acompanhadas por familiares, alfinetam imagens e carregam uma cesta com bebês mortos para usar em sua orgia canibalística.

superstição. Comumente, as pessoas pensam em superstição como alguma coisa que destoa da visão de mundo predominante em sua sociedade e naquele momento histórico. Essa concepção é infeliz, porque contribui para o confinamento e a inflexibilidade do pensamento. A crença de uma época é a superstição de outra; muitas das crenças que vigoram neste século XXI podem algum dia vir a ser consideradas "superstições". Será mais útil definir superstição como *uma crença que não está fundamentada em qualquer visão de mundo coerente*. Sem dúvida, essa definição é a mais próxima do significado original da palavra, no século XIII, que indicava uma crença ou prática falsa ou irracional. Os católicos medievais, os antigos egípcios, os dayaks (grupo étnico natural do interior da ilha de Bornéu) do século XX e os bruxos modernos não são necessariamente mais supersticiosos que os leigos ocidentais do século XXI. Se você defende um ponto de vista que examinou cuidadosamente e inseriu numa visão de mundo coerente, então, para você mesmo, essa crença não é em absoluto uma superstição, embora ela pudesse ser, se fosse sustentada por alguém que tivesse uma visão de mundo diferente. Mas aqui é necessário ter cuidado, porque, se você defende uma crença sem convicção ou de maneira acrítica e não se preocupa em inseri-la adequadamente dentro de uma visão de mundo coerente, então essa crença se torna uma superstição também para você. O número de superstições científicas, religiosas e políticas modernas não é, em seu conjunto, menor que o do passado. Algumas pessoas são supersticiosas todo o tempo e todas as pessoas se tornam supersticiosas, pelo menos parte do tempo. Sempre que a bruxaria se enquadrar em uma visão coerente do mundo, não será uma superstição.

O "sobrenatural" é outro conceito que requer reflexão. Frequentemente se pensa que a bruxaria envolve poderes sobrenaturais. Mas os limites entre o natural e o sobrenatural vêm sendo continuamente reajustados. Nesse processo, os cientistas algumas vezes mutilaram a busca do conhecimento ao declararem que certos temas não eram adequados a uma investigação científica. Na realidade, tudo quanto existe deve ser natural, quer a ciência seja capaz ou não de demonstrar sua existência. Se, por exemplo, os anjos – ou os extraterrestres – existirem, eles fazem parte da ordem natural do Universo. Exceto dentro do contexto de um sentido técnico especial demarcado pela teologia cristã, o termo "sobrenatural" é demasiado vago para permitir uma definição.

"Não científico" é um termo um pouco mais útil, embora as linhas de demarcação ainda sejam imprecisas, porque o que não é científico em uma área da ciência em determinado período pode tornar-se científico em outro campo e em outra época. O mais importante de tudo é que não queremos recair na atual superstição dominante de que as únicas coisas verdadeiras são aquelas demonstráveis pela "ciência". Há muitos caminhos para a realidade. Não é necessário pensar na magia como uma abordagem inferior à da ciência. A teoria do século XVIII de que a humanidade progrediu e evoluiu naturalmente da bruxaria, passando pela religião até chegar à ciência, embora ainda seja popular entre os políticos e muitos cientistas, não é mais encarada favoravelmente por um grande número de eruditos. A monumental *History of magic and experimental science*[1] em oito volumes, escrita no século XX por Lynn Thorndike, não recebeu esse nome por acaso. Thorndike sabia que as origens da ciência se encontram na magia (do mesmo modo que na religião) e que a maioria dos grandes cientistas dos séculos XVI e XVII também era formada por magos, noção reforçada alguns anos mais tarde, ainda no século XX, pela obra de Frances Yates, *Giordano Bruno and the hermetic tradition* [publicada no Brasil com o título *Giordano Bruno e a tradição hermética*].[2]

Aqui entra o conceito de alta magia oposto à simples feitiçaria. A base da alta magia é a crença no *kosmos*, um universo ordenado e coerente, cujos elementos se acham inter-relacionados – quem colhe uma flor perturba de algum modo a estrela mais distante. Existem evidências científicas de que isso de fato acontece. Um exemplo disso é o famoso "efeito borboleta", em que a perturbação do ar causada pelo bater das asas de uma única borboleta na França pode desencadear uma série de eventos que, ocasionalmente, vêm a provocar um tornado no Kansas. Em um universo no qual todas as partes estão inter-relacionadas e afetam umas às outras, mesmo remotamente, há um relacionamento entre cada ser humano individual e as estrelas, plantas, minerais e outros fenômenos naturais. Essa é a crença mágica da "correspondência", uma doutrina que foi cuidadosamente elaborada na Europa, desde o princípio da Idade Moderna e dentro de padrões coerentes e sofisticados. Essa sofisticada alta magia, intelectualmente em voga durante o século XVII, competiu seriamente, durante algumas décadas, com a ciência fisicista derivada de John Locke e David Hume. Ao longo dos séculos que se sucederam, a abordagem fisicista triunfou, devido aos numerosos sucessos de caráter prático que demonstravam, em oposição aos raros resultados que os altos magos conseguiam apresentar. Hoje em dia, no começo do século XXI, somente permanecem os traços mais simples do sistema da alta magia, tais como os modismos verdadeiramente supersticiosos envolvendo a astrologia.

Embora suas origens tenham sido comuns, existe realmente uma diferença fundamental entre a alta magia e a ciência. A magia não pode ser submetida aos testes da investigação empírica ou ser codificada em uma teoria coerente, portanto sua validação é problemática. Há muitos caminhos para a verdade, além do científico, mas em cada um desses caminhos as regras do pensamento crítico devem ser empregadas para testar cada afirmação. Os sofisticados altos magos do século XVII sinceramente tentaram fundar sistemas coerentes, mas nenhum deles obteve sucesso nessa empresa, e uma característica infeliz de muitos livros modernos que defendem a magia é a de realizarem poucas ou nenhuma tentativa nesse sentido. Seu problema de validação é muito mais agudo do que aquele enfrentado no século XVII. Se alguém afirma que fez uma viagem astral ou que viu uma nave espacial intergaláctica ou que foram extraterrestres os construtores das grandes pirâmides ou que recebe mediunicamente um antigo sábio guerreiro, a crença nessa pessoa deve ser suspensa até que as evidências se tornem absolutamente inquestionáveis. De fato, em geral, não existe evidência alguma. A magia moderna, como a ciência, busca o conhecimento, mas seus meios de obtenção do conhecimento são, usualmente, incoerentes.

A alta magia intelectualizada dos primeiros astrólogos e adivinhos modernos não é parte integrante da história da bruxaria. De fato, mesmo durante as grandes perseguições às bruxas que ocorreram na Europa, muito poucas pessoas foram acusadas ao mesmo tempo de praticar a magia e a bruxaria. As duas tradições são distintas e já estavam separadas nessa época. Não obstante, a bruxaria realmente depende em parte da visão mágica do mundo: de que existem relacionamentos ocultos entre todos os elementos do cosmos. Presume-se que o poder exercido pelo bruxo ou feiticeiro seja um poder natural obtido pela compreensão do bruxo sobre esses relacionamentos ocultos e por causa da habilidade que manifesta em controlá-los.

Bem diferente dos sistemas sofisticados da alta magia é a magia aplicada quase tecnologicamente com fins práticos. Essa é a baixa magia ou simples feitiçaria. A feitiçaria é uma magia automática: realiza-se determinada ação e com ela obtêm-se os resultados correspondentes. Há quem faça bruxaria e outro, tecnologia: um homem fertiliza um campo cortando sobre ele a garganta de uma galinha à meia-noite; outro busca obter o mesmo resultado espalhando nele esterco de novilho ao pôr do sol.

Alguns antropólogos não estabelecem nenhuma distinção entre feitiçaria e bruxaria. Outros adotam uma diferenciação africana que distingue os magos maléficos, que usam objetos materiais, tais como ervas e sangue para realizar encantos malignos, e aqueles que prejudicam os outros por meio de uma qualidade inerente e invisível que possuem (por exemplo, sacudindo uma vara de condão e entoando uma cantilena a fim de matar alguém). Os mesmos antropólogos atribuem o significado da palavra inglesa *sorcerer* ["feiticeiro"] aos primeiros e o de *witch* ["bruxo"], aos últimos. A distinção é válida, mas a escolha das palavras inglesas foi arbitrária.

A maioria dos historiadores estabelece uma distinção entre a bruxaria europeia, que era uma forma de diabolismo – isto é, a adoração de espíritos malignos – e a feitiçaria de âmbito mundial, que não envolve a veneração dos espíritos, mas a exploração deles. A palavra inglesa *wicca*, que já aparece em um manuscrito do século IX, significava originalmente "feiticeiro"; todavia, durante as perseguições às bruxas, passou a ser usada como o sinônimo de *maleficus*, do latim, que significava um bruxo(a) adorador(a) do diabo. Os bruxos modernos têm um ponto de vista que difere tanto dos antropólogos, como dos historiadores. Para alguns deles, a bruxaria é uma sobrevivência do antigo paganismo, suprimido durante longos séculos pelos cristãos. Outros, com maior acurácia, argumentam que criaram uma nova religião, chamada neopagã. Os bruxos modernos também se diferenciam das bruxas históricas por rejeitarem tanto a crença no Deus como no Diabo cristãos. Também se distinguem dos feiticeiros por adorarem deuses e deusas – ou a natureza, ou o *kosmos* – em vez de praticarem a baixa magia.

As definições e respectivas utilizações desses termos são variadíssimas; portanto, neste livro daremos nossas próprias definições e o conjunto de suas utilizações. "Feitiçaria" é a magia das trevas (ou baixa magia) praticada em todo o mundo, quer seja benéfica ou maléfica, quer seja mecânica ou envolva a invocação de espíritos. "Bruxaria" significa *tanto* a chamada bruxaria diabólica da caça às bruxas *quanto* a moderna bruxaria neopagã.

Mais uma vez, enfatizamos que não existem tradições ou conexões de qualquer tipo entre os ditos adoradores do Diabo do período da Renascença e da Reforma, e os modernos neopagãos. Entretanto, alguns paralelos são traçados entre os bruxos diabólicos e as crenças que floresceram em outras sociedades: em algumas culturas, acredita-se que bruxos causam pragas, mantêm intercurso sexual com cadáveres, praticam canibalismo e roubam crianças. Mas, na sociedade ocidental, a ideia de continuidade entre os antigos feiticeiros, os bruxos medievais e os bruxos modernos simplesmente não se sustenta, pois não há evidências válidas.

A feitiçaria é amplamente difundida em muitas sociedades. Deve, portanto, ser útil, caso contrário já teria desaparecido há muito tempo. Uma das funções da feitiçaria é, justamente, a de aliviar tensões sociais. A feitiçaria simples, pelo menos em suas linhas benéficas, frequentemente é aceita como parte da cultura de algumas comunidades. A crença na feitiçaria ajuda a definir e a sustentar certos valores sociais; explica eventos assustadores e mesmo fenômenos aterrorizantes. Dá ao indivíduo um senso de poder diante de um mundo muitas vezes incompreensível e amedrontador. A feitiçaria também pode servir como um estranho sistema de justiça, uma forma de corrigir erros ou de quitá-los: em geral, as maldições são empregadas pelos fracos contra os fortes, a quem não podem atingir de outra maneira. Contudo, tal gesto pode facilmente sair pela culatra, porque há a possibilidade de que a suposta vítima se torne o centro das atenções e de compaixão.

Até mesmo a crença na feitiçaria malevolente tem a sua função. Ajuda a consolidar os limites de uma comunidade e a fortalecer a solidariedade contra hostilidades externas. Quando um feiticeiro(a) é identificado(a) como agente de um poder hostil a determinada sociedade, expulsá-lo(a) da comunidade ou persegui-lo(a) de qualquer maneira dá aos ortodoxos um senso de camaradagem e de autojustificação. Uma vez que essa pessoa é identificada como bode expiatório, a sociedade pode projetar sobre ela todo tipo de maldade que reprimiu em si mesma. Assim como as pessoas são passíveis de cometer (e de fato cometem) o erro de projeção negativa – atribuindo aos outros os sentimentos de hostilidade que têm dentro de si mesmas –, também as sociedades podem demonizar seus oponentes. A maior parte dos rancores e genocídios étnicos, políticos ou religiosos deriva da demonização de oponentes. A projeção negativa é reforçada pela culpa, porque o bode expiatório precisa ser culpabilizado; caso contrário, a culpa de transformar alguém em bode expiatório deverá ser muito maior, quase insuportável para quem a projetou.

Em tempos de deslocamento e dissolução dos valores, a feitiçaria e a bruxaria também podem funcionar como catalisadoras de um foco e um nome concreto para inquietações difusas. Em tais condições, a criação de bodes expiatórios se torna intensa e amplamente difundida, como ocorreu na Europa durante a caça às bruxas, quando as inseguranças e os terrores da sociedade foram projetados sobre certos indivíduos que então eram torturados ou mortos. Uma abordagem semelhante é a de investigar em que pontos a bruxaria se encaixa na estrutura geral de uma sociedade. Os antropólogos identificaram na feitiçaria de diversas sociedades padrões característicos de acusação que eram determinados pelas tensões existentes em relacionamentos sociais específicos. Ao invés de aliviar as tensões sociais, é possível que a crença na feitiçaria venha a alimentá-las, exacerbá-las. Essa crença pode surgir de divisões familiares, de feudos ou de disputas por autoridade dentro de famílias ou grupos. Os antropólogos observam que "as acusações de bruxaria não são aleatórias", ao contrário, seguem linhas sociais perfeitamente observáveis.[3]

Muitos historiadores modernos adaptaram metodologias antropológicas e sociológicas ao estudo da feitiçaria e da bruxaria, abrindo, assim, diferentes percepções sobre o assunto. Além dos estudiosos citados na bibliografia deste livro, podemos adiantar alguns dos mais influentes nomes, como Wolfgang Behringer, Paul Boyer e Stephen Nissenbaum, Robin Briggs, Stuart Clark, Valerie Flint, Richard Kieckhefer, Arthur C. Lehmann, Brian P. Levack, H. C. Erik Midelfort, E. William Monter, Edward Peters e Rodney Stark. Na abordagem da bruxaria moderna: Margot Adler, Brooks Alexander, James A. Herrick e Aidan Kelly.

Segundo Boyer e Nissenbaum, "os historiadores [...] começaram a perceber mais amplamente o quanto informações obtidas pelo estudo de pessoas 'comuns', vivendo em comunidades 'comuns', podem contribuir para o esclarecimento das questões históricas mais fundamentais". Eles utilizaram "a interação da [desta] história 'ordinária' e o momento extraordinário [os julgamentos das bruxas de Salem, em 1692] a fim de entender a época que produziu ambos".[4]

Qualquer que seja a abordagem, o essencial é conservar a mente aberta para evidências que possam, inclusive, modificar nosso ponto de vista, nos mantendo dispostos à compreensão de nossos parceiros de estudos, mesmo quando não concordamos com eles.

O ressurgimento do interesse sobre a história da bruxaria, ocorrido nas últimas quatro décadas, tem sido extraordinário. Muitas abordagens apresentam valor considerável; mas tentar seguir todas elas poderia nublar o ponto central de que a ideia de bruxaria se desenvolveu ao longo do tempo, e de que esse desenvolvimento é perceptível como um padrão histórico.

Esse desenvolvimento começa na feitiçaria universal.

Parte 1

Feitiçaria e bruxaria histórica

1.
Feitiçaria

A feitiçaria ocorre em quase todas as sociedades do mundo. É também o mais antigo e o mais profundo elemento no conceito histórico da bruxaria europeia, a qual se formou a partir da religião pagã, do folclore, da heresia cristã e da teologia.

Tal como acontece com todas as formas de magia, a feitiçaria baseia-se na pressuposição de que o cosmo é um todo e de que, portanto, existem ligações ocultas entre todos os fenômenos naturais. O feiticeiro tenta, por meio do seu conhecimento e poder, controlar ou, pelo menos, influenciar essas ligações a fim de produzir os resultados práticos que deseja. Intimamente relacionada com a feitiçaria está a adivinhação, a determinação de fatos ou predição de eventos futuros na base dos vínculos secretos entre seres humanos, por um lado, e ervas, pedras, astros, o fígado de um cordeiro ou as pegadas de um chacal, por outro. Embora a adivinhação esteja próxima da feitiçaria, distingo as duas com o propósito de descrever as origens da bruxaria europeia. Na Europa, os adivinhos e áugures enveredaram por uma tradição que os situou muito perto da alta magia, enquanto a bruxaria adotou um rumo diferente.

A feitiçaria mais simples consiste no desempenho mecânico de uma ação física a fim de produzir uma outra: atar um nó numa corda e colocá-lo debaixo de uma cama para causar impotência; consumar relações sexuais num campo lavrado para aumentar a colheita; espetar alfinetes numa imagem para causar dor ou grandes danos. O significado de uma dada ação varia entre sociedades: espetar alfinetes na imagem de uma divindade, por exemplo, pode ter o objetivo não de causar dano a alguém, mas, pelo contrário, de liberar o poder da deidade.

A feitiçaria mais complexa vai além dos meios mecânicos e invoca a ajuda de espíritos. Se fosse causado algum dano a um membro da tribo lugbara em Uganda, ele iria ao santuário de seus ancestrais mortos e solicitar-lhes-ia

Uma imagem de madeira congolesa com alfinetes espetados. A linha divisória entre magia e religião é por vezes tênue. Os alfinetes podem ser enfiados numa imagem para causar dor ou, como no presente caso, para libertar o poder da deidade.

ajuda; os espíritos sairiam e puniriam o culpado. A distinção entre essa feitiçaria invocatória e a religião é, por vezes, imprecisa, mas, em suas linhas gerais, o feiticeiro tenta mais compelir os poderes, em vez de implorar-lhes, a que façam o que lhes foi solicitado.

Os processos de pensamento da feitiçaria não são analíticos, mas intuitivos. Podem derivar, por exemplo, das observações individuais de incidentes cruciais. Um incidente crucial é uma experiência com grande carga emocional. Num estado de ira, uma pessoa deseja que seu pai morra e golpeia uma almofada em imitação de um golpe desferido contra ele. No dia seguinte, essa pessoa sabe que seu pai morreu de súbito. Mesmo numa sociedade materialista, qualquer pessoa sentir-se-á provavelmente culpada e, se admitir a existência de um universo de conexões ocultas, a culpa será por certo mais intensa, pois poderá acreditar que a sua ação causou realmente a morte. Eventos cruciais que uma metodologia empírica ignora porque não podem ser repetidos exatamente nas mesmas condições e empiricamente verificados podem ser considerados significativos numa visão mágica do mundo. As crenças da feitiçaria também podem decorrer do pensamento inconsciente expresso em sonhos e visões. Em sonhos, um ser ou uma pessoa transforma-se e funde-se numa outra, e muitos outros eventos estranhos ocorrem. Nas sociedades onde os sonhos são levados a sério e as distinções entre sonho e realidade física são vagas, os sonhos e as visões têm um grande poder de persuasão. Na maioria das sociedades, conjuntos detalhados de crenças no tocante à feitiçaria são transmitidos por tradição e tornam-se parte dos sistemas sociais e psicológicos dos indivíduos. Esses indivíduos passarão então a aceitar com muito mais facilidade os incidentes cruciais e os sonhos como confirmação das tradições. Vínculos ocultos para o observador empírico ou analítico podem parecer perfeitamente óbvios para o pensador intuitivo.

Com frequência, a feitiçaria tem uma função integral na sociedade. Em algumas sociedades, está intimamente relacionada com a religião. Um sacerdote ou sacerdotisa numa religião pública pode realizar atos rituais para produzir chuva, amadurecer a seara, obter a paz ou assegurar o êxito na caça ou a vitória na guerra. Na medida em que esses atos forem públicos e realizados com intuito social, a feitiçaria pode ser uma dama de companhia da religião. Mas quando os atos do feiticeiro são realizados privadamente em benefício não da sociedade mas de indivíduos, são considerados

Evidências de que a simples feitiçaria era praticada na Europa. Um jarro Belarmino marrom contendo um coração de pano com alfinetes espetados, cabelo humano e aparas de unhas. Descoberto em Westminster, cerca de 10 metros abaixo do nível da rua, durante escavações realizadas em 1904.

antissociais e não formam parte da religião. Em alguns cultos, o vodu, por exemplo, ou a macumba no Brasil, as distinções não são claras, mas usualmente as sociedades distinguem legalmente entre feitiçaria pública, religiosa, e feitiçaria privada, aprovando a primeira e colocando a segunda fora da lei.

Os efeitos da feitiçaria podem ser reais para aqueles que nela acreditam. A voluntários de países tecnologicamente avançados que servem em sociedades onde a feitiçaria é levada a sério, é feita com frequência a pergunta: Um homem na sua aldeia é subitamente atacado de cãibras; quem você chama, o médico ou o xamã? A resposta apropriada é que chame ambos. A causa da dor pode ser puramente física, mas se o homem acredita estar enfeitiçado, seu medo pode produzir ou aumentar a dor.

A feitiçaria no mundo

São essas as características gerais da feitiçaria. Seus detalhes variam de sociedade para sociedade. Uma das primeiras investigações antropológicas minuciosas da feitiçaria foi empreendida por E. E. Evans-Pritchard, que estudou os azande do Sudão meridional. Os azande distinguiam três variedades de magia. A primeira era a magia boa, benevolente, a qual incluía a consulta de oráculos e adivinhos, o uso de amuletos para proteção contra feitiços, ritos para obter a fertilidade das colheitas, e até *bagbuduma*, a magia homicida, desde que limitada à vingança por alguém a quem mataram um parente. A boa magia era usada para se fazer justiça, tal como era entendida pela sociedade azande, e *bagbuduma* tornava-se ineficaz quando empregada para fins injustos. A feitiçaria, por outro lado, era injusta. Feitiçaria era o uso da magia, em especial a magia que usa objetos materiais, para infligir danos àqueles a quem se odiava sem razões justas. A feitiçaria era uma forma de agressão injusta decorrente de ciúme, inveja, cobiça, avidez ou outros desejos humanos desprezíveis. A feitiçaria utilizava a magia numa forma antissocial e era condenada pela sociedade azande. Evans-Pritchard chamou "bruxaria" à terceira variedade de magia. Essa "bruxaria" era um poder interior herdado por um homem de seu pai e por uma mulher de

Cerimônia sia de cura. Um menino doente da tribo sia, um dos grupos formadores dos indígenas pueblo, submete-se a tratamento mágico em 1889 na câmara cerimonial da sociedade Gigante. Em algumas sociedades, a doença é frequentemente considerada resultado de feitiçaria.

sua mãe. A origem desse poder, ou *mangu*, existia fisicamente dentro do estômago do "bruxo" ou da "bruxa", ou estava preso ao seu fígado como um inchaço oval e escuro no qual poderiam ser encontrados vários objetos pequenos, ou então como uma bola redonda e peluda com dentes.

Os bruxos [ou, mais apropriadamente, os feiticeiros] azande celebravam reuniões em que se banqueteavam e praticavam juntos a magia maléfica. Faziam um unguento especial que esfregavam na pele a fim de se tornarem invisíveis. Vagavam de noite ou em espírito ou em seus próprios corpos. Com frequência, supunha-se que o bruxo ficava de noite deitado na cama com sua esposa, ao passo que seu espírito se soltava e ia juntar-se ao de outros bruxos para comerem as almas das vítimas. Por vezes, os bruxos atacavam a vítima fisicamente, arrancando-lhe pedaços de carne para devorá-los em suas reuniões secretas. Quem quer que tivesse uma doença demorada e debilitante era suscetível de ser a vítima do bruxo. Os gatos bruxos tinham relações sexuais com mulheres. Os poderes dos bruxos azande eram enormes:

> Se uma praga ataca a colheita de amendoim, foi bruxaria; se o mato é batido em vão em busca de caça, foi bruxaria; se as mulheres esvaziam laboriosamente a água de um poço e conseguem apenas uns míseros peixinhos, foi bruxaria; [...] se uma pessoa está mal-humorada e trata seu marido com indiferença, foi bruxaria; se um príncipe se mostra frio e distante com seu súdito, foi bruxaria; se um rito mágico não teve êxito, foi bruxaria; de fato, se um insucesso ou infortúnio qualquer se abater sobre qualquer pessoa, a qualquer hora e em relação a qualquer das múltiplas atividades de sua vida, pode ser atribuído à bruxaria.[1]

Os azande empregaram adivinhos e xamãs para protegê-los dos bruxos e curá-los dos efeitos de bruxarias.

Os bechuana de Botsuana distinguem entre os feiticeiros diurnos, que praticam a feitiçaria de forma irregular e apenas em ocasiões específicas, usualmente contra pagamento, e os mais aterradores bruxos noturnos, que se fazem acompanhar de seus familiares na forma de animais (usualmente corujas). Os bruxos noturnos são universalmente malignos e praticam seus bruxedos e feitiços a torto e a direito. De um modo geral, pensa-se que são predominantemente mulheres velhas. Os basuto, uma tribo banto da África do Sul, também distinguiam entre dois grupos de feiticeiros, um dos quais consistia principalmente em mulheres que voavam de noite, montadas "em galhos ou em moscas, reuniam-se em assembleias e dançavam completamente nuas".[2] Em outras sociedades, os feiticeiros são acusados de canibalismo, incesto, ninfomania e outras atividades ofensivas para a sociedade.

A variação em feitiçaria entre diferentes sociedades é natural. O que surpreende é o grau de semelhança. A semelhança entre muitas crenças africanas em bruxas e as da Europa histórica é pronunciada. As "bruxarias" africana e europeia incluem as seguintes características: é geralmente praticada por mulheres, quase sempre idosas. As bruxas reúnem-se em assembleias noturnas, deixando para trás seus corpos ou mudando de formato a fim de poderem voar para os lugares de reunião. A bruxa suga o sangue das vítimas ou devora-lhes os órgãos, fazendo com que elas definhem até morrer. As bruxas comem crianças ou causam-lhes, de algum outro modo, a morte, levando às vezes sua carne para a assembleia. Cavalgam em vassouras ou outros objetos, voam nuas, usam unguentos para mudar de forma, executam danças de roda, possuem espíritos familiares e praticam orgias. É claro, presume-se que nenhum grupo de feiticeiros é capaz de fazer todas essas coisas, mas todas essas crenças podem ser encontradas tanto na Europa quanto na África. No total, pelo menos 50 diferentes motivos da bruxaria europeia podem ser encontrados em outras sociedades.[3]

A semelhança universal das crenças na feitiçaria constitui um dos mais curiosos e importantes dilemas no estudo da bruxaria. Quando nos deparamos, a séculos e continen-

Um curandeiro azande no final da década de 1920. Fotografado pelo antropólogo Evans-Pritchard.

tes de distância, com a mesma ideia de um bruxa noturna seduzindo homens e matando crianças, ou de uma feiticeira cavalgando uma vassoura pelos ares, não temos o direito de rejeitar ou de desprezar a questão de como tais semelhanças surgiram.

As possíveis explicações das semelhanças incluem: (1) coincidência; (2) difusão cultural; (3) herança arquetípica/estrutural; (4) existência de uma antiga e coerente religião universal de bruxaria. O volume de provas numa tão ampla variedade de culturas e geografias através dos milênios torna a coincidência virtualmente impossível. Por outro lado, postular uma religião universal de bruxaria ignora as enormes dessemelhanças que também existem entre sociedades e o fato de não existirem provas sobre quaisquer conexões explícitas. A explicação baseada numa herança arquetípica ou estrutural é uma opção admissível. É certo que a estrutura do cérebro humano é determinada por padrões genéticos e há grandes probabilidades de que as estruturas mentais também sejam, portanto, geneticamente inerentes. Podem existir, pois, semelhanças universais da estrutura mental derivadas do *pool* genético humano comum. É possível (embora esteja longe de ser demonstrado) que tais estruturas mentais semelhantes produzam arquétipos, ou respostas semelhantes para ideias análogas. Argumentam os junguianos, por exemplo, que todo o mundo responde à noção do "velho sábio", o indivíduo benévolo e afável mais idoso que aí está para guiar-nos. A imagem desse velho sábio varia de cultura para cultura (Gandalf, de Tolkien, em *O Senhor dos Anéis*, dificilmente impressionaria alguém em Botsuana), mas o arquétipo subjacente é universal. Entretanto, as semelhanças universais nas crenças da feitiçaria excedem as que essas teorias foram capazes de predizer. A difusão cultural, o intercâmbio de ideias entre sociedades, é parte da resposta, sem dúvida. Mas o número e o detalhe das semelhanças através de abismos de tempo e geografia é algo assombroso. O quebra-cabeça permanece por resolver.

O problema tem numerosas implicações diretas para a interpretação da bruxaria europeia. Muitos historiadores recentes explicaram a bruxaria unicamente como uma modalidade de heresia cristã ou como uma invenção dos escolásticos e inquisidores, rejeitando como destituídas de importância as suas semelhanças com a feitiçaria de outras culturas. Isso acarretou uma descrição exagerada dos elementos cristãos e um isolamento inadequado do fenômeno. Por outro lado, os antropólogos têm sido propensos a subestimar os elementos cristãos. A verdade situa-se a meio caminho: a feitiçaria, similar à que existe em escala mundial, é o mais antigo e mais básico elemento na bruxaria europeia histórica, mas outros elementos transformaram gradualmente a feitiçaria europeia em bruxaria diabólica.

Antropólogos e historiadores contribuíram imensamente para o esclarecimento da história social da feitiçaria. Na África, a feitiçaria é mais comumente praticada por mulheres do que por homens, mas os xamãs ou curandeiros são, na grande maioria dos casos, homens. As acusações de feitiçaria surgem, de um modo geral, em situações de tensão no seio de famílias ou grupos, sobretudo em períodos turbulentos e instáveis. As acusações circulam frequentemente entre as esposas em famílias poligâmicas, e entre sogras e noras. As acusações são formuladas indistintamente contra velhos e jovens, mas as pessoas mais idosas têm maiores probabilidades de ser visadas, talvez por causa da idade e da doença as tornarem insociáveis, talvez simplesmente porque são débeis. Uma acusação comum é que uma pessoa idosa prolongou sua vida devorando os corpos ou as almas de crianças. Alguém que seja notoriamente estranho ou insociável está sujeito a tais acusações. O minucioso estudo de Salem por Boyer e Nissenbaum enfatizou a importância da geografia e da política religiosa locais como influências decisivas sobre o padrão de acusações de bruxaria.

As diferenças culturais na determinação dos padrões de acusação foram observadas por antropólogos. Entre os nyakyusa da Tanzânia meridional, a feitiçaria é praticada por ambos os sexos. São principalmente acusados de comer os órgãos internos de vizinhos adormecidos e de secar o leite do gado. Por outro lado, os pondo, na província sul-africana do Cabo, só têm bruxas, cujo crime mais comum é terem relações sexuais com espíritos familiares. A razão evidente para a diferença é que os nyakyusa são sexualmente estáveis, mas inseguros do ponto de vista nutricional, pelo que invejam o alimento de seus vizinhos e atribuem a nutrição deles à comida ilícita, ao passo que os pondo, que são sexualmente mais inseguros, manifestam seus temores mais intensamente em termos de sexo do que de alimento.

Assim como a expressão da bruxaria pode mudar de sociedade para sociedade, dependendo da sua função, também essa função pode mudar com o tempo no seio de uma sociedade. Os bakweri, de Camarões ocidental, por exemplo, tinham um temor profundo da feitiçaria no período anterior à década de 1950. Atormentados pela ambivalência sobre riqueza e pobreza, por um sentimento de culpa coletiva acerca do declínio de seu poder e status e pelo medo de que sua baixa fertilidade viesse a causar o seu desaparecimento, eles foram dominados por aflições que se traduziram no medo da feitiçaria. Na década de 1950, seu status econômico melhorou de forma notável em consequência de uma produção recorde de um de seus principais cultivos, a banana, e o período de prosperidade acarretou, primeiro, o expurgo dos suspeitos de feitiçaria e, depois, concluída a catarse, um declínio nas acusações e na crença em feitiçaria de um modo geral. Na década de 1960, quando os bakweri sofreram um retrocesso econômico, ocorreu um ressurgimento do medo e das acusações.

Xamãs, curandeiros e *curanderos* (os "xamãs" do México e do sudoeste dos Estados Unidos), cuja tarefa consiste em controlar e frustrar os feitiços, fazem parte do padrão de crenças sobre a feitiçaria. O chefe tribal, o cacique da aldeia ou outras autoridades estão investidos da responsabilidade de proteger seu povo dos efeitos de feitiços. Uma casta particular de bruxos (a que os antropólogos chamam "oráculos") é consultada a fim de identificar e frustrar os feiticeiros maléficos. "Os nioro, da região oeste de Uganda, consultam homens que eles acreditam estar possuídos pelos espíritos (chamados *mbandua*) e revelam assuntos secretos como seus porta-vozes."[4] Também pode ser consultado um adivinho: este não fala com a voz do espírito, mas "interpreta a resposta que se presume ter sido dada pelo comportamento dos objetos mecânicos que ele usa".[5] Uma mensagem pode ser lida nos percursos dos planetas ou nas pegadas de animais. Danças e outros rituais, como os dos dançarinos *ndakó-gboyá* dos nupe, podem servir para identificar e expulsar espíritos e feiticeiros maléficos. Os dançarinos *ndakó-gboyá* envergam enormes disfarces cilíndricos e identificam os feiticeiros acenando para eles com a cabeça encoberta por essas fantasmagóricas formas. Em outros cultos, os xamãs identificam os feiticeiros numa fileira de aldeões olhando para eles num espelho e em seguida usam seus enormes poderes sociais para extrair confissões daqueles que foram selecionados. Tais atividades de purificação da comunidade contra os efeitos maléficos da bruxaria podem propagar-se consideravelmente em épocas de tensão, quando comunidades inteiras sentem a necessidade de proteção contra a feitiçaria. Cultos completos, como o dos *ndakó-gboyá*, podem surgir em tais épocas. Esses cultos, praticando um ritual relativamente simples

Máscara de bruxo proveniente da região do rio Sankuru, representando um poder espiritual que é invocado durante as campanhas periódicas de caça às bruxas no Songe, ao sul da República Democrática do Congo (antigo Zaire)

Dançarinos vodus no Haiti preparam-se para o transe. No vodu, elementos do cristianismo, do paganismo e da magia se uniram para criar uma religião única.

cujo intuito é descobrir e neutralizar o poder de feiticeiros maléficos, carecem de estrutura formal, organização e doutrina, cruzam com facilidade fronteiras étnicas e adaptam-se às tradições de diferentes povos.

Na África Central e na América Central, antropólogos concluíram que as comunidades que são pequenas e nas quais a estrutura social é compacta mostram-se particularmente propensas a alimentar crenças feiticeiras, porque se sentem cercadas e ameaçadas. Seus temores aumentam sempre que as relações internas são confusas ou quando a sociedade se encontra sob fortíssima pressão externa. É por isso que em algumas sociedades as acusações de feitiçaria recrudesceram, pelo menos temporariamente, durante o período do colonialismo europeu. Em comunidades maiores, ou onde as associações sociais são mais livres e escapam com mais facilidade a vínculos indesejáveis, como nas sociedades nômades, as crenças em feitiçaria são menos comuns. As crenças variam em intensidade, espécie e função quando os padrões sociais variam, mas os antropólogos foram incapa-

Rapedi Letsebe, mago e "fazedor de chuva" da tribo kgatla, em Botswana, com seus ossos divinatórios. Uma fotografia tirada nos anos 1920.

zes de correlacionar tipos específicos de crença com tipos especiais de padrões sociais. Muito trabalho investigativo resta ainda por fazer nesse campo. Com todas as suas variações, existe uma crença geral e uma prática universal de feitiçaria. Ela fala às necessidades humanas de justiça, proteção e vingança num mundo que, com excessiva frequência, parece fora do nosso controle.

Algumas semelhanças entre a bruxaria europeia e a feitiçaria não europeia resultam da exportação de ideias europeias por meio do colonialismo. O vodu é um exemplo: começou como uma religião levada para o Haiti por escravizados trazidos da costa do Benin (o nome é uma corruptela da palavra iorubá para "deus"). Sob a influência do cristianismo e de outras ideias europeias converteu-se em

> uma religião sincrética que combinou não só diferentes cultos africanos mas também certas crenças do folclore europeu. Em resumo, é uma espécie

> de conglomeração de elementos de todas as espécies, dominada por tradições africanas. Essa religião é praticada por noventa por cento do povo haitiano. Ao mesmo tempo, essas pessoas consideram-se católicas.[6]

A base da religião é o culto de *loa* (deuses ou espíritos). A Igreja Católica atacou assiduamente o vodu, equiparando os *loa* a demônios, mas as pessoas resistiram a tais identificações. Como disse um camponês haitiano a um antropólogo inquisitivo: "Para servir aos *loa* você tem de ser católico".[7]

Os voduístas fazem uma distinção entre o culto dos *loa*, que é uma religião, e a prática de magia. Toda magia é considerada das trevas, podendo ser trabalhada mecanicamente ou com a ajuda dos *loa*, que podem assim ser usados para fins maléficos. Mas é também aos *loa* que as pessoas devem dirigir-se para obter proteção contra a magia maléfica. É difícil distinguir orações consagradas aos *loa* e invocações mágicas dos *loa*. A feitiçaria vodu, uma mistura de ideias europeias e africanas, inclui palavras mágicas, conjuros, uso de imagens, precipitação de chuva e culto aos mortos. Uma das crenças mais peculiares é o conceito de zumbis, os "mortos-vivos", cadáveres que são exumados e a quem os feiticeiros fazem caminhar e cumprir suas ordens. A feitiçaria vodu também contém um certo número de elementos provavelmente derivados da Europa. Os feiticeiros podem matar crianças em suas reuniões rituais ou então capturá-las à noite em seus lares e sugar-lhes o sangue. Os feiticeiros esfregam o corpo com um unguento que lhes remove a pele, pelo que podem voar pelos ares. As estrelas cadentes são, na realidade, feiticeiros voando. Os feiticeiros podem metamorfosear-se em lobos, porcos, cavalos ou gatos pretos.

Essa mistura de elementos europeus e africanos é um exemplo avançado do sincretismo encontrado em outras sociedades colonizadas por europeus. É difícil distinguir os elementos nativos dos importados. Por exemplo, a crença na mudança de forma era tão comum na Europa quanto no resto do mundo, embora a ênfase dada aos lobos e gatos pretos no Haiti sugira forte influência europeia. Os antropólogos descreveram como experiências reais durante práticas do culto podem ter reforçado a crença na licantropia. "Durante a noite, fogueiras gigantescas eram acesas no descampado; mulheres nuas executavam danças abomináveis em torno das fogueiras... contorcendo seus corpos em formas assustadoras."[8] Um outro observador europeu viu um sacerdote vodu possuído pelo espírito do "imperador" haitiano Desselines: "Ele era o próprio homem. Vi o rosto feroz, a fanática expressão de compostura, e todo o corpo moldado numa atitude vingativa".[9] Tais poderes de imitação inconsciente explicam a força da crença universal na mudança de formas corporais.

A FEITIÇARIA EM TEMPOS ANTIGOS

Embora a feitiçaria europeia influenciasse a feitiçaria em modernas sociedades não europeias, estas demonstraram exercer muito pouca influência sobre o desenvolvimento da bruxaria no continente europeu. Mas as antigas civilizações do Oriente Próximo, Grécia e Roma também tinham crenças semelhantes, e dessas civilizações derivaram muitas das ideias em que se baseou a bruxaria europeia. Por toda parte se registrava certa interpenetração da feitiçaria com a demonologia. As características atribuídas a um demônio também podiam ser atribuídas a uma bruxa. Por exemplo, a devoradora megera Lilitu era um espírito, mas suas características foram transferidas na Idade Média para a bruxa diabólica.

Os sumérios e babilônios inventaram uma elaborada demonologia. Acreditavam estar o mundo repleto de espíritos que eram, em sua grande maioria, hostis. Cada pessoa tinha um espírito tutelar para protegê-la de inimigos demoníacos. Entre os mais terríveis demônios sumérios estava Ardat Lili ou Lilitu, prima da greco-romana Lâmia e o protótipo da Lilith hebraica. Lilitu era um espírito feminino; era frígida e estéril, dotada de asas e mãos e pés com garras; acolitada por corujas e leões, movia-se velozmente durante a noite soltando uivos estarrecedores e seduzindo os homens adormecidos ou bebendo-lhes o sangue. Um outro demônio do sexo feminino, Labartu, saía com uma serpente em cada mão e atacava crianças e suas mães ou amas. Contra semelhantes poderes era necessária toda espécie de magia, incluindo amuletos, palavras mágicas e exorcismos, mas sobretudo a proteção da divindade tutelar, pois "o homem que não tem um deus quando caminha na rua, o demônio envolve-o como um traje".[10]

A visão de mundo do Egito Antigo era menos aterradora. Deuses e espíritos faziam todos parte de um só cosmo vivo, e nenhuma distinção era feita entre natural e sobrenatural. O feiticeiro usava sua sabedoria e conhecimentos de amuletos, conjuros, fórmulas mágicas e figuras para submeter os poderes cósmicos aos seus intentos e aos de seus clientes. Como todos os espíritos pertenciam ao todo cósmico, nenhum deles era maléfico, mas o feiticeiro era capaz de alterar os poderes espirituais de modo a causar danos aos seus adversários, assim como a obter ele próprio benefícios.

As duas fontes mais influentes do pensamento europeu foram, em geral, a greco-romana clássica e a hebraica. Os gregos criaram a filosofia e um refinado sistema de magia. A forma suprema de magia na Grécia era a *theourgia*, literalmente "trabalhar coisas pertinentes aos deuses". Uma alta teurgia, mágica e benevolente, estava próxima da religião. Um grau mais baixo de magia, *mageia*, estava muito mais próximo da feitiçaria. Originalmente, o *magos* era um astrólogo do Irã, ou então um grego seguidor da tradição de alta magia dos persas. Mas em fins do século V a.C., os *magoi* já tinham adquirido a reputação de praticar feitiçaria maléfica e até fraudulenta: Platão via-os como uma ameaça à sociedade. Os *magoi* eram indivíduos que se diziam possuidores de conhecimentos técnicos e poderes para ajudar seus clientes e prejudicar seus inimigos, mediante a realização de certos ritos ou o fornecimento de determinadas fórmulas. Inferiores aos *magoi* eram os *goētes*, praticantes de uma variedade rudimentar e despretensiosa de magia. "Gritadores" de palavras mágicas, misturadores de poções e tecedores de feitiços, os praticantes de *goēteia* tinham uma larga reputação de charlatanismo.

As autoridades romanas eram geralmente intolerantes em relação a todas as variedades de feitiçaria. A prática de feitiçaria, em oposição aos ritos públicos aprovados, ligados à religião oficial, era considerada uma ameaça à sociedade. Os imperadores, sempre apavorados com a possibilidade de conspirações e atentados contra sua vida, temiam a feitiçaria como a menos identificável e, portanto, a mais perigosa de todas as ameaças. A repressão era indiscriminadamente implacável. Um jovem surpreendido nos banhos públicos tocando primeiro os ladrilhos de mármore e depois o peito enquanto repetia as sete vogais gregas – um ritual prescrito contra distúrbios gástricos – foi detido, torturado e executado. A tradição inexorável do direito romano foi um dos alicerces em que assentou a perseguição medieval da bruxaria.

A imagem da feiticeira na literatura clássica é quase uniformemente tenebrosa: Circe, a sedutora; Medeia, a assassina; Dipsias, de Ovídio, Oenoteia, de Apuleio e especialmente Canídia e Sagana, de Horácio, aquelas que com seus rostos lívidos e hediondos, descalças, cabelos desgrenhados e roupas andrajosas, reuniam-se de noite num lugar ermo para escavar o solo com seus dedos em forma de garras, esquartejar um cordeiro preto, comer-lhe a carne e invocar os deuses infernais. Essa tradição literária da feiticeira perversa serviu facilmente de base para a ulterior imagem cristã da bruxa.

O pensamento greco-romano também iniciou a estreita vinculação da feitiçaria com a demonologia, que se tornou a característica dominante da bruxaria europeia. Acreditavam os gregos que todas as variedades de feiticeira faziam seus trabalhos depois de consultarem *daimones*. O grego *daimōn*, do qual deriva a nossa palavra "demônio", foi usado por Homero quase como sinônimo de *theos*, "deus". Depois de Homero, a palavra passou a significar um ser espiritual inferior a um deus. No tempo de Sócrates, um *daimōn* podia ser bom ou mau, e o próprio Sócrates declarava ter um *daimōn* que lhe segredava bons conselhos ao ouvido. Mas quando Xenócrates, o discípulo de Platão, dividiu o mundo espiritual entre deuses e demônios, transferiu

Três bruxas, mudando de forma, voam para um sabá. Xilogravura do final do século XV. A crença na mudança de forma ou licantropia estava associada à bruxaria na Europa, e acreditava-se que as bruxas, com a ajuda do Diabo, adotavam formas de animais.

Placa de terracota representando Lilitu, o espírito feminino maligno dos sumérios e protótipo da Lilith hebraica. Lilitu voava à noite, às vezes acompanhada por corujas e leões (como aqui), copulava com homens adormecidos e assassinava crianças e recém-nascidos. Essas características foram posteriormente transferidas para a bruxa medieval. Início do segundo milênio a.C.

as qualidades sombrias dos deuses para os demônios, que daí em diante foram considerados entidades malignas. Portanto, a consulta a demônios praticada pelas feiticeiras ficou estreitamente ligada aos poderes das trevas.

Outros elementos da religião greco-romana contribuíram também para a formação da imagem da bruxa. As lâmias, espíritos que, como Lilitu, erravam pelo mundo seduzindo homens e matando crianças, e as harpias, mulheres aladas que percorriam o mundo impelidas pelo vento e perpetravam as maiores torpezas, emprestaram suas características à bruxa humana. Os festivais de Dionísio tornaram-se o modelo para os ritos supostamente praticados pelas bruxas medievais. Os ritos dionisíacos tinham lugar à noite, frequentemente numa caverna ou gruta, locais relacionados com a fertilidade e com os poderes do mundo inferior. Seus participantes eram usualmente mulheres lideradas por um sacerdote. A procissão empunhava archotes e uma imagem fálica, e conduzia um bode preto ou sua imagem. O bode, símbolo da fertilidade, representava Dionísio, que era geralmente retratado com pelos e chifres. O rito concluía com libações de vinho, danças extáticas e sacrifício de animais.

O sacrifício humano, muito explorado na literatura, talvez não tenha realmente chegado aos tempos históricos. As acusações de orgia contra as dionisíacas também são exageradas, mas parece que no período helênico as práticas orgíacas se propagaram e os ritos de Cibele e da Magna Mater foram caracterizados por danças extáticas e frenesi sexual. A versão romana dos ritos de Dionísio, as *Bacchanalia*, tornara-se tão notória por sua licenciosidade que suas celebrações foram ordenadas ilegais pelo Senado em 186 a.C. A descrição das Bacanais pelo historiador Tito Lívio tornou-se parte importante da tradição literária da bruxaria europeia: dizia-se que homens e mulheres reuniam-se de noite e celebravam ritos à luz de archotes, incluindo banquetes orgíacos, libações desenfreadas e sexo. É difícil dizer até que ponto tudo isso é verdadeiro. Acusações análogas eram feitas contra qualquer grupo percebido como uma sociedade secreta. Não só grupos religiosos, como os dionisíacos, mas também grupos políticos clandestinos, como o de Catilina e seus conspiradores, foram frequentemente acusados de orgia e canibalismo.

A feitiçaria hebraica, predominantemente derivada da dos cananeus e babilônicos, exercia grande influência, embora indireta, sobre a bruxaria europeia. Quando a Bíblia hebraica foi traduzida para o grego, para o latim e para as línguas modernas, o significado das palavras hebraicas sofreu transformações. Por vezes, as traduções promoveram perseguições. O caso mais importante neste sentido está em Êxodo (22, 18), que no original hebraico ordena que seja dada morte a um *kashaph*. O *kashaph* era um mago, adivinho ou feiticeiro, mas em nada se assemelhava a um diabolista. Na Vulgata latina, o hebraico foi traduzido, porém, como *Maleficos non patieris vivere*: "Não permitirás que os *maléficos* vivam". Na época em que foi feita a tradução da Vulgata, o próprio termo *maleficus* ainda era vago: podia significar qualquer espécie de criminoso, embora fosse aplicado com frequência aos feiticeiros malévolos. Quando se intensificou a caça às bruxas na Europa, *malefica* passou a ser o termo específico para denotar uma bruxa diabólica, e o texto foi usado como prova e justificação para a execução de bruxas. E não foi esse o fim da transformação. Os tradutores da Bíblia do rei Jaime I (1611) usaram a palavra inglesa *wizzard*, com a conotação de um mágico ou feiticeiro, para traduzir a maioria das referências a feiticeiros hebreus. Mas Jaime I, que autorizou a nova tradução, tinha manifestado sua violenta abominação pelas bruxas em seu livro *Demonolatry*. Para o rei, a bruxa era membro de um culto diabólico e fizera um pacto com Satã. Queria ele que as bruxas fossem exterminadas, e os tradutores régios traduziram deliberadamente *kashaph* como "bruxa" a fim de fornecer claras sanções bíblicas para a execução das acusadas de bruxaria. A "bruxa" de Endor, a quem o rei Salomão consultava, era originalmente uma *ba'alath ob*, "senhora do talismã"; em latim, era uma *mulierem habentem pythonem*, "mulher possuidora de espírito oracular"; mas, na versão do rei Jaime, ela também aparece como uma sinistra "bruxa". Assim, a feitiçaria hebraica foi transformada para se ajustar aos preconceitos da demonologia cristã.

Feitiçaria e religião

A feitiçaria hebraica estava muito longe do satanismo, mas a religião hebraica foi influente na criação do conceito de Diabo. A maior parte das religiões do mundo era e é monista, postulando um princípio divino que é bom e mau. Os deuses eram manifestações desse princípio uno, de modo que também eles eram moralmente ambivalentes. Talvez a melhor ilustração dessa ambivalência seja a figura do deus mexicano Quetzalcóatl, que é

Festival de Dionísio: sátiros com Dionísio e uma mênade. Ânfora do Pintor de Amásis, século VI a.C. Os ritos orgíacos de Dionísio, que apareceram em Roma como bacanais, foram o protótipo do sabá das bruxas.

vida e morte, amor e destruição. A primeira grande ruptura no monismo ocorreu por volta de 600 a.C., com os ensinamentos de Zaratustra no Irã. Sua revelação de que o mal não é, de maneira alguma, uma manifestação do divino, e de que, pelo contrário, procede de uma fonte totalmente diferente, está na raiz do dualismo religioso que postula a existência de dois princípios: um de bondade e luz, outro de maldade e trevas. O masdeísmo, a religião derivada do pensamento de Zaratustra, teve enorme influência sobre o pensamento grego e hebraico, e por meio deles sobre o cristianismo.

As religiões orientais, como o hinduísmo e o budismo, continuam professando uma ou outra forma de monismo; as ocidentais, por sua vez, são religiões monoteístas modificadas pelo dualismo. O espectro das religiões ocidentais vai desde o dualismo extremo do masdeísmo, passando pelo gnosticismo, maniqueísmo, judaísmo e cristianismo até o islamismo (em que o dualismo é bastante atenuado). Todas essas religiões, ainda que diferentes entre si, postulam um Deus inteiramente bom e onipotente, mas que, paradoxalmente, tolera o mal, que é uma força ou, pelo menos, um vazio em oposição ao Deus bom, ou uma limitação Dele.

O problema do mal foi sempre o mais difícil problema da teologia judaico-cristã. Como se explica que Deus possa ser todo-poderoso e todo-bondade e, no entanto, tenha criado um mundo onde são abundantes o câncer, a fome e a tortura? Uma resposta é que o mal é, pelo menos em parte, causado por um espírito maligno de grande poder. Os hebreus chamaram a esse espírito *satan*, "o destruidor". Satan foi traduzido para o grego como *diabolos*, donde provieram o latim *diabolus*, o inglês *devil*, o francês *diable* e o nosso "diabo".* No Antigo Testamento, a figura de Satã só se manifestou de forma gradual e imprecisa, mas depois, no período do Apocalipse e da literatura apócrifa (200 a.C. a 150 d.C.), recebeu uma definição clara. O judaísmo permaneceu monoteísta, pelo que Satã nunca pôde converter-se num princípio totalmente independente, como ocorrera com a sua contraparte no masdeísmo, mas o poder que o judaísmo apocalíptico lhe atribuiu era considerável. O Senhor e o Diabo eram percebidos em oposição ética e cósmica. Cada um tinha o seu próprio reino: o do Senhor era o reino da Luz, o de Satã, o das Trevas. O plano do Diabo é tentar Israel para que se afaste de Javé, e consegue certo êxito; mas no fim do mundo, Israel se arrependerá e o Messias porá término ao reino do Diabo. Nesse meio-tempo, o Diabo lidera uma legião de anjos caídos e espíritos maléficos que percorrem o mundo procurando arruinar e destruir as almas.

Essa concepção de mundo transforma o conceito de feitiçaria. Em sua forma mais simples, a feitiçaria era puramente mecânica. Estava então ligada à invocação de espíritos, os quais eram definidos como hostis à humanidade. Agora são definidos como hostis a Deus. O judaísmo apocalíptico percebeu os espíritos como demônios malignos coligados sob o comando do Diabo, o princípio do Mal. Resultou dessa crença que um feiticeiro que invoque espíritos está convocando os servos de Satã para que colaborem com ele em seus desígnios. O cristianismo tornou esse argumento hermético. Os espíritos bons, como os anjos e os santos, não podiam ser compelidos, argumentaram os cristãos; a eles só é admissível suplicar. Os únicos espíritos que podiam ser compelidos eram os maléficos. O feiticeiro subjugava e forçava os espíritos; portanto, os espíritos assim convocados eram malignos. Além disso, o poder

* Contrariamente a uma crença muito comum entre bruxas modernas, a palavra inglesa *devil* não está aparentada com *divinity*, nem significa "pequeno deus" (*little god*). As raízes indo-europeias das duas palavras são completamente diferentes: **gwel* para *devil* e **deiw* para *divine*. [N. A.]

do Diabo é tão esmagador que quem tentar imprudentemente controlar seus servos ver-se-á, pelo contrário, controlado por eles. O feiticeiro torna-se servo dos demônios e um súdito de Satã. Assim tinham sido inteiramente preparadas as bases para a transformação da feitiçaria em bruxaria.

Depois do período apocalíptico, o papel de Satã no judaísmo declinou, porquanto os rabinos, que dominaram o judaísmo a partir do século I, prestaram-lhe pouca atenção. Mas o cristianismo foi fundado em

Manuscrito francês do século XIV de **A cidade de Deus**, de Santo Agostinho, ilustrando a queda dos anjos rebeldes. Os anjos no Céu possuem belas asas, semelhantes às de pássaros, mas que se transformam em asas de morcego nos anjos maus.

As duas faces do deus mexicano Quetzalcóatl.

Esta figura bilateral simboliza a ambivalência da divindade nas religiões monistas: o deus é simultaneamente doador da vida e da morte. Na tradição judaico-cristã, os aspectos maléficos foram separados do deus e transferidos para o Diabo.

pleno período apocalíptico e, por conseguinte, o Novo Testamento e o pensamento cristão subsequente atribuíram a Satã um papel considerável. A função do Diabo no Novo Testamento é um princípio antagônico para o Cristo. A mensagem central do Novo Testamento é que o Cristo nos salva. E é do poder do Diabo que Ele nos salva. A oposição entre o Senhor e o Diabo é violenta e profunda, e quem se colocar no caminho do Salvador ou tentar frustrar seus planos de salvação é, explícita ou implicitamente, um servo de Satã. O Diabo tem sob o seu comando toda a oposição natural e sobrenatural ao Senhor, incluindo demônios, infiéis, hereges e feiticeiros. Os cristãos primitivos tinham particular aversão pelos feiticeiros. Ao pretenderem que os milagres realizados pelo Cristo fossem prova evidente de Sua missão divina, os cristãos foram obrigados a atacar as reivindicações de prodígios idênticos realizados por feiticeiros, reputando-as como espúrias. Seus próprios inimigos, como o pagão Celsus, refutaram o cristianismo afirmando que o Cristo não passava de mais um feiticeiro. Assim, os cristãos perceberam a feitiçaria como um insulto e uma ameaça.

A atitude cristã em relação aos feiticeiros ficou clara a partir dos Atos dos Apóstolos. Quando Paulo e Barnabé visitaram a cidade de Pafos, aí encontraram "um certo feiticeiro, um falso profeta" chamado Bar-jesus, ou Elimas, que procurou afastar os apóstolos da fé. Paulo, "cheio do Espírito Santo", assim o repreendeu asperamente: "Filho do diabo, cheio de falsidade e malícia, inimigo de toda justiça, quando é que vais parar de torcer os caminhos do Senhor, que são retos? Eis que a mão do Senhor vai cair agora sobre ti. Ficarás cego e, por algum tempo, não verás mais o sol" (Atos 13, 6-11). Simão, o *magos*, cuja conversão e batismo foram registrados em Atos (8, 9-13), tornou-se na tradição cristã ulterior um dos protótipos do feiticeiro diabólico. A postura do cristianismo era clara. Por um lado, havia os seguidores do Bem e da Luz; do outro, os adeptos do Mal e das Trevas, entre os quais se destacavam os feiticeiros. A feitiçaria percorrera um longo caminho desde as suas origens na magia simples e mecânica.

2.
As raízes da bruxaria europeia

Um estranho quadro da bruxaria foi traçado por escritores dos séculos XV e XVI durante a caça às bruxas.

Pusera-se o sol e as pessoas honestas estão dormindo. As bruxas (se bem que haja também alguns bruxos) deslizam silenciosamente para fora de suas camas, assegurando-se de que não perturbaram o sono de seus maridos (ou esposas, se for o caso). Preparam-se para o sabá. Aquelas bruxas que vivem perto do local da reunião, para lá se dirigem a pé; as que residem mais longe vão a um lugar secreto, esfregam seus corpos com um unguento que lhes permite levitar e saem voando montadas em vassouras, estacas de sebes, tamboretes ou animais. Na reunião, que tem lugar num porão, caverna ou charneca deserta, encontram-se de dez a vinte bruxas. Se entre elas estiver uma neófita, uma cerimônia de iniciação precederá as matérias ordinárias a serem tratadas no encontro. A noviça ficará de tal modo vinculada ao culto que terá grandes dificuldades para retirar-se. Assim, ela é obrigada a jurar que guardará os segredos do culto e ficará ainda mais unida ao grupo quando prometer matar uma criança e apresentar seu corpo numa reunião subsequente. Renuncia oralmente à fé cristã e sela a sua apostasia calcando aos pés um crucifixo ou excretando sobre uma hóstia consagrada. Em seguida, ela adora o mestre masculino do culto, o Diabo ou seu representante, oferecendo-lhe o beijo obsceno nas nádegas.

Concluída a iniciação, a assembleia participa de um banquete. As bruxas encenam uma paródia do festim eucarístico, trazendo os corpos de crianças a quem previamente mataram. As crianças podem ter sido roubadas de famílias cristãs ou serem os filhos concebidos pelas bruxas em orgias anteriores. Elas são imoladas como oferendas ao Diabo.

A Cozinha das Bruxas, de Goya, c. 1797-98. As bruxas estão usando seu unguento mágico para habilitá-las a mudar de forma e levitar em vassouras.

As bruxas podem cozinhar os corpos das crianças, misturá-los com substâncias repugnantes e incorporá-los ao unguento de levitação. Ou podem consumir o corpo e o sangue das crianças numa paródia ritual da Santa Ceia.

Depois do festim, os archotes são apagados, ou os candelabros são derrubados por um cão ou gato preto. Começa então a orgia. Ouvem-se gritos de "Misturem-se!", e cada pessoa agarra a que estiver a seu lado em lascivo abraço. Os encontros são indiscriminados: homens com homens, mulheres com mulheres, mães com filhos, irmãos com irmãs. Concluída a orgia, bruxas e bruxos despedem-se de modo ritualístico de seu senhor e regressam para casa satisfeitos a fim de se juntarem a seus cônjuges adormecidos.

Semelhante cena jamais ocorreu, mas é o que quase universalmente se acreditava suceder em um sabá de bruxas. O que as pessoas acreditam ser verdadeiro influencia suas ações mais do que aquilo que é objetivamente verdadeiro, e a convicção de que esse relato era de uma exatidão irretocável provocou a execução de quase 100 mil pessoas. As acusações que sentenciavam essas pessoas à morte eram, na melhor das hipóteses, distorcidas e exageradas; na pior, uma invenção e uma impostura.

Quais são as origens dessas crenças e como acabaram por ser reunidas? Que padrões sociais e psicológicos produziram e mantiveram essas crenças e suas consequências? Qual é a significação de tal comportamento para a nossa compreensão da natureza humana nos dias de hoje? Eis algumas das questões que serão tratadas nos capítulos seguintes.

Quais são as origens dessas crenças? O quadro da bruxaria anteriormente traçado não se apresentou por inteiro antes do século XV. No começo, a feitiçaria europeia era semelhante à de qualquer outra parte do mundo. A transformação foi, em grande medida, fruto da ação do pensamento cristão sobre a sociedade e a religião pagãs. Mas o cristianismo não conquistou a Europa de um dia para o outro. Dentro do Império Romano, a conversão exigiu séculos desde o nascimento do Cristo até o estabelecimento do cristianismo por Teodósio. Para além das fronteiras setentrionais do Império, o processo só se completou nos séculos VII (Inglaterra), IX (Alemanha) ou mesmo no século XII (Escandinávia).

Durante esse longo período, a teologia cristã foi provocando a transformação gradual da feitiçaria. Santo Agostinho, o mais influente teólogo cristão, argumentou que a magia, a religião e a feitiçaria pagãs foram todas inventadas pelo Diabo com o intuito de induzir a humanidade a afastar-se da verdade cristã. Alguns dos efeitos da feitiçaria são meras ilusões, disse Santo Agostinho; outros são reais. Mas realidade e ilusão são obras diabólicas. As feiticeiras, ao invocar os espíritos, estão convocando demônios. E os teólogos cristãos faziam agora uma outra e importante identificação: os demônios que as feiticeiras invocavam eram os deuses pagãos. Júpiter, Diana e outras deidades do panteão romano eram realmente demônios, servos de Satã. Quando o cristianismo avançou rumo ao norte, carregou a mesma alegação a respeito de Wotan, Freya e demais deuses celtas e teutões. Aqueles que prestavam culto a tais deuses estavam cultuando demônios, soubessem disso ou não. Graças a essa tática, todos os pagãos, assim como os feiticeiros, podiam ser vistos como parte do monstruoso plano de Satã para frustrar a salvação do mundo. Era essa a postura adotada pela maioria dos teólogos e concílios da Igreja. Entretanto, ao mesmo tempo, a religião popular tratava frequentemente as divindades pagãs de maneira muito diferente, transferindo as características dos deuses para as personalidades dos santos. Na Grécia moderna, ou na Irlanda moderna, ainda é possível encontrar vestígios dos antigos deuses em santos que provocam tempesta-

Collin de Plancy, **O sabá**. Esta vista panorâmica do século XIX ilustra muitos dos clichês relacionados à bruxaria: o voo, a prática do sacrifício de crianças na preparação de unguentos mágicos, a veneração ao Diabo, a "dança às avessas" e a farra licenciosa.

Deus celta com chifres de veado, um detalhe do caldeirão Gundestrup depositado como oferenda votiva num pântano dinamarquês durante o segundo ou primeiro século antes de Cristo. Os chifres são um símbolo universal de poder, fertilidade e abundância de caça.

des, protegem nascentes e fontes sagradas ou fazem rugir o trovão. De fato, havia consideráveis diferenças entre as religiões do Mediterrâneo e as do norte, mas o cristianismo conglobou-as todas como "pagãs". O termo "pagão", que significava "rústico" ou "labrego", era insultuoso, e os cristãos aplicavam-no indiscriminadamente a todas as religiões monistas/politeístas com que se deparavam.

O encontro entre as religiões céltica e teutônica e o cristianismo foi um dos passos mais importantes na formação da bruxaria histórica. E também um ponto crucial na interpretação da bruxaria moderna.

Figura com elmo dourado de chifres numa fivela de bronze anglo-saxônica proveniente de Finglesham, em Kent. Tais imagens pagãs foram mais tarde transformadas na ideia do Diabo cristão.

Interpretações da bruxaria europeia

São correntes pelo menos quatro interpretações importantes da bruxaria europeia. A primeira consiste no velho ponto de vista liberal de que a bruxaria, na realidade, nunca existiu, mas foi uma invenção monstruosa das autoridades eclesiásticas a fim de consolidar seus poderes e aumentar seus fartos ganhos. Para essa escola, a história da bruxaria é um capítulo na história da repressão e da desumanidade.

A segunda tradição é a folclórica, ou tradição murrayista. Margaret Murray publicou seu livro *The witch-cult in Western Europe* em 1921 [editado no Brasil com o título *O culto das bruxas na Europa Ocidental*], numa época em que *The golden bough* [*O ramo de ouro*], de Sir James Frazer, e suas ideias sobre fertilidade estavam dominando toda uma geração de escritores. Influenciada por Frazer e por sua própria formação como egiptóloga, Murray argumentou que a bruxaria europeia era uma antiga religião da fertilidade baseada no culto de Dianus, o deus cornífero. Essa antiga religião, asseverou Murray, sobrevivera à Idade Média e chegara, no mínimo, ao começo do período moderno. Murray seria acolhida na literatura de ficção como Rose Lorimer em *Anglo-Saxon attitudes*, de Angus Wilson; a *Encyclopaedia Britannica* usou um artigo seu sobre "bruxaria" durante décadas; e não foram poucos os historiadores e folcloristas que seguiram sua orientação. Na Alemanha, Anton Meyer apresentou uma variante que iria tornar-se muito popular entre as bruxas modernas: a opinião de Meyer era que essa antiga religião da fertilidade tinha dado maior ênfase à deusa terra do que ao deus cornífero.

O moderno saber histórico rejeita a tese de Murray com todas as suas variantes. Os estudiosos foram longe demais em sua rejeição de Murray, porquanto muitos fragmentos da religião pagã indubitavelmente aparecem na bruxaria medieval. Mas subsiste o fato de que a tese de Murray, em seu todo, é insustentável. O argumento a favor da sobrevivência de qualquer culto coerente da fertilidade desde a Antiguidade até o presente, passando pela Idade Média, está eivado de falácias:

1. A religião original da qual Murray afirmou derivar a bruxaria era a religião de Dianus. Essa religião nunca existiu; é uma combinação criada artificialmente por Murray com base em características de distintas e divergentes religiões desde a Ásia Menor até o País de Gales. O argumento de Murray tende a aceitar a polêmica doutrina cristã de que todas as religiões pagãs são análogas.

2. Mesmo que essa religião heterogênea da fertilidade tivesse existido, as provas de sua sobrevivência são totalmente inadequadas. É certo que o paganismo não se extinguiu ao soar a primeira trombeta do cristianismo, e sobreviveu por mais tempo em algumas regiões – como a Escandinávia e a Rússia – do que em outras. Mas no século XII, virtualmente toda a Europa

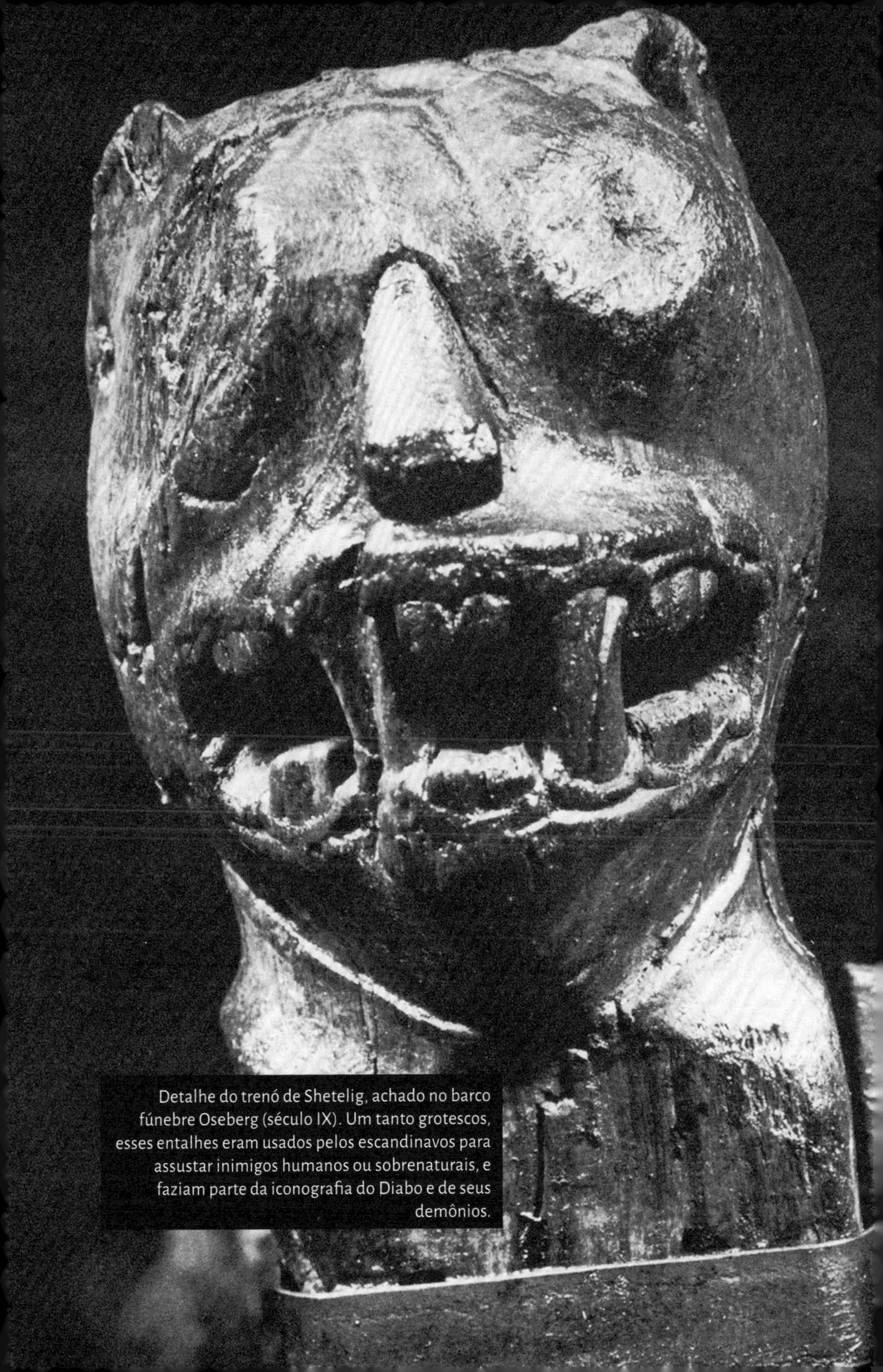

Detalhe do trenó de Shetelig, achado no barco fúnebre Oseberg (século IX). Um tanto grotescos, esses entalhes eram usados pelos escandinavos para assustar inimigos humanos ou sobrenaturais, e faziam parte da iconografia do Diabo e de seus demônios.

estava convertida. Fragmentos e resíduos de crenças e práticas pagãs sobreviveram à conversão em todo o continente e persistiram através da Idade Média. Como observou Elliot Rose, "é evidente que muitas festividades populares [...] eram sobrevivências *do* paganismo; mas isso não é o mesmo que dizer que *o* paganismo sobreviveu". E "para todas aquelas [explicações] que Miss Murray apresentou, não há uma única para a qual não exista uma alternativa e uma melhor explicação dos fatos".[1]

3. Só por volta de 1300, mil anos após a conversão de Constantino, apareceu uma substancial coleção de provas acerca da bruxaria, e essas provas evidenciam que a bruxaria não era uma religião da fertilidade, mas uma heresia cristã baseada no satanismo. Quer essa bruxaria diabólica realmente existisse ou não, quer tivesse sido ou não inventada pelos cristãos, a tese murrayista não se sustenta. Se *existiam* bruxas no período de 1300 a 1700, todas as provas mostram-nas como diabolistas heréticas, e não como pagãs. Se, por outro lado, os liberais estão certos e a bruxaria era uma invenção, então não existia de forma nenhuma. Em ambos os casos, a sobrevivência de uma "antiga religião" está fora de cogitação.

4. Existem dois imensos hiatos de tempo nas provas. O primeiro é o que vai da conversão até o início da caça às bruxas; o segundo estende-se do final da caça às bruxas até a publicação de *Aradia*, de Leland, no fim do século XIX (ver p. 186). Entre as últimas décadas do século XVIII e as primeiras do século XIX não havia prova alguma sobre a existência de bruxaria. Algumas práticas pagãs isoladas, sim. Feitiçaria, sim. Mas nada de bruxaria como satanismo nem de bruxaria como "a antiga religião". Que era uma possibilidade essa "antiga religião" ter persistido secretamente sem deixar qualquer evidência, não há dúvida; tal como é possível que abaixo da superfície da Lua existam extensas jazidas de queijo Roquefort. Tudo é possível. Mas é rematada tolice afirmar a existência de alguma coisa para a qual não existem provas evidentes. Os murrayistas pedem-nos para engolir um sanduíche deveras peculiar: um grande pedaço de evidência errada entre duas fatias de evidência nenhuma.

Uma terceira escola, atualmente a que exerce maior influência, enfatiza a história social da bruxaria, sobretudo o padrão social de acusações de bruxaria. Esses historiadores admitem, de um modo geral, que a bruxaria (em contraste com a feitiçaria) nunca existiu realmente, residindo a sua diferença em relação aos liberais obsoletos no fato de atribuírem a crença na bruxaria não às imposturas de uma Igreja perversa, mas a uma superstição geral muito difundida. Um quarto grupo de historiadores enfatiza a história das ideias e argumenta que a bruxaria é uma combinação de conceitos gradualmente reunidos ao longo dos séculos. Desses, a heresia e a teologia cristãs são mais importantes do que o paganismo. Ambos os grupos ignoraram ou rechaçaram a bruxaria moderna.

Este livro leva em conta tanto a bruxaria histórica como a bruxaria moderna, mas trata-as como fenômenos separados, sem qualquer conexão histórica entre eles.

Feitiçaria, folclore e religião na Europa pagã

As raízes da bruxaria histórica europeia residem, em parte, no pensamento greco-romano e hebraico, e em parte na feitiçaria, nas tradições populares e na religião da Europa setentrional. A feitiçaria da Idade do Bronze na Europa setentrional era semelhante à feitiçaria do mundo inteiro: um cemitério revelou uma mulher da Idade do Bronze, possivelmente uma feiticeira, sepultada com uma pata de lince, com os ossos de uma doninha, vértebras de serpentes, dentes de cavalo, um galho de sorveira-brava, uma lâmina quebrada de faca e dois pedaços de pirita; segundo parece, acreditava-se que tudo isso possuía qualidades mágicas. A quase total falta de fontes impede qualquer investigação do curso percorrido pela feitiçaria desde a Idade do Bronze até a época da conversão, e as vastas mudanças e diferenças culturais anulam a possibilidade de qualquer tradição coerente. Entretanto, a feitiçaria popular do período cristão primitivo do norte ainda é, como a Idade do Bronze, feitiçaria comum.

Os escandinavos mobilizavam os espíritos malignos e destruíam a proteção espiritual de um inimigo colocando a cabeça de um cavalo, de boca aberta, espetada num mastro, que era colocado em frente de sua casa. As feiticeiras teutônicas usavam ervas, peneiras e figuras de cera, massa ou barro em seus trabalhos. Na magia hostil, suspendiam-se essas figuras no ar, mergulhavam-nas em água, esquentavam-nas ao fogo ou perfuravam-nas com agulhas. Feitiços eram usados para causar dano ou para curar. Um simples feitiço, que persistiu até o século XIX, era: *Sprach jungfrau Hille / blut stand stille*, "Falou a jovem Hille / o caudal de sangue foi contido". O feitiço ilustra a sobrevivência de elementos pagãos muito depois da extinção do paganismo. A donzela Hille é a antiga valquíria Hilda, mas o camponês moderno que murmurava encantamentos não era mais pagão do que o italiano moderno que há uma geração usava a exclamação *perbacco*, "por Baco". Muitos indivíduos gritam hoje "Jesus Cristo!" ou "Que Deus o maldiga!" sem que por isso esperem a salvação ou temam a condenação eterna.

Para destruir um inimigo, os anglo-saxões recitavam uma fórmula mágica que o reduzia a nada ao associá-lo a coisas minúsculas e perecíveis existentes na natureza:

Que sejas consumido como carvão na lareira,
Que encolhas como esterco contra um muro,
e que possas secar como água num balde.
Que fiques tão pequeno quanto um grão de linhaça,
e muito menor do que o ilíaco do bicho da sarna,
*e possas ficar tão pequeno que te tornes nada.**

Alguns sortilégios anglo-saxônicos eram simples e mecânicos:

> Contra as verrugas. Colha a urina de um cão e o sangue de um rato, misture bem e unte as verrugas com isso; elas não tardarão a desaparecer.

Por vezes, o sortilégio misturava elementos mecânicos e religiosos:

> Se um homem é perturbado por tumores perto do coração, uma jovem deverá ir até um manancial que corre para leste, deverá tirar uma xícara de água corrente e em torno dela entoar o Credo e um Pai Nosso.

Ou:

> Uma bebida agradável contra a insanidade. Misture até fermentar: erva-do-brejo tirada de uma touceira, tremoço, cenoura, erva-doce, rabanete, betônica, agrimônia, arruda, gatária, ênula-campana, erva-de-santo-estevão e cardo bravo. Cante doze missas sobre a bebida e deixe que o paciente a beba. Ele logo se sentirá melhor.[2]

* No original: *May you be consumed as coal upon the hearth, / May you shrink as dung upon a wall, / and may you dry up as water in a pail. / May you become as small as a linseed grain, / and much smaller than the hipbone of an itchmite, / and may you become so small that you become nothing.* [N. E.]

Um mago anglo-saxão. Os primeiros feiticeiros medievais não eram acusados de satanismo. Entretanto, presumia-se usualmente que a prática da feitiçaria envolvia a convocação e o emprego de espíritos. Tal como neste quadro do século XI, o feiticeiro, por vezes, obteve mais do que esperava.

Os penitenciais cristãos – guias que, na Alta Idade Média, eram usados pelos sacerdotes quando ouviam confissões e impunham penitências – condenavam os costumes derivados da antiga feitiçaria. Esses costumes, quaisquer tivessem sido seus fundamentos racionais, tinham-se convertido em superstições, porquanto careciam agora de uma visão de mundo integradora ou coerente. O penitencial de Teodoro, cerca de 600 de nossa era, prescrevia:

> Se qualquer mulher colocar sua filha sobre um telhado ou dentro de um forno para a cura de uma febre, ela fará penitência por sete anos.

O simbolismo inconsciente desse sortilégio é universal, pelo menos no que se refere ao forno. Um forno, tal como uma gruta ou caverna, representa o ventre: meter uma criança num forno e retirá-la de novo simboliza o renascimento. Na feitiçaria, o símbolo torna-se uma parte do sistema oculto de interligações e produz uma cura física. As autoridades cristãs viam esse trabalho como sendo efetuado por intervenção do demônio, e procuraram reprimi-lo. O Confessional de Egbert (cerca de 750) decreta:

> Se uma mulher pratica [a feitiçaria] (*drycraeft*) e o sortilégio (*galdor*) e [usa] filtros mágicos, jejuará durante doze meses... Se matar alguém por meio de seus filtros, jejuará durante sete anos.[3]

A *Edda* nórdica diz que *seithr* (feitiçaria) era feita à noite, quando os homens estavam dormindo, por *völvas* (feiticeiras) que rondavam de noite montadas em javalis, lobos ou tábuas de cercas e se reuniam com suas companheiras no *trolla-thing* ou assembleia de espíritos. Relata a *Edda*:

> Ketill foi despertado durante a noite por um grande ruído no bosque; correu para fora a tempo de ver uma feiticeira de cabelos flutuando ao vento; ao ser interrogada, ela implorou-lhe que não a prendesse, pois estava a caminho de uma assembleia mágica, na qual compareceria Skelking, rei dos espíritos, que vinha de Dumbshaf [e outros espíritos].

Os cristãos, é claro, interpretaram tal reunião como um "sabá" diabólico.

Os camponeses praticaram frequentemente a feitiçaria a fim de melhorar sua própria posição à custa de seus vizinhos, ou simplesmente para exercer sua malevolência ou rancor. Por vezes, a ameaça de um feitiço podia ser lucrativa. As leis visigóticas do século XI prescreviam a flagelação como punição para aqueles que se autopromoviam como "fazedores de tempestades", que coagiam os agricultores a pagar-lhes para pouparem seus campos da devastação. Muitas das acusações de magia malévola, comuns durante a caça às bruxas, tinham essa origem antiga: provocar tempestades, causar a morte ou a doença em animais ou seres humanos, e causar impotência.

Os contos populares a respeito de bruxaria e feitiçaria refletem geralmente o medo dos feiticeiros e certo sentimento, ou reconhecimento, do poder deles. A "bruxa" das histórias populares é basicamente uma feiticeira (raras vezes acusações derivadas da caça às bruxas fazem parte de contos populares). Ela está intimamente associada aos poderes da natureza, e tem muitos dos atributos conferidos a um espírito da natureza. Está próxima das "mulheres selvagens" do folclore, que representam a rusticidade agreste da natureza em contraste com o mundo da humanidade civilizada. Eis um motivo comum:

> Uma jovem torna-se criada de uma bruxa das trevas na floresta. Há um aposento secreto... onde lhe é proibido entrar. Ela tem de limpar a casa por muitos anos... Um dia, finalmente, ela decide abrir a porta do aposento proibido e encontra nele a bruxa das trevas que, graças à sua limpeza, já se tornara quase radiante. A moça fecha a porta de novo, mas é então perseguida pela bruxa por ter transgredido o tabu. [A bruxa] persegue a jovem, tira-lhe os filhos pequenos e faz cair sobre ela toda espécie de infortúnio [obrigando-a a mentir e a dizer que não a viu no aposento].[4]

As histórias populares, assim como os sonhos, expressam as preocupações do inconsciente em símbolos; o significado da figura da bruxa, como o de qualquer

Bruxas fazendo chover, um entalho de 1489. Magia envolvendo o clima é uma forma de feitiçaria encontrada por todo o mundo. Magia climática destrutiva, aliada à magia causadora de outros desastres naturais, como fome e infestações de gafanhotos, foram, ao longo da caça às bruxas, incluídas entre os *maleficia* ou ações malignas efetuadas por bruxas

Diana. Deusa romana da caça e protetora dos animais, Diana estava associada à bruxaria como uma deusa da noite, uma deusa do mundo subterrâneo (em sua forma de Hácate) e condutora da Caçada Selvagem ou tropel das bruxas.

símbolo, varia com a história. Geralmente, porém, ela representa uma força natural elementar detentora de enormes e inesperados poderes contra os quais uma pessoa normal é incapaz de se preparar ou defender, uma força não necessariamente maléfica, mas tão alheia e remota ao mundo dos homens que constitui uma ameaça à ordem social, ética e até física do cosmo. Essa maneira de retratar a bruxa é muito antiga e provavelmente arquetípica. Essa bruxa não é uma simples feiticeira, nem uma demonólatra, nem uma pagã. É uma presença hostil oriunda de um outro mundo. O terror visceral inspirado por essa bruxa arquetípica ajuda a explicar o excesso de ódio e o medo acumulados durante a caça às bruxas.

Por vezes, as tradições célticas e teutônicas fundiram-se com as da Grécia e de Roma. A deusa romana Diana, por exemplo, mesclou-se às deusas teutônicas da fertilidade na Alta Idade Média. Diana era a deusa da Lua, caçadora virgem e irmã celestial de Apolo, o deus-sol. Mas Diana nem sempre era leve e graciosa. Sua associação com animais fez dela uma protetora bravia desses seres ao mesmo tempo que caçadora, e sua função de garantir a plenitude da caça vinculou-a à fertilidade em geral. Seu poder sobre a Lua associou-a aos ciclos mensais das mulheres; e os chifres do quarto crescente, simbolizando crescimento, reforçaram o elemento de fertilidade.

Tal como o mundo subterrâneo empurra as novas safras para a luz e as traga de volta quando morrem e apodrecem, as divindades da fertilidade também estão associadas à morte, e Diana foi identificada com Hécate, a lívida deusa trifronte da morte, protetora da feitiçaria maléfica e mãe das lâmias. Sob essa forma sombria, Diana apareceu nos primórdios da crença medieval como condutora das procissões e ritos de bruxas. Mas as origens dessas procissões diânicas, desconhecidas em Roma, são mais teutônicas do que mediterrâneas, e têm suas raízes na Caçada Selvagem: uma procissão de espíritos ou espectros que erravam em grande número pelos campos em uma desenfreada farra destruidora. O condutor desse caótico tropel ora era um homem, ora uma mulher. À líder feminina chamavam, na Alemanha setentrional, Holda, Holle ou Holt, "a afetuosa", esposa de Wotan, deusa do casamento e da fecundidade; no sul, era chamada Perchta, Bertha ou Berta, "a resplandecente". Por estar ligada à caça, essa deusa foi associada à Lua, à noite e a Diana. Tal correlação foi provavelmente estabelecida pela mente de humanistas e de eclesiásticos, que designaram um nome clássico familiar, Diana, à deusa pouco conhecida dos teutões. Uma conexão ainda mais curiosa foi

Hécate, uma das formas de Diana, era a deusa cujas três faces representavam o poder sobre o mundo inferior, a terra e o ar. Era também associada à noite e à magia malévola. As três faces de Hécate inspiraram a ideia de Dante de que Satã tinha três faces no inferno.

feita entre Berta/Holda e Herodias, a sanguinária esposa de Herodes: a sinistra reputação de Herodias e o elemento *Her-* em seu nome parecem ter causado a associação. Quando a condução da Caçada Selvagem estava entregue a um homem, seu nome também começava com *Ber-* ou *Her-* (Berthold, Herlechin ou Herne), relacionando-o com o brilho e o culto da Lua.

Os participantes da Caçada Selvagem vagavam pelos descampados, charnecas e florestas. Eram semelhantes aos "homens e mulheres selvagens" que, parte humanos, parte animais e parte espíritos, se acreditava levarem vida nômade nas florestas medievais. Elementos da mulher selvagem, frequentemente tida por sanguinária, comedora de crianças e sugadora de sangue, persistiram nos contos populares da bruxa solitária que habita na floresta: gradualmente, na Alta Idade Média, as características das caçadoras e das mulheres selvagens foram transferidas para as bruxas.

Nada persiste mais na mente do que a lembrança de um dia festivo, e traços de antigos festivais pagãos podem ser claramente encontrados na Idade Média – e daí até o presente. Alguns festejos pagãos ainda são (se bem que agora, no início do século XXI, de um modo autoconsciente) praticados em pequenas cidades e aldeias das Ilhas Britânicas, da Alemanha e de outras regiões da Europa. Algumas das mais importantes festividades adquiriram sinistra reputação e acabaram associadas, durante a caça às bruxas, às assembleias ou "sabás". As bruxas contemporâneas, apoiando-se orgulhosamente nos próprios festejos antigos e em sua associação com as bruxas medievais e modernas, fizeram dessas antigas festas o alicerce de seus próprios e mais importantes "sabás".

No decorrer da caça às bruxas, cinco festividades aparecem com maior frequência nas fontes. A primeira delas ocorria em 31 de outubro. O propósito do rito pagão original nesse dia era restaurar o poder do sol agonizante. Entre os anglo-saxões, esse rito denominava-se "fogo-necessário", porque grandes fogueiras eram acesas para insuflar energia ao sol por meio da magia imitativa. Quando os cristãos fixaram 1° de novembro como Dia de Todos os Santos (a que os ingleses chamam *All Saint' Day* ou *All Hallow's Day*), os festejos do "fogo-necessário", realizados na véspera, foram transformados em Halloween). Na Inglaterra, esse deslocamento religioso do feriado foi seguido, no século XVII, por um deslocamento político. Após a prisão de Guy Fawkes por conspirar para fazer explodir o Parlamento, a data de sua detenção, 5 de novembro, converteu-se em

Homem e mulher selvagens, por Jean Bourdichon, século XV. O lendário povo selvagem das florestas medievais era associado, por vezes, à Caçada Selvagem e à bruxaria.

feriado nacional. Nesse dia, fogueiras ainda são acesas e foguetes estralejam no ar. Nos Estados Unidos, o *Halloween* tornou-se uma espécie de Saturnal infanto-juvenil, uma noite em que as regras de boa conduta são suspensas por algum tempo e as crianças saem às ruas como diabretes para exigir agrados e ameaçar represálias contra os sovinas. Com o passar do tempo, o *Halloween* acabaria sendo mercantilizado, mas ainda perdura a memória de estranhos espíritos e fogueiras fantasmagóricas.

Pintura rupestre do período paleolítico representando um cervo, ou um dançarino em traje de cervo. Danças para as quais as pessoas vestiam roupas de animais eram praticadas há mil anos na Europa e talvez tenham sido uma das origens da ideia de metamorfose. As danças do cervo, realizadas anualmente em 1º de janeiro, eram condenadas pela Igreja cristã e associadas à bruxaria.

Outra festividade voltada a restituir o Sol e garantir a fertilidade era celebrada por ocasião do solstício de inverno. Na Alta Idade Média, algumas pessoas ainda se vestiam como veados e touros no dia 14 de janeiro e realizavam uma dança ritual a fim de assegurar abundância de caça. Outra festa com fogos, mais tarde associada à festa cristã da Candelária, ou "festa das candeias" – comemorativa da Purificação da Virgem –, era celebrada a 2 de fevereiro. Uma outra, ainda, ocorria a 30 de abril, às vésperas dos festejos do Primeiro de Maio, que sempre foi uma data comum para a celebração do retorno da primavera. Ocorre que, por acaso, o dia 30 de abril tornou-se a festa cristã de uma obscura missionária anglo-saxã chamada Santa Valburga, e dessa coincidência deriva o nome *Walpurgisnacht*, ou Noite de Santa Valburga, quando as bruxas supostamente se reuniam na montanha Brocken para uma orgia diabólica. Finalmente, a 30 de junho celebrava-se o solstício de verão, com o regresso do Sol e a plenitude de frutos da natureza. A peça *Sonho de uma noite de verão*, de Shakespeare, preserva a atmosfera mágica desses festejos.

Herne, o Caçador, de George Cruikshank, 1843. Herne era uma das formas do misterioso e mortífero líder da Caçada Selvagem; ele era frequentemente associado ao Demônio.

Os familiares das bruxas subsequentes originaram-se com os duendes, gnomos, fadas, *trolls*, *kobolds* ou outros espíritos menores do folclore nórdico. Podiam ser amistosos, malévolos ou travessos. Em sua origem, eram espíritos da natureza, mas o cristianismo não podia admitir a existência de outras entidades espirituais além de Deus, dos anjos e demônios. A Igreja identificou então esses espíritos a demônios secundários, considerando a associação da feiticeira com o espírito familiar outro sinal de seu relacionamento com o Diabo. Entretanto, a origem dos familiares, firmada mais no folclore do que na demonologia, transparece nos nomes que lhes foram atribuídos, Robin Goodfellow, Haussibut, Federwisch ou Rumpelstiltskin. Tais espíritos serão encontrados em plantações de verduras ou atrás de ramos de lariço, e não nas fileiras compactas do inferno de Satã.

O status legal da feitiçaria

Todas as sobrevivências da crença, do culto e da prática pagãos foram condenadas como demoníacas e gradualmente suprimidas pela teologia e pelo direito cristãos. O direito romano fora severo no tratamento da feitiçaria. O direito teutônico era muito mais moderado. Mas no decorrer dos séculos VIII e IX, a crescente influência da teologia sobre o direito civil produziu a associação legal das feiticeiras com demônios. A palavra latina *maleficium*, originalmente o "ato de fazer mal a alguém", passou a significar especialmente a feitiçaria malévola, e presumia-se que o *maleficus* ou a *malefica* estava intimamente relacionado com o Diabo. Assim, a feitiçaria podia ser agora perseguida não somente como um crime contra a sociedade, mas também como heresia e um crime contra Deus.

A lei fixou a identificação do paganismo com a demonolatria. Uma "Lista de Superstições" redigida no Concílio de Leptinnes, em 744, proibiu o sacrifício aos santos, evidência da persistente confusão entre o novo santo e a antiga deidade no espírito popular. O mesmo concílio aprovou uma fórmula batismal que pedia ao catecúmeno que "renunciasse a todas as obras do demônio e a suas palavras, a Thor, Odin e Saxnot e a todos os seres malignos que são semelhantes a eles". Carlos Magno ordenou a morte de quem sacrificasse "um ser humano ao Diabo e [oferecesse] sacrifício a demônios, como é o costume dos pagãos".[5]

A lei ajudou a transferir as características dos espíritos maléficos para as bruxas humanas. Os pagãos tinham adotado o costume de ofertar comida e bebida aos espíritos menores. O Sínodo de Roma, em 743, presumiu que esses espíritos fossem demônios e colocou as oferendas à margem da lei. Os espíritos demoníacos foram então transformados em *bonae mulieres*, as espectrais "boas mulheres" que vagavam de noite e entravam nas casas para roubar comida. Finalmente, as *bonae mulieres* foram convertidas em bruxas. Do mesmo modo, o termo *striga* ou *stria*, originalmente um espírito

A sra. Samuel invocando o Diabo. Uma ilustração para o relato do julgamento por bruxaria em Warboys, Huntingdonshire (1593). A bruxa, em pé dentro de seu círculo protetor, convoca o Diabo e seus familiares, os espíritos do mal.

noturno bebedor de sangue, passou a ser uma palavra comum para designar uma bruxa.

A Alta Idade Média foi tolerante com a feitiçaria e a heresia, se comparada às torturas e execuções do Império Romano e aos enforcamentos e autos de fé da Baixa Idade Média e da Renascença. Penitência de dois ou três anos era normal para *maleficium*, bruxaria e idolatria. Mas a lei foi ficando gradualmente mais abrangente e mais severa. O Sínodo de Paris, em 6 de junho de 829, promulgou um decreto com implicações sinistras para o futuro, citando as passagens intolerantes do Levítico (20, 6) e do Êxodo (22, 18). O sínodo argumentou que, como a Bíblia decretou que a um *maleficus* não devia ser permitido viver, o rei tinha o direito de punir severamente as feiticeiras. Na Inglaterra, Alfredo o Grande ameaçou *wiccan* com a pena de morte, e Etelstan ordenou a execução por *wiccecraeft*, se esta resultasse em morte.

Tais medidas estavam fadadas a reduzir e finalmente erradicar as práticas pagãs, e as condenações de ritos pagãos tornaram-se gradualmente repetições perfunctórias de condenações anteriores, decretadas quando o problema era mais sério. Uma vez por outra, as fontes revelam alguma novidade, como no caso da luta de São Barbato contra o paganismo residual dos lombardos no século IX. Em Benevento, esses pagãos adoravam uma serpente e uma árvore sagrada, em torno da qual dançavam num círculo. O Sínodo de Roma, em 826, queixou-se de que "muita gente, sobretudo mulheres, acodem à igreja nos domingos e dias santificados não para assistir à missa, mas para dançar, entoar canções indecentes e fazer outras coisas próprias de pagãos".[6]

O mais importante documento legal da Alta Idade Média relacionado com a bruxaria é o *Canon Episcopi*, divulgado por volta de 900. O cânone diz:

> Algumas mulheres pecaminosas são pervertidas pelo Diabo e desencaminhadas por ilusões e fantasias induzidas por demônios, pelo que acreditam que cavalgam à noite em animais na companhia de Diana, a deusa pagã, e de uma horda de mulheres. Acreditam que no silêncio da noite percorrem distâncias enormes. Dizem obedecer às ordens de Diana e, em certas noites, são convocadas para servi-la [...] Muitas outras pessoas também acreditam ser isso verdade, embora seja um erro pagão crer na existência de qualquer outra divindade além do Deus uno [...] Tais fantasias são introduzidas nas mentes de pessoas sem fé, não por Deus, mas pelo Diabo. Pois Satã tem o poder de transformar-se na figura de um anjo de

> luz. Nessa forma, ele captura e escraviza o espírito de uma infeliz mulher e transforma-se em várias pessoas diferentes. Mostra ao espírito perturbado dessa mulher coisas estranhas e pessoas desconhecidas, e o conduz em fantásticas jornadas. Tudo isso acontece somente no espírito, mas pessoas sem fé acreditam que tais coisas aconteçam também no corpo.[7]

O *Canon Episcopi* exerceu enorme influência. Acreditou-se geral e incorretamente que remontasse ao século IV, e por isso, resguardado pela autoridade advinda de sua antiguidade, ingressou nas principais coleções medievais do direito canônico. Uma vez que rechaçava a realidade física da bruxaria e condenava aqueles que nisso acreditassem como hesitantes em sua fé, o cânone ajudou a retardar a caça às bruxas. Mais tarde, quando os juristas canônicos e os teólogos aceitaram a realidade da bruxaria, tiveram de engendrar rodeios e circunlóquios para não desmentir o cânone. Entretanto, o *Canon Episcopi* está muito longe de ser um monumento ao ceticismo medieval, pois indica que a crença nesses estranhos fenômenos estava bastante disseminada, e sua influência ajudou a propagá-los ainda mais. O próprio *Canon Episcopi* contribuiu para a definição do conceito histórico do sabá. Como chefe de uma horda demoníaca, Diana foi equiparada a Satã. As mulheres que a seguiam deviam ser, portanto, adoradoras do Diabo. Embora elas não a seguissem realmente com seus corpos físicos, cavalgavam com ela em espírito, uma vez que seus espíritos eram servos de Satã. Obedeciam mais à Senhora deusa (*domina*) do que ao Senhor Cristo (*dominus*), e reuniam-se secretamente em noites determinadas para render-lhe culto. Um século depois, o jurista canônico Burchard de Worms, autor do *Decretum*, de 1012, equiparou a Diana do cânone dos bispos com Holda, a quem chamou "a bruxa Holda". A deusa clássica Diana tinha sido assim identificada com a teutônica mãe-deusa Holda, e ambas consideradas manifestações de Satã. A identificação ambivalente de Holda como bruxa, aliada à cena das mulheres que a acompanhavam à noite, criou uma imagem na qual posteriormente a caça às bruxas se apoiaria de forma extensiva.

3.
Bruxaria, heresia e Inquisição

Feitiçaria, religião pagã e folclore foram os primeiros três elementos formadores da bruxaria europeia; a heresia cristã era o quarto. Quando se iniciou a caça às bruxas, no fim da Idade Média, as suas crenças mais importantes eram: as cavalgadas noturnas; o pacto com o Diabo; o repúdio formal ao cristianismo; as reuniões secretas e noturnas; a profanação da eucaristia e do crucifixo; a orgia; o infanticídio sacrifical; e o canibalismo. Cada um desses elementos foi incorporado à tradição da bruxaria por causa da heresia, ou, pelo menos, substancialmente modificada por ela.

A ideia de pacto era crucial, porquanto serviu de remate para a demonização do feiticeiro. Um *maleficus* era, agora, por definição, alguém que faz um pacto com Satã. O pacto ajudou a distinguir a bruxaria da possessão. O Diabo pode possuir uma pessoa contra a vontade dela, mas o pacto, pelo contrário, é sempre voluntário. A bruxa, portanto, serve ao Diabo por sua livre e espontânea iniciativa. A ideia de pacto começou a adquirir notoriedade no século VIII, quando Paulo, o Diácono, um dos conselheiros de Carlos Magno, traduziu uma história grega do século VI sobre um sacerdote chamado Teófilo, que teria alcançado o episcopado ao prometer ao Diabo que renunciaria a Cristo. O motivo do pacto, na lenda medieval, culminou na história de Fausto, o grande mago fictício da Renascença que firmou um pacto com o Demônio a fim de obter sabedoria e prazer sexual. A lenda misturou as tradições da alta e da baixa magias, e manteve-se popular durante séculos, como testemunham o *Dr. Fausto*, de Marlowe (século XVI), e *Fausto*, de Goethe (século XIX).

Uma história típica foi contada pelo arcebispo Hincmar, de Reims, em 860. Um jovem recorreu a um feiticeiro a fim de obter os favores de uma jovem. O feiticeiro concordou em ajudá-lo, mas sob a condição de que ele renunciasse a Cristo por escrito. O rapaz concordou e o feiticeiro escreveu ao

Pacto com o Demônio. Bruxos e bruxas, protegidos em seu círculo, evocaram Satã, que se dirige a eles para oferecer seus serviços em troca de suas almas. Essa ideia de pacto formal era o elemento central dos processos inquisitoriais por bruxaria.

Diabo uma carta expressando sua esperança de que o Senhor das Trevas ficasse satisfeito com o seu novo recruta. O feiticeiro entregou a carta ao jovem e instruiu-o para que saísse de noite e erguesse a carta no ar. Nessa mesma noite, o rapaz saiu e, de acordo com as instruções, ergueu um braço com a carta no ar, ao mesmo tempo que implorava a ajuda de Satã. O Príncipe do Poder das Sombras apareceu e conduziu-o à presença de Satã, que examinou o rapaz parodiando o rito do batismo. "Crês em mim?", perguntou o Diabo. "Creio", respondeu o jovem. "Renuncias a Cristo?" "Sim, renuncio." "Vocês, cristãos, sempre me procuram quando estão em apuros e necessitam de ajuda, mas depois tentam arrepender-se, confiando na misericórdia de Cristo. Quero que me prometas por escrito a tua fidelidade, para que não haja possibilidade de fuga."

O rapaz concordou e o Diabo, em retribuição, fez com que a jovem se apaixonasse por ele. Ela pediu a seu pai que a desse em matrimônio ao jovem, mas o pai recusou, pois desejava que ela ingressasse em um convento. A moça percebeu que estava sob o poder de demônios, mas foi incapaz de resistir; disse ao pai que morreria se não se casasse com o jovem. Mas este não pôde continuar com a impostura e confessou. Pela intervenção de São Basílio, a jovem foi resgatada das mãos do Diabo e entrou recatadamente no convento para ser freira; o rapaz retornou a uma boa vida cristã. A história é um típico *exemplum*, um conto moral a ser explorado em sermões e pregações.

A história de Teófilo, do Saltério de Ingeborg (anterior a 1210). A história data de antes do século VI e é o primeiro relato de um pacto formal com o Diabo. Nesse quadro, Teófilo presta homenagem feudal a seu novo mestre, que segura o contrato escrito.

O pacto, porém, não se restringiu às historietas edificantes e pedagógicas. Foi a base da transformação do feiticeiro em herege. Se alguém rendeu culto a Satã, segue-se que acreditava poder ser salvo por Satã da justiça de Deus, o que é heresia; se renunciou a Cristo como seu Senhor e colocou o satanismo no seu lugar, cometeu a mais desprezível e perigosa de todas as heresias.

As mais antigas heresias da Idade Média estavam longe de ser diabólicas; a maioria delas, pelo contrário, caracterizava-se por um fervoroso desejo de reforma moral da Igreja. Mas a partir do século VIII, alguns elementos de bruxaria foram incorporados à heresia, ou, pelo menos, àquilo que as pessoas acreditavam ser heresia. Depois, em 1022, um evento ligou de modo decisivo heresia e bruxaria.

As heresias dualistas

Em 1022, o rei Roberto da França presidiu à primeira execução por heresia na Idade Média. Durante o julgamento, uma enorme multidão reuniu-se diante do palácio episcopal de Orleans e só a muito custo foi impedida de trucidar os hereges antes que estes pudessem ser formalmente condenados e queimados na fogueira.

Esses acontecimentos em Orleans são dignos de registro. Em primeiro lugar, após muitos séculos de escassas notícias de heresia, eis que surge um considerável grupo de heréticos no norte da França, sem quaisquer antecedentes.

The Tragicall Hiſtoy of the Life and Death of Doctor Fauſtus.

With new Additions.

Written by *Ch. Mar.*

LONDON,
Printed for *Iohn Wright*, and are to be ſold at his ſhop without Newgate, at the ſigne of the Bible. 1620.

Frontispício da primeira edição de **Dr. Fausto**, de Christopher Marlowe, 1620. Fausto, aqui protegido por seu círculo mágico enquanto invoca o Demônio, misturou alta e baixa magias em sua busca por conhecimento e deleite sensual.

Em segundo lugar, o julgamento deles atraiu a atenção do rei e da rainha. Em terceiro lugar, a vasta multidão composta por gente comum ficou a tal ponto enfurecida pela heresia que tentou assassinar os acusados. Em quarto lugar, alegou-se que os hereges acreditavam em doutrinas impregnadas de dualismo, que assim ressurgia com uma intensidade desconhecida na Europa Ocidental há mais de 400 anos – o antigo conflito cósmico entre luz e trevas, espírito e carne, Bem e Mal, tinha agora reaparecido. Finalmente, os hereges eram acusados de crenças e práticas que, pela primeira vez, assemelhavam-se àquelas alegadas para acossar as bruxas, no auge da perseguição. Fossem as acusações válidas ou não, as ideias essenciais da bruxaria histórica estavam agora reunidas pela primeira vez num julgamento por heresia.

Os heréticos de Orleans foram acusados de realizar orgias sexuais noturnas em lugares secretos, subterrâneos ou abandonados. Os membros do grupo compareciam carregando archotes e recitando os nomes de demônios até surgir um espírito maléfico. Os archotes eram então apagados e cada participante agarrava a pessoa mais próxima num amplexo sexual, fosse ela mãe, irmã ou freira. As crianças concebidas nas orgias eram queimadas oito dias após o nascimento (um grotesco eco da prática batismal cristã), e suas cinzas preparadas para compor uma substância a ser usada em uma paródia blasfema da sagrada comunhão.

Os hereges eram acusados de acreditar que, quando imbuídos do Espírito Santo, tinham visões angelicais e eram transportados de um lugar

O infanticídio ritual, frequentemente acompanhado de canibalismo, era uma das acusações mais comuns contra as bruxas. Se as crianças não eram comidas, supunha-se que teriam sido cozidas num caldeirão, sendo a sua gordura usada para ajudar a confeccionar o unguento mágico.

para outro sem intervalo de tempo; de adorar o Diabo e render-lhe homenagem – ele aparecia-lhes na forma de um animal, de um anjo de luz ou de um homem negro –; de recitar uma litania de demônios; de renunciar formalmente a Cristo e profanar o crucifixo.

De todas essas acusações de bruxaria, as mais significativas são as de orgias sexuais, sacrifício de seres humanos, especialmente crianças, e canibalismo. Todas essas acusações são antigas. Os sírios fizeram-nas contra os judeus, os romanos contra os cristãos e os cristãos contra os gnósticos. Agora eram feitas contra os heréticos medievais. Uma longa sucessão de julgamentos por heresia tomou por base as acusações formuladas em Orleans, e nos séculos XIV e XV os excessos licenciosos e orgíacos eram alegados com tanta frequência que a transição da perseguição por heresia para a caça às bruxas ocorreu quase sem dificuldades. A razão pela qual essas antigas acusações voltaram à tona em 1022 foi porque os hereges de Orleans foram acusados de sustentar doutrinas eivadas de dualismo. Nem todos os primeiros heréticos foram acusados pelos cristãos de orgia e outros crimes rituais. Somente os gnósticos, herdeiros do dualismo religioso, foram assim estigmatizados, mas com o declínio do gnosticismo, as acusações desapareceram. Agora, porém, o retorno do dualismo à cena europeia revivia e ampliava as acusações, até tornar-se uma parte central da heresia e da bruxaria.

O dualismo extremo tinha começado no antigo Irã, como já vimos (p. 45); foi transmitido aos gnósticos e maniqueístas e penetrou nos Bálcãs, onde se tornou a base da religião dos bogomilos búlgaros e bósnios. Mas o próprio cristianismo era uma religião semidualista; e em seu zelo de reforma e pureza espiritual, as heresias dos séculos XI e XII enfatizaram de tal forma esse dualismo inerente ao cristianismo que suas concepções pareceram gnósticas aos olhos dos ortodoxos. Assim, quando estes condenaram os hereges em Orleans, dispensaram-lhes termos semelhantes àqueles usados pela patrística contra os gnósticos.

Posteriormente, pouco mais de um século depois dos julgamentos de Orleans, os bogomilos enviaram missionários à Europa Ocidental. A partir da década de 1140, as ideias bogomilianas mesclaram-se ao dualismo já existente para produzir uma nova heresia denominada catarismo, "a religião dos puros". O catarismo era uma religião fortemente dualista, uma vez que enfatizava o poder diabólico no mundo. Os cátaros pregavam que o Espírito do Mal, o Diabo, criou o mundo material com o propósito de

A execução de dois cátaros: **Auto de fé**, por Pedro Berruguete. O catarismo enfatizou o poder do Diabo no mundo e preparou o terreno para a associação entre heresia e bruxaria no imaginário popular.

aprisionar o espírito, ou a alma humana, na matéria (corpo). Como o Deus do Antigo Testamento criou o mundo material, ele é o Espírito do Mal. O verdadeiro Deus, o Deus do Bem e da Luz, está escondido e distante deste mundo. Todos os personagens do Antigo Testamento são demônios, seguidores do Espírito do Mal e das trevas que governam o mundo. Cristo era o puro espírito enviado pelo Deus bom e oculto para ensinar à humanidade como escapar da matéria na qual os homens estão confinados. Como a matéria é ruim, Cristo era puro espírito, e seu corpo uma ilusão; Ele não chegou a ser verdadeiramente humano. Sendo puro espírito, não sofreu realmente na cruz, e a cruz deve ser desprezada como símbolo de uma mentira. O pior dos pecados é a procriação, uma vez que a concepção aprisiona um outro espírito individual no corpo. A Igreja Católica foi estabelecida pelo Diabo a fim de iludir o povo, mas um indivíduo pode livrar-se da escravidão da matéria obedecendo aos ensinamentos cátaros.

Os cátaros deram grande ênfase à influência demoníaca sobre a teologia ortodoxa, de modo que o Diabo desempenharia um papel muito mais expressivo no pensamento medieval do período tardio do que o tivera na Alta Idade Média. O medo dos poderes do Diabo foi um dos principais ingredientes da caça às bruxas. Mas o Diabo cátaro exerceu também uma curiosa influência, de outra espécie: os cátaros ressaltaram o poder do Diabo não para servi-lo, mas para combatê-lo. Entretanto, essa insistência em defender seu poder como Senhor deste Mundo engendrava a semente de uma curiosa e errônea interpretação: se o Diabo tem realmente poderes quase iguais aos do Senhor Deus, e se o verdadeiro Deus da luz está distante e escondido; se o Diabo preside à distribuição de benesses materiais como fortuna, fama, sexo e outras delícias terrenas, alguns poderiam ser tentados a preferir o culto à deidade que lhes dava acesso a semelhantes prazeres. Esse tipo de pensamento, distorcido tanto do ponto de vista cátaro quanto do católico, pode ter surgido a partir de uma zelosa, porém equivocada, compreensão da doutrina cátara. A evidência de que isso ocorreu provém da Itália do século XIV, onde os heréticos acreditavam ter sido o mundo material criado pelo Diabo. E na qualidade de criador do mundo, era Ele mais poderoso do que Deus, e deveria, portanto, ser cultuado em seu lugar.[1]

O pronunciado dualismo dos cátaros também os deixou vulneráveis às mesmas acusações de canibalismo, infanticídio e orgia que já tinham sido formuladas contra os hereges (bem menos dualistas) de Orleans. Embora os cátaros, como um todo, fossem completamente inocentes de tais acusações, é possível que alguns possam ter sido culpados. Está provado que alguns gnósticos dos séculos II e III (os barbelognósticos, por exemplo) entregaram-se a tais práticas. A união do ascético com o licencioso, da repugnância pela matéria com a sensualidade, é um tema vigoroso no gnosticismo dualístico, que desenvolveu pelo menos cinco razões doutrinais para negar, entre outras, a moralidade sexual: (1) a carne deve servir à carne antes de poder ser dominada; (2) o corpo, sendo perverso, deve ser degradado por práticas obscenas; (3) uma vez imbuído do Espírito Santo, o indivíduo não pode pecar, e as leis deste mundo não se lhe aplicam; (4) aqueles que não receberam o Espírito podem pecar sempre que lhes aprouver, porquanto, de qualquer modo, nada os poderá salvar; (5) as verdadeiras liberdade e vida no Espírito requerem a destruição da lei. Esses argumentos gnósticos eram todos válidos para os cátaros medievais.

Se alguns gnósticos praticaram a libertinagem, a sua grande maioria não o fez; e as provas de que os cátaros a cometiam são todas tendenciosas

O *osculum infame*, ou o "beijo obsceno", uma saudação ritual no traseiro do Diabo, era uma acusação típica nos julgamentos por bruxaria.

e suspeitas. As doutrinas e práticas professadas pelos cátaros eram passíveis de tais interpretações antinômicas, mas nada evidencia que a libertinagem fosse realmente um problema sério para eles. O que está claro, porém, é que o pensamento ortodoxo cogitou o assunto e supôs que tais práticas ocorriam em grande escala. Uma vez mais, o que as pessoas acreditavam acontecer era mais importante do que o que realmente acontecia, e a crença generalizada na libertinagem dos heréticos ajudou a dar forma à caça às bruxas. Alan de Lille, um dos mais importantes mestres da Escola de Paris, conhecido como *doctor universalis*, escreveu em fins do século XII que os heréticos argumentavam ser o dever de uma pessoa praticar a promiscuidade a fim de libertar-se do seu apego a todas as coisas terrenas e diabólicas. Walter Map, contemporâneo de Lille, relatou que os hereges se entregavam a ritos obscenos. Em sua descrição de 1182, Map usa pela primeira vez a palavra "sinagoga" para descrever a reunião. Essa correlação, obviamente destinada a embaraçar os judeus, tornou-se comum ao longo de toda a Idade Média, sendo substituída apenas em fins do século XV pelo termo, igualmente antijudaico, "sabá". Eis o que Map pensava acontecer nessas assembleias:

> Por volta da primeira vigília da noite, quando portões, portas e janelas são fechados, os grupos sentam-se esperando em silêncio em suas respectivas sinagogas, e um gato preto de maravilhoso tamanho desce por uma corda que pende no centro do recinto. Vendo isso, os circunstantes apagam

> as luzes. Não entoam hinos ou os repetem de forma distinta, mas sussurram entre dentes e tateiam, ofegantes, seu caminho para o lugar onde vislumbram o seu senhor. Quando o encontram, beijam-no, tanto mais humildemente quanto mais inflamado está cada um pelo frenesi – alguns os pés, outros mais sob o rabo, a maioria nas partes íntimas.[2]

Mais de cem anos antes de começar a caça às bruxas, o paradigma do "sabá" já estava claro nas acusações contra os hereges. Tal descrição tem remotíssimas probabilidades de ser um relato fiel do que os hereges faziam, ou do que as bruxas fariam. A história da bruxaria europeia é essencialmente a história de um conceito cujas relações com a realidade eram tênues. E o conceito custou a vida de aproximadamente 60 mil pessoas.

Uma outra contribuição da heresia para a bruxaria é a ideia de que as bruxas se encontram em grupos. As feiticeiras praticaram a magia quase sempre de forma isolada, mas os heréticos trabalhavam em comunidades. Os hereges italianos alpinos do século XIV reuniam-se em assembleias que contavam de sete a 47 participantes, com uma média de 20 por reunião.[3] Quando a feitiçaria foi transformada em heresia, os inquisidores partiram do pressuposto de que as feiticeiras-hereges, ou bruxas, também praticavam seus ritos em grupos.

A bruxa de Berkeley, tendo servido o Demônio como feiticeira durante toda a vida, é transportada por ele para sua sepultura.

A transformação gradual da feitiçaria em bruxaria pode ser observada nas crenças populares tal como se expressaram em algumas histórias dos séculos XII e XIII. William de Newburgh narra uma história sobre o reinado de Henrique I. Um camponês estava passando sozinho, certa noite, por um antigo cemitério. Olhando à sua volta, notou a existência de uma porta no flanco de um cômoro sepulcral e decidiu entrar. Era uma caverna brilhantemente iluminada com archotes, onde homens e mulheres estavam sentados num banquete solene. Um deles levantou-se, convidou o camponês a se juntar a eles e ofereceu-lhe uma taça. O camponês fingiu beber, mas, em vez disso, despejou o líquido às escondidas e depois escondeu a taça debaixo de sua jaqueta. Ao voltar para casa, viu que a taça era de um material de altíssimo valor e com belos desenhos, pelo que resolveu levá-la ao rei Henrique, que lhe deu uma recompensa por isso. A atmosfera dessa história ainda está muito ligada ao folclore: nela ainda figuram personagens de um mundo encantado, típico dos contos populares de fadas, e não bruxas. Entretanto, o banquete atribuído às fadas está bastante próximo daquele atribuído aos hereges, para encorajar a assimilação.

William de Malmesbury, um dos principais historiadores do século XII, conta a história da "bruxa de Berkeley", por volta de 1142. Apesar do seu nome tradicional, a mulher de Berkeley ainda era mais uma feiticeira do que uma bruxa.

> Uma mulher que vivia em Berkeley era praticante de feitiçaria e antigas adivinhações. Era uma glutona e entregava-se a desenfreadas orgias, pois ainda não era uma mulher idosa. Certo dia, enquanto ela estava se banqueteando, uma gralha, uma de suas favoritas, causou grande comoção. Quando ela ouviu o tagarelar do pássaro, caiu-lhe a faca da mão, empalideceu e murmurou: "Hoje o meu arado chegou ao final do seu rego; hoje ouvirei terríveis notícias". [Ela recebeu mais tarde a notícia da morte de seu filho e da família dele. Desencorajada, ela voltou o rosto para a parede a fim de morrer. Convocando seus outros filhos para junto dela, contou-lhes então que perdera sua alma por praticar artes diabólicas e implorou-lhes que a ajudassem.] "Embora não possam anular a sentença que condenou minha alma, talvez possam salvar o meu corpo. Costurem o meu cadáver na pele de um porco capado e coloquem-no deitado de costas num esquife de pedra; fechem a tampa com chumbo e ferro e coloquem

> em cima dela uma pedra cercada três vezes com uma pesada corrente; e sejam entoados salmos e celebradas missas durante 50 dias." [Os filhos empenharam-se em satisfazer os últimos desejos de sua falecida mãe, mas] tão pesadas eram as culpas da mulher, e tão terrível a violência do Diabo, que o trabalho e as orações foram em vão. Nas duas primeiras noites, enquanto o coro de sacerdotes entoava salmos em redor do corpo, um bando de demônios rebentou a fechadura e arrombou a porta da igreja. Na terceira noite, já perto do alvorecer, todo o mosteiro foi sacudido pelo estrépito do inimigo que se aproximava. Um demônio, mais alto e mais terrível do que os outros, estilhaçou o portão de um só golpe. [Gritou o nome da mulher, fazendo-a levantar do seu esquife, após o que a arrastou para fora da igreja e, insensível aos seus gritos desesperados, disparou com ela a galope num cavalo preto.][4]

No século XIII, os contos aproximam cada vez mais as feiticeiras do Diabo. Escrevendo por volta de 1214, Gervásio de Tilbury conta histórias que afirma ter recolhido de testemunhas oculares. Homens e mulheres percorrem à noite distâncias imensas. Algumas pessoas os viram em seus voos quando cruzavam terras e mares. São capazes de sobrevoar o globo inteiro, desde que nenhum deles cometa o equívoco de pronunciar o nome de Cristo enquanto estiver voando, pois isso os fará cair imediatamente e mergulhar contra o solo. Em Arles, o próprio Gervásio viu uma mulher que assim tinha mergulhado das alturas no Ródano e ficara enterrada até o umbigo. As bruxas entram nas casas das pessoas durante essas jornadas noturnas. Perturbam quem está dormindo sentando-se sobre seus peitos e causam pesadelos de sufocação e queda. Têm relações sexuais com homens adormecidos. Sugam o sangue, roubam crianças pequenas de seus leitos e revolvem cestas e arcas em busca de alimentos. Assumem, a seu bel-prazer, a forma de gatos, lobos ou outros animais. Caesarius de Heisterbach, escrevendo por volta de 1220, fala-nos de um cavaleiro de Liège que perdeu todo o seu dinheiro e foi persuadido por um de seus camponeses a recorrer ao Diabo para obter ajuda financeira. O cavaleiro renunciou formalmente a Deus e rendeu preito feudal de vassalagem ao Diabo em troca de prosperidade material. Entretanto, quando o Diabo chegou ao extremo de lhe pedir que negasse a Virgem Bendita, sua honra de cavaleiro rebelou-se e ele foi salvo pela grata intervenção de Nossa Senhora.

Cristo defende a Cidade de Deus contra Satã. Uma ilustração do século XII. Os teólogos começaram a enfatizar o poder do Diabo como chefe de um exército de demônios que percorria o mundo tentando as pessoas a pecar.

Em que medida esses contos são reflexos de tradições e lendas populares, e em que medida reproduzem floreios e elaborações mais eruditos? Os camponeses não sabiam escrever, daí as histórias que conhecemos terem sido escritas em linguagem letrada. A mudança na ênfase do folclore e da feitiçaria para a bruxaria diabólica resulta, em parte, da influência da antiga tradição literária que, por meio dos julgamentos de Orleans, remonta aos primeiros textos patrísticos. As histórias eruditas, largamente divulgadas e citadas como *exempla* desde o púlpito, não tardaram a se incorporar à cultura popular, de modo que, no fim do século XIII, letrados e gente comum estavam preparados para acreditar na existência de um culto generalizado de bruxaria. Esse processo foi acelerado pelo crescimento da teologia escolástica.

A teologia foi o quinto elemento principal no conceito de bruxa. A preocupação teológica com o

O pesadelo, por Henry Fuseli, 1781. Uma concepção moderna do íncubo, um demônio que abusa sexualmente de mulheres adormecidas. Na bruxaria, a função do íncubo era um pouco diferente, já que as bruxas submetiam-se voluntariamente a seus abraços.

problema do Diabo tinha recrudescido a partir de meados do século XII, em grande parte como reação à introdução do catarismo na década de 1140. Embora rejeitando o dualismo extremo dos cátaros, os autores cristãos passaram a atribuir maior ênfase ao poder do Diabo como chefe de um exército de demônios que percorria o mundo tentando ativamente debilitar, de forma insidiosa, a missão salvadora do Cristo e induzir as pessoas ao pecado. A filosofia escolástica e a teologia que dominaram a Europa a partir do século XII, embora trouxessem poucos elementos novos para o conceito de bruxaria, refinaram os detalhes, estabeleceram razões fundamentais e forneceram uma coerente e competente estrutura intelectual na qual os caçadores de bruxas podiam se apoiar para justificar suas ideias.

A escolástica ressaltou a ideia de pacto. Também consolidou a noção de existir um intercurso ritual entre as bruxas e Satã. O antigo conceito de orgia dizia que os adoradores de Satã misturavam-se sexualmente entre si. Mas os escolásticos agregaram a essa tradição a figura do íncubo, o espírito demoníaco que tem relações sexuais com mulheres e lhes causam pesadelos, e estabeleceram assim a ideia de que no sabá as bruxas se submetiam sexualmente ao seu mestre e senhor Satã.

Os escolásticos firmaram a tradição que associa a prática da bruxaria a uma tarefa predominantemente feminina. O mestre e senhor das assembleias de bruxas não era nenhum demônio inferior, mas o Diabo em pessoa, o príncipe e o princípio do Mal. Como anjo, o Diabo não tinha sexo, mas também como anjo podia adotar a forma que quisesse, feminina ou masculina. Porém, quase que invariavelmente, tanto na teologia como na literatura e na arte, ele era representado como uma entidade masculina. E isso é fruto de uma singular prevenção sexual. Como princípio do Mal e adversário tradicional do Senhor, o Diabo era uma figura de grande poder, quase uma divindade. A tradição judaico-cristã, por sua vez, era incapaz de atribuir tal qualidade a uma figura feminina. Portanto, à semelhança do próprio Deus, o Diabo também era quase universalmente percebido como masculino. Daí se seguiu que o papel sexual do Diabo no sabá era o de um homem, e embora a homossexualidade não fosse excluída, ele quase exclusivamente coabitava com mulheres. E assim firmou-se, portanto, a crença no predomínio de mulheres no sabá. Outras interpretações foram apresentadas a esse respeito (ver o Capítulo 6), mas a razão mais importante para essa hegemonia reside nas suposições religiosas de domínio do sexo masculino sobre o feminino. No notório *Malleus Maleficarum*, do fim do século XV (ver adiante, p. 102), o sexismo era explícito. As mulheres, declara o *Malleus* com a pretensão de o demonstrar e justificar plenamente, têm maiores possibilidades de praticar a bruxaria porque são mais frágeis, mais estúpidas, supersticiosas e sensuais.

As ideias introduzidas pela Inquisição e por outros tribunais constituem o último elemento importante no conceito de bruxaria europeia. Ao processar as bruxas com base mais nas leis contra a heresia do que nas leis contra a feitiçaria, as cortes firmaram definitivamente a separação entre feitiçaria e bruxaria. A lei inglesa foi importante exceção. Em contraste com o continente, na Inglaterra a bruxaria sempre esteve mais associada à feitiçaria do que à heresia. Por essa razão, enquanto as bruxas inglesas eram enforcadas, suas colegas no continente eram queimadas: na Inglaterra, a bruxaria era um crime civil; no continente, um crime de religião.

Do século XII em diante, o direito civil e o direito canônico foram ficando cada vez mais severos no trato com a heresia. Auxiliadas pelo renascimento do direito romano, com seu enfoque centralizador e sistemático, as autoridades intensificaram seu controle sobre os tribunais. Sob a lei romana, homens e mulheres faziam parte da corporação do Estado, e estavam obrigados a submeter-se aos seus princípios. No final do Império Romano, os códigos de Teodósio e de Justiniano tinham declarado a heresia um crime de lesa-majestade contra Deus e, por conseguinte, tão merecedor de castigo de morte quanto o crime de lesa-majestade contra o imperador. O ressurgimento desses conceitos romanos encorajou a imposição de penas muito mais severas. Sob sua influência, os códigos alemães dos séculos XIII e XIV frequentemente sentenciavam a morte para feiticeiras e hereges relapsos. À medida que a lei endurecia, encorajava as buscas ativas por bruxas. Antes do século XIII, a acusação pessoal contra um indivíduo era a única maneira de levar uma feiticeira a julgamento. Mas no fim do século XII, os bispos tinham iniciado em suas dioceses inquisições – investigações formais – por conduta herética e, sob a influência do direito romano, os tribunais seculares começaram a perseguir os malfeitores. Quando as autoridades passaram a procurar ativamente culpados em vez de aguardar passivamente as acusações, estava iniciada a caça às bruxas.

O direito canônico ficou mais rigoroso, em parte por estar sob a influência do direito romano, em parte pela influência do método escolástico no âmbito das leis, que exigia cuidadosa organização e eficiência. Ensinara Santo Agostinho que o erro não tem direitos. São Tomás de Aquino insistia nos direitos da consciência individual, mas logo argumentaria também que a heresia era um pecado, visto que tal ignorância deve ser o resultado de negligência criminosa. Todos os pactos com demônios, explícitos ou implícitos, equivaliam à apostasia da fé cristã, argumentou São Tomás, e essa doutrina de pacto "implícito" tornou-se uma das favoritas dos caçadores de bruxas. No pacto explícito, o indivíduo literalmente invocava o Diabo ou um demônio e celebrava um acordo com ele. No pacto implícito, tal acordo não era necessário. Qualquer um que professasse tenazmente a heresia estava, em princípio, submetido ao

Pensava-se usualmente no Diabo como um ser do sexo masculino, de modo que quem se lhe submetia sexualmente era, em geral, considerado do sexo feminino, ou seja, bruxas.

Na Inglaterra, as bruxas eram processadas por cortes civis e enforcadas por seus crimes; no continente, elas eram geralmente processadas por tribunais eclesiásticos e condenadas à fogueira. (A: carrasco; B: sineiro; C: dois oficiais; D: caçador de bruxas recebendo dinheiro por seu trabalho.)

Diabo, independentemente se o tivesse convocado, se pretendesse fazê-lo ou até mesmo se pensasse ser isso possível. À sombra dessa doutrina, todos os heréticos eram considerados implicitamente conluiados com Satã, se não em termos de preceitos, pelo menos nas intenções.

A partir do século XI, a morte na fogueira foi imposta com frequência cada vez maior aos heréticos relapsos. Em 1198, o papa Inocêncio III ordenou a execução daqueles que persistissem na heresia após terem sido punidos com a excomunhão. Como a bruxaria estava associada à heresia, a sentença à fogueira também se estendeu às bruxas, e do século XV em diante elas foram tratadas até com mais rigor do que os hereges, sendo queimadas logo na primeira condenação, e não em caso de comprovada reincidência. Com o alastramento do medo da heresia e da bruxaria, a tortura, uma prática mais afeita à lei romana do que à germânica, tornou-se comum na Europa.

A Inquisição foi o mais poderoso agente na imposição de sanções legais contra hereges e bruxas. Enquanto a heresia foi uma ameaça secundária, a Igreja deixou nas mãos dos bispos a responsabilidade pela correção das dissidências. Com o crescimento da heresia, bem como da eficiência eclesiástica, os papas começaram a pressionar para a adoção de medidas mais firmes. Primeiro, os bispos foram encorajados a ampliar suas próprias "inquisições", e depois, entre os anos de 1227 e 1235, foi estabelecida a Inquisição papal. O poder da Inquisição foi repetidamente corroborado por ações papais, como a bula *Ad extirpanda*, emitida por Inocêncio IV em 1252, que autorizou o confisco dos bens dos heréticos e sua prisão, tortura e execução, tudo mediante provas mínimas.

A Inquisição empenhou-se decisivamente em assimilar a feitiçaria à heresia. Os manuais para inquisidores, que começaram a aparecer por volta de 1230, frequentemente incluíam perguntas tanto a respeito de bruxaria quanto de heresia convencional. Em 1233, o papa Gregório IX denunciou os valdenses como hereges – na realidade, eram moralistas evangélicos que se dedicavam à pregação errante e levavam uma vida de pobreza apostólica, muito semelhante à dos franciscanos –, acusando-os de frequentar assembleias em que o Diabo encarnado presidia as orgias. O papa Alexandre IV (1254-61) recusou o pedido da Inquisição para que lhe fosse concedida jurisdição sobre toda a feitiçaria, mas confiou-lhe o exame de todos os casos dessa natureza que "envolvessem claramente heresia". Os inquisidores aprenderam rapidamente a usar essa brecha, introduzindo acusações de heresia em todos os julgamentos por feitiçaria. A identificação da feitiçaria com a bruxaria convertera-se em uma comodidade burocrática e legal. Além disso, os índices de condenação subiram rapidamente, pois os procedimentos inquisitoriais haviam sido concebidos de tal forma a facilitar a prova de culpa e dificultar a de inocência. Os inquisidores estavam instruídos sobre o que procurar, e por meio de interrogatórios, ameaças e tortura eram geralmente capazes de descobrir bruxaria onde quer que existisse, e onde quer que não. Cada condenação cristalizava a imagem da bruxa mais concretamente na consciência popular e estabelecia mais um precedente para as gerações de futuros inquisidores. O palco estava agora totalmente montado para a inauguração da grande caça às bruxas.

A Inquisição e outros tribunais usavam grande variedade de suplícios para forçar confissões de bruxaria. Entre as torturas aqui reproduzidas estão a polé, o potro, a aspa e a tortura pela água.

4.
A caça às bruxas na Europa continental

Por volta de 1300, todos os elementos da bruxaria europeia tinham sido reunidos. No século e meio subsequente, o medo das bruxas propagou-se gradualmente por toda a Europa. Então, em cerca de 1450, no fim da Idade Média, o medo converteu-se em obsessão febril, que redundou numa caça que duraria mais de duzentos anos. A ideia popular de que a caça às bruxas foi um fenômeno medieval é fruto de um falso preconceito que vincula tudo o que é ruim ao clericalismo da chamada "Idade das Trevas". Pelo contrário, a caça às bruxas foi produto da Renascença e da Reforma. Muitos dos intelectuais da Renascença e dos líderes da Reforma estavam entre os mais vigorosos defensores da crença em bruxaria diabólica.

Alguns historiadores tentaram abordar o fenômeno da bruxaria na Europa do mesmo modo que os antropólogos analisam a feitiçaria na África, procurando examinar a função da crença em bruxas na sociedade europeia. Mas essa abordagem tem limitações. Em primeiro lugar, a bruxaria europeia é muito diferente da feitiçaria africana; em segundo lugar, as condições sociais e intelectuais da bruxaria europeia variavam imensamente de área para área e de período para período. É possível argumentar que a bruxaria era um produto da ansiedade social, e depois associar seus primórdios à inquietação social do século XIV, com suas pestes, fomes e guerras. Mas isso é demasiado simples. A peste, a fome e a guerra eram endêmicas na Idade Média e no começo da Era Moderna. Todos os períodos da história humana sofreram perturbações, mas nem todos produziram uma caça às bruxas. Explicações sociais mais estreitamente baseadas em considerações locais oferecem maior ajuda, mas continua sendo difícil explicar por que, então, surtos locais se fundiram numa loucura que envolveu quase toda a cultura.

Heréticos valdenses. Frontispício da tradução francesa do **Tractatus contra sectum valdensium**, de Johannes Tinctoris. Por vezes os valdenses foram confundidos com bruxos, e autores como Tinctoris usaram o termo *valdensis* ou *vaudois* para designar um bruxo. Mostram-se aqui bruxos de ambos os sexos adorando seu mestre, que lhes apareceu na forma de um bode.

Conrad Witz, **A Sinagoga**, 1435. Em um insulto deliberado aos judeus, os escritores cristãos frequentemente se referiam à assembleia de bruxas como "sinagoga". Aqui a sinagoga é representada como tendo sido derrotada pela Igreja: seu bastão de poder está quebrado e empunha tábuas nas quais estão gravadas meras tolices. Judeus e hereges, assim como as bruxas, eram vistos como ajudantes de Satã para obstruir a obra salvadora de Cristo.

Os historiadores vêm debatendo há muito tempo as origens geográficas da bruxaria. Josef Hansen, seguido por Hugh Trevor-Roper, argumentou que a bruxaria começou nas montanhas, onde o ar rarefeito era propício às alucinações; onde inexoráveis fenômenos naturais, como tempestades e avalanches, estimulavam a crença em devastadores poderes demoníacos; e onde antigas feitiçarias subsistiam em mentes ignaras. Tal ideia não é inteiramente justa para com os montanheses. De fato, a bruxaria descende mais da heresia do que da feitiçaria, tendo aparecido inicialmente nas cidades das planícies, onde a heresia era forte, e só depois se propagado para as montanhas, onde ganhou vigor em decorrência de práticas remanescentes da antiga feitiçaria. Ligada à teoria da montanha está a ideia de que foram os inquisidores dominicanos, condutores do ataque à feitiçaria no século XV, que geraram as crenças em bruxas ao levarem para as montanhas as até então desconhecidas suposições sociais da sociedade feudal estratificada das planícies. A generalização é demasiado ampla, mas com frequência as autoridades eclesiásticas locais resistiram aos inquisidores, e a intromissão dos dominicanos gerou tensões que promoveram a crença em bruxas.

A psicologia ajuda a explicar a perseguição. As pessoas projetam desejos e paixões perversos mais facilmente sobre indivíduos isolados e solitários, como viúvas idosas e velhotas enrugadas. Algumas das acusadas, impelidas pelo medo e pela culpa, acabam acreditando em sua própria culpabilidade.

As freiras desvairadas de Louviers e Loudun (ver adiante, p. 112) acreditavam ter praticado amor com o Diabo. A caça às bruxas é um importante capítulo na história da maldade humana, comparável aos crimes do nazismo e do stalinismo no século XX.

As sanções legais contra a bruxaria se endureceram continuamente à medida que se consolidava a noção de que toda a feitiçaria envolvia um pacto com o Diabo. A crescente severidade da teoria legal igualava-se à cada vez maior crueldade da prática legal. Cada nova prova pretensamente irrefutável de crime de bruxaria e cada condenação do réu justificavam medidas mais implacáveis, incluindo a tortura, que, por sua vez, produzia mais confissões; as confissões produziam mais condenações e, assim, crença e repressão iam se alimentando uma à outra.

Uma nova ideologia intelectual ajudou a manter esse círculo vicioso. Muitos dos grandes humanistas da Renascença eram magos, e o neoplatonismo desses eruditos era muito diferente do aristotelismo que, nos círculos escolásticos, encorajou o crescimento da crença em bruxaria.* Entretanto, o recrudescimento da caça às bruxas coincidiu com o desenvolvimento da magia renascentista. E a crença dos humanistas na magia estimulou a crença na bruxaria, por mais que esses eruditos se empenhassem em sublinhar que a sábia e benévola magia que praticavam era muito diferente da magia malévola das bruxas. Além disso, essa distinção geralmente perdia-se na opinião pública, o que fez com que a própria magia humanista favorecesse a intensificação da caça às bruxas.

Teólogos e juristas concordavam que a bruxaria era a pior das heresias. No início do século XV, começaram a circular folhetos que tratavam especificamente da bruxaria diabólica. O ceticismo e a moderação que tinham caracterizado o *Canon Episcopi* medieval cediam cada vez mais espaço à convicção de que a bruxaria era uma conspiração sinistra contra a Igreja, concebida e promovida por Satanás em pessoa. Um debate erudito sobre a existência concreta da bruxaria prosseguiu entre céticos e crentes, mas após a publicação do *Malleus Maleficarum*, em 1486 (ver adiante, p. 102), os crentes acabaram impondo seu ponto de vista por cerca de dois séculos. "É atribuir um valor exagerado às nossas conjeturas assar pessoas vivas por causa delas", exclamou o cético Montaigne, mas a sua era uma voz isolada.

* O neoplatonismo sustentava que a magia podia ser trabalhada por meios naturais; o aristotelismo, que toda a magia tinha de ser realizada com a ajuda de espíritos. [N. A.]

Ironicamente, a invenção da imprensa na década de 1450, justamente na época em que se disseminavam os tratados sobre bruxaria, propagou mais rapidamente a perseguição. A invenção da imprensa, como a da televisão séculos depois, não promoveu necessariamente a sabedoria ou a virtude.

No começo do século XIV, os antigos elementos do folclore e da heresia ainda davam forma à bruxaria. Na Áustria, um grupo de heréticos foi acusado de cultuar Lúcifer e acreditar que um dia ele seria restituído ao céu, enquanto São Miguel seria precipitado para o inferno. Em suas reuniões, os heréticos saudavam-se mutuamente com as palavras "Que o ultrajado Lúcifer esteja contigo". Supunha-se que realizavam orgias subterrâneas, e dizia-se que uma jovem tinha declarado ser virgem acima do chão, embora sexualmente experiente debaixo da terra. Esses luciferianos também pregavam doutrinas semelhantes às dos cátaros e dos valdenses. Os valdenses – *vaudois* em francês, ou seguidores de Pedro Valdo, também chamados "pobres de Lyon" – eram, na realidade, heréticos de mentalidade reformista, mas os ortodoxos vislumbraram uma ligação tão íntima entre bruxos e valdenses que os primeiros eram frequentemente apelidados de *vaudois*, e *aller en vauderie* passou a significar "ir à reunião dos bruxos". O termo mais frequente para nomear essas reuniões continuou sendo "sinagoga", embora "sabá", igualmente insultuoso aos judeus, se tornasse uma designação comum no século seguinte.

Carlo Ginzburg investigou a única evidência idônea acerca da existência de um culto da fertilidade no período da perseguição.[1] Em Friuli, no norte da Itália, os *benandanti* eram membros de um grupo que praticava ritos para assegurar a fertilidade dos campos e uma boa colheita. Mas os inquisidores associaram essas cerimônias ao *Canon Episcopi* e às reuniões noturnas para adorar Diana/Holda, convertendo assim as reuniões dos *benandanti* em diabólicos sabás.

Desde o início do século XIV, o conceito de bruxaria passou por poucas alterações, mantendo-se quase estático nos trezentos anos seguintes. Persistiram algumas variações geográficas. Na Inglaterra, por exemplo, como já vimos, os *maleficia* – feitiçarias maléficas – das bruxas eram bem mais enfatizados do que o vínculo da bruxaria com a heresia (do qual havia relativamente poucos casos). Na Escócia, o termo coven, uma variante de *convent*, do latim *conventus*, "assembleia", foi introduzido em cerca de 1500 como designativo da reunião de bruxas, e posteriormente, por extensão, do grupo local de bruxas praticantes. O termo só passou a ser usado com frequência após o ressurgimento da bruxaria moderna. Na Espanha, a relativa justiça escrupulosa da Inquisição limitou, de um modo geral, as manifestações de bruxaria à simples feitiçaria. A bruxaria diabólica desenvolveu-se principalmente na França, na Alemanha, na Suíça, nos Países Baixos e na Itália setentrional – áreas onde a heresia tinha tido forte presença –, propagando-se depois para a Escandinávia, nos séculos XVI e XVII.

O crescimento da caça às bruxas

Foi no começo do século XIV que se observou, pela primeira vez, o uso perverso das acusações de bruxaria para fins políticos. Nesse primeiro estágio da perseguição, os acusados eram frequentemente clérigos ou outras pessoas letradas, capazes de ler e escrever magia. (No fim do século XIV, as acusações se ampliariam, com vistas a atingir pessoas comuns.) O papa Bonifácio VIII (1294-1303) foi postumamente julgado por seus inimigos por apostasia, homicídio e sodomia. Alegou-se que ele havia firmado um pacto com o Diabo para precipitar a ruína do povo cristão. Papas já haviam sido destronados e acusados de crimes antes, mas a acusação de demonolatria era novidade. Filipe IV da França acusou o bispo Guichard de Troyes de render preito de vassalagem ao Diabo. No reinado de Eduardo I da Inglaterra (1272-1307), acusações de *maleficia* foram endereçadas contra Walter, bispo de Lichfield e Coventry. Entre 1317 e 1319, o papa João XXII, obcecado pelo medo da bruxaria, acusou um médico, um barbeiro e um frade de conspirarem contra a sua vida por meio de artes mágicas; e promulgou a bula *Super illius specula*, autorizando especificamente a Inquisição a processar todos os feiticeiros, porquanto adoravam demônios e tinham feito um "pacto com o inferno". O inquisidor Bernardo Gui afirmou que bruxaria subentendia pacto, pacto subentendia heresia, e como a Inquisição tinha o dever de processar os hereges, também estava obrigada a processar as bruxas. Mas foram os políticos, não os inquisidores, os responsáveis pelo infame julgamento dos Templários em 1305-1314.

A Ordem do Templo havia sido fundada (por volta de 1118) com o objetivo de libertar a Terra Santa do domínio muçulmano, mas os cavaleiros templários tinham-se tornado extremamente ricos e corruptos, apresentando-se agora como alvo tentador para os monarcas cujos gastos com a máquina

A execução de Jacques de Molay e de um companheiro, em 19 de março de 1313. De Molay, grão--mestre da Ordem do Templo, e outros templários foram condenados à fogueira por Felipe o Belo, da França, sob acusações comparáveis à de bruxaria.

governamental cresciam rapidamente. O papa Clemente V, o rei Felipe IV (o Belo) da França e o rei Eduardo II da Inglaterra conseguiram a condenação dos templários por heresia, afirmando que eles invocavam o diabo, prestavam-lhe vassalagem, veneração e serviço, e tinham um pacto com ele. A fama e a repercussão do processo em toda a Europa disseminaram a crença na existência de uma religião organizada que rejeitava Cristo e cultuava Satã.

Em meados do século XIV observou-se uma trégua na caça às bruxas.* Depois, já perto do fim do século, o número de acusações aumentou. Muitos tribunais seculares adotaram procedimentos inquisitoriais, abolindo penas judiciais para acusadores que não conseguissem provar seus casos. Os tribunais seculares, episcopais e inquisitoriais repartiram entre si a responsabilidade e o lucro advindos das condenações por bruxaria durante todo o século XV. Em 1398, a Universidade de Paris declarou os trabalhos dos *maleficia* uma heresia se realizados por meio de um pacto com o Diabo. O pacto podia ser explícito ou implícito. Nenhum documento precisava ser assinado ou promessa oficial apresentada: o simples ato de apelar para a

* Ficou demonstrado que tinham sido forjadas as provas para os importantes julgamentos por bruxaria em Toulouse e Carcassonne, no período de 1330-1350. [N. A.]

intervenção de demônios constituía um pacto implícito que tornava o acusado passível de ser processado por heresia. Sob tal atmosfera os julgamentos de bruxas começaram a assumir uma forma padronizada. Os manuais dos inquisidores apresentavam listas das perguntas que tinham de ser feitas aos acusados, e a tortura – ou o medo da tortura – obtinha confissões como as de 1387-88 na Lombardia, onde um pequeno grupo foi preso por heresia. No decorrer do interrogatório, as pessoas foram torturadas e compelidas a implicar a maior parte da cidade no crime. Embora suas doutrinas básicas pareçam ter sido uma mistura de valdensismo e catarismo, eles confessaram que homem e mulher na "sinagoga" renunciavam formalmente, uma ou duas vezes por mês, à fé católica e adoravam Satã como seu deus; afirmavam que no devido tempo Satã acabaria por derrotar o Cristo; banqueteavam-se e bebiam poções repugnantes; depois, com as luzes apagadas, entregavam-se a uma orgia em que cada qual se entregava a quem estivesse mais perto. Esses chavões eram derivados do modelo inquisitorial e cada julgamento o reforçava ainda mais.

Como a crença e as confissões se reforçavam mutuamente, o número de julgamentos cresceu de forma extraordinária, sobretudo na França, na Alemanha e nos Alpes. Em um livro sobre os julgamentos, Richard Kieckhefer argumenta que a responsabilidade primacial coube aos intelectuais.[2] Diz ele que em geral as acusações começavam com denúncias de simples feitiçaria. Os tribunais, fossem eles seculares, episcopais ou inquisitoriais, apresentavam então ao acusado uma lista dos crimes que esperavam ver admitidos e confessados, e a acusação original de feitiçaria era convertida em bruxaria.

A padronização das acusações de bruxaria produziu uma dramática mudança nos poderes atribuídos ao Diabo. Antes, a bruxa que celebrava um pacto com Satã desfrutava uma quase igualdade contratual como o Senhor das Trevas; mais adiante, ela passou a ser frequentemente resgatada dos efeitos de sua loucura pela intervenção da Virgem ou de algum santo. Agora, o poder do Diabo sobre a bruxa, uma vez consumado o pacto, era completo, e sua alma estava perdida. Mediante essa argumentação, o suplício e o assassinato de bruxas eram aplicados, em última análise, para o próprio bem delas, assim como para o de Deus e da sociedade.

Joana d'Arc e Gilles de Rais aparecem com frequência em histórias de bruxaria, e ainda que nenhuma fosse pertinente, acusações dessa natureza figuraram como pano de fundo em ambos os julgamentos. Joana foi condenada – por razões políticas, é claro – com base em acusações de heresia, não de bruxaria. Gilles era um pervertido sexual e um homicida cujas alegadas atividades não tinham a menor semelhança com as imputadas às bruxas.

O julgamento de um ancião na França meridional, em 1438, é típico do período. Pierre Vallin foi acusado de bruxaria e detido pela Inquisição. Não lhe sendo permitido apresentar defesa, foi repetidamente torturado. O registro do julgamento declara que Vallin fez "voluntariamente" a sua confissão, o que simplesmente significa que foi torturado, removido do local dos suplícios e colocado então diante de duas alternativas: confessar voluntariamente suas faltas ou voltar para ser novamente torturado. Diante da perspectiva de novos tormentos, Vallin confessou invocar Belzebu, perante quem se ajoelhava habitualmente e rendia tributo. Estivera a serviço do Diabo durante 63 anos, e no decorrer desse período tinha negado Deus, pisado e cuspido na cruz e sacrificado a própria filha quando era um bebê. Frequentava regularmente a "sinagoga", onde copulara com Belzebu, que assumira a forma de uma moça – somente esse detalhe era insólito –, e onde ele e outros bruxos e bruxas comiam a carne de crianças inocentes. Os juízes não tiveram dúvidas em condená-lo como herege, idólatra, apóstata e invocador de demônios. Todos os seus bens materiais foram confiscados, e após a dedução das despesas do julgamento, um terço do restante foi reservado para o arcebispo e para a Inquisição. Mas isso não era o bastante. Exigiu-se de Pierre o nome de seus cúmplices. Voltou a ser torturado repetidamente durante uma semana até fornecer o nome de algumas pessoas. Seu destino final, assim como o daqueles a quem teria denunciado, não é conhecido, mas é provável terem perecido todos na fogueira. Os repetidos esforços dos inquisidores em persuadir Pierre Vallin a delatar não apenas homens do povo, mas também a apontar nomes de "sacerdotes, membros do alto clero, nobres e homens abastados" indicam que ideias de confisco não estavam ausentes do espírito dos juízes.

Dezenas de milhares de julgamentos similares prosseguiram por toda a Europa, geração após geração, enquanto Leonardo da Vinci pintava, Palestrina compunha e Shakespeare escrevia. As bruxas em *Macbeth* podem ser inverossímeis nos dias de hoje, mas *Macbeth* foi escrita no reinado de Jaime I, que enforcou mais bruxas do que qualquer outro monarca inglês.

A perseguição, longe de declinar no fim do século XV, ganhou novo ímpeto devido, em grande parte, aos esforços do inquisidor alemão Heinrich Kramer,

também conhecido pelo nome latinizado Heinrich Institoris. Institoris nasceu perto de Estrasburgo, por volta de 1430, e ingressou na Ordem Dominicana. Político arguto, granjcou amigos influentes em Roma e foi nomeado inquisidor no sul da Alemanha em 1474. No início, suas investigações concentravam-se na heresia, mas a partir de 1476 dedicou-se quase exclusivamente às denúncias de bruxaria. Ajudado a princípio por seu colega dominicano James [Jakob] Sprenger, que mais tarde se arrependeu e o condenou, Institoris compilou um manual de grande severidade e não menor corrupção. Foi condenado por sua própria Ordem em 1490 por desvio de dinheiro e outros crimes, mas ainda estava ativo como caçador de bruxas na virada do século. Por meio de sua influência na corte papal, persuadiu Inocêncio VIII a publicar a bula *Summis desiderantes affectibus*, em 1484, a qual confirmou todo o apoio do papa ao trabalho da Inquisição contra as bruxas.

O teste da água. Uma das provas mais comuns de bruxaria era lançar a suspeita em águas profundas. Se a água, uma criação de Deus, a rejeitasse e ela flutuasse, a mulher era culpada; se afundasse, era inocente. Dois homens seguravam-na com cordas para içá-la, caso afundasse.

Na polé, os "braços dos prisioneiros eram atados por trás das costas com uma corda presa a uma polia, e então ele era içado no ar".

Em 1486, Institoris publicou o *Malleus Maleficarum*, "O Martelo das Feiticeiras", com a aprovação papal e tendo a bula de 1484 como prefácio. Em 1520, o manual já contava com 14 reedições. Bem organizado, inflamado e desfrutando a anuência papal, o *Malleus* tornou-se um dos mais influentes livros dentre os primeiros que foram impressos. Sua influência esmagou a tradição moderada que dominava a Igreja Católica até então. Segundo o *Malleus*, os quatros pontos essenciais da bruxaria eram a renúncia da fé católica, a devoção integral (corpo e alma) ao serviço do Mal, o sacrifício de crianças não batizadas e a prática de orgias que incluíam relações sexuais com o Diabo. Além disso, declarava ser típico das bruxas mudar de forma física, voar, profanar os sacramentos cristãos e fabricar unguentos mágicos. A razão pela qual a bruxaria era praticada predominantemente por mulheres, asseverou Institoris, é que elas são mais estúpidas, volúveis, levianas, mais frágeis e mais carnais do que os homens. Todos os devotos da bruxaria, homens e mulheres, deveriam ser acusados, detidos, sentenciados e executados.

Com o *Malleus Maleficarum*, a teoria sobre a bruxaria alcançou e suplantou a prática dos tribunais. Em sua descrição dos julgamentos de bruxas na Lorena, Etienne Delcambre argumenta que a maioria dos juízes era honesta, sincera e idealista, homens que acreditavam estar desempenhando um serviço necessário à sociedade, a Deus e até ao próprio acusado, cuja alma esperavam salvar extraindo-lhe uma confissão.[3] Se o réu era inocente das acusações, acreditavam os juízes que Deus interviria para salvá-la do tormento. Sugere Delcambre que, com frequência, os acusados talvez compartilhassem essa crença, pois na Lorena somente 10% persistiram em negar sua culpa no momento da morte, confessando os demais na esperança de obter uma execução menos cruel ou de que suas famílias fossem poupadas de novas perseguições. Alguns acusados inclusive aproveitariam a oportunidade para fazer com que inimigos pessoais os acompanhassem na morte. Um réu na região de Bar acusou todos os funcionários do tribunal, de juízes a meirinhos, de práticas de bruxaria. De um modo geral, o uso da tortura é uma explicação suficiente para a maioria das confissões.

Alguns suplícios destinavam-se a provar a culpa ou a inocência da bruxa, como o "teste da água". Sobrevivência do antigo ordálio pela água, o "teste" requeria atar a acusada de pés e mãos e lançá-la em água profunda. Se afundasse, era sinal de que a água, uma criatura de Deus, a aceitara; nesse caso, ela era considerada inocente e içada para a terra. Se flutuasse, a água a havia rejeitado, e ela era considerada culpada. Uma outra prova era a pesagem. A bruxa era colocada em um dos pratos de uma balança e a Bíblia no outro. Se a bruxa pesasse menos do que a Bíblia, era culpada. Ainda havia a prova das picadas. Acreditava-se que as bruxas tinham pontos insensíveis espalhados pelo corpo, os quais teriam sido marcados pelo Diabo. Por vezes essas marcas eram visíveis, como uma cicatriz ou um lunar, mas também havia outras invisíveis, que só podiam ser localizadas afligindo a acusada com um instrumento pontiagudo. Uma outra prova era a marca da bruxa. Muito distinta da marca do Diabo, buscava-se no corpo da bruxa qualquer protuberância que pudesse ser considerada um mamilo adicional no qual, pressupunha-se, os demônios mamassem na forma de familiares. As bruxas eram despidas e minuciosamente esquadrinhadas em busca de qualquer sinal de suas relações íntimas com o Diabo.

Outras torturas foram criadas para induzir confissões e o comprometimento de cúmplices. A infame casa das bruxas de Bamberg continha esmagadores de polegares, torniquetes para as pernas, troncos para flagelação com puas de ferro, banhos em cal fervente, genuflexórios com farpas afiadas, cavaletes, a polé e outros dispositivos. Na polé, o prisioneiro tinha seus braços atados nas costas com uma corda amarrada a uma roldana, e era depois içado no ar. Com frequência, pesos eram amarrados aos pés a fim de desarticular os ombros sem deixar sinais de maus-tratos. Por vezes, parafusos e torniquetes eram aplicados aos dedos da vítima enquanto esta se encontrava suspensa.[4]

Os torturados deparavam-se com listas padronizadas de perguntas a que deviam responder; e, em sua agonia, confessavam a maior parte das coisas que lhes eram imputadas. Cada confissão convencia as autoridades da validade das listas e reforçava seu uso no julgamento seguinte. A lista preparada para os juízes de Colmar, na Alsácia, é típica:

> Há quanto tempo você é bruxa? Por que se tornou bruxa? Como foi que se fez bruxa e o que aconteceu nessa ocasião? [Que demônio você escolheu para ser o seu amante?] Qual era o nome dele? Qual era o nome do seu mestre entre os demônios? Que juramento você foi forçada a prestar-lhe? Como fez esse juramento e quais foram as suas condições?... Onde consumou a união com seu íncubo? Que demônios e que outros humanos participaram [no sabá]?... Como foi organizado o banquete do sabá? Que marca do diabo seu íncubo deixou no seu corpo? Que danos você causou a tal e tal pessoa, e como foi que os infligiu?... Quem são as crianças que você enfeitiçou?... Quem são os seus cúmplices na prática do mal?... Qual é o unguento com que você esfrega o cabo de sua vassoura e como é preparado? Como faz para poder voar pelos ares?[5]

A pergunta não era se a pessoa tinha ou não cometido isto ou aquilo, mas quando e como o fizera.

A Reforma Protestante do século XVI visou erradicar os excessos da doutrina na Idade Média e insistiu em um retorno à era apostólica. Mas um desses excessos que os reformistas decidiram não abandonar foi a crença na bruxaria. Os protestantes perseguiram as bruxas com crueldade e em quantidade equivalentes às dos católicos. Lutero argumentou violentamente que todas as bruxas deveriam ser queimadas como hereges por terem feito um pacto com o Diabo, mesmo que não existissem provas de terem cometido qualquer malefício manifesto a quem quer que fosse. As bruxas, disse ele, constituíam importante batalhão na vasta legião de inimigos que o Diabo estava reunindo contra a verdadeira Igreja. Calvino, cuja doutrina enfatizava a onipotência de Deus, dispensou menor importância à bruxaria em sua teologia do que luteranos e católicos, mas aceitou a realidade desse fenômeno e seu perigo para a sociedade cristã. As perseguições em territórios calvinistas foram (exceto em Genebra) comparáveis àquelas praticadas em outras regiões.

Na Alemanha, os protestantes agiram com mais severidade no século XVI, superados pelos católicos no século XVII. Na França, os católicos foram mais rigorosos, mas em lugares onde triunfara a causa protestante, como Inglaterra, Escócia e países da Escandinávia, as perseguições foram igualmente terríveis. Em alguns países católicos, como Espanha e Portugal, julgamentos de bruxas foram raros. As variações de tempo e região eram grandes, mas, em geral, os protestantes parecem não ter se beneficiado do fato de não ser diretamente afetados pela influência do *Malleus Maleficarum* e da bula de Inocêncio VIII. Esses documentos baseavam-se em uma longa tradição de crença em bruxas que os protestantes aceitavam tão plenamente quanto os católicos.

A perseguição de bruxas por cristãos de todos os credos aumentou consideravelmente no século XVI, quando os conflitos religiosos, os movimentos populares e as guerras provocadas pela Reforma exacerbaram as tensões sociais que geraram a bruxaria. O "Código Carolino" ou *Constitutio Criminalis Carolina*, coleção básica de leis do Sacro Império Romano promulgada em 1532, impunha pesadas penas à bruxaria. O medo de bruxas também foi alimentado pelo crescente número de folhetos e livros sobre teologia popular publicados para uma população cada vez mais instruída, livros que enfatizavam o poder do Diabo e o responsabilizavam pela maioria dos pecados e vícios humanos.

O auge da caça às bruxas

O auge da caça às bruxas ocorreu entre 1560 e 1660, e sua causa mais importante foram as tensões crescentes entre católicos e protestantes, culminando nas guerras de religião. A perseguição foi mais severa nas áreas onde esses conflitos vinculavam-se a fortes antagonismos sociais; onde calamidades como a peste, a fome e as intempéries climáticas agravavam as tensões sociais; e onde uma longa tradição de julgamentos por heresia havia criado as bases para a repressão judicial da bruxaria, como na França. Os processos eclesiásticos e seculares instaurados contra a bruxaria recrudesceram em número e severidade ao longo desses anos, sobretudo nas regiões católicas da Europa. Depois de 1580, os mais meticulosos e incansáveis jesuítas substituíram os dominicanos como principais caçadores de bruxas da Igreja, e o católico Rodolfo II (1576-1612) presidiu uma longa e cruel perseguição na Áustria. Continuaram ocorrendo variações geográficas nos julgamentos. William Monter mostrou que o pânico gerado pela bruxaria não foi tão intenso nas regiões dominadas pelas montanhas do Jura quanto no sul da Alemanha, e que no Jura muitos suspeitos detidos não foram condenados. Ali a tortura era imposta unicamente dentro dos limites precisos do Código Carolino de 1352, explica Monter, sendo prestada pouca atenção às acusações e confissões feitas por crianças; quanto aos *maleficia* específicos, tinham de ser aberta e publicamente denunciados contra um suspeito antes que este fosse detido.[6] Essas restrições legais conseguiram conter a obsessão persecutória em regiões como a do Jura, mas nas áreas onde tais limitações eram ignoradas, qualquer pessoa podia ser acusada.

Rossell Hope Robbins apontou que o principal motivo subjacente nas perseguições era o desejo de apropriação dos bens dos condenados. Se assim fosse, deveríamos esperar que uma porcentagem relativamente elevada de pessoas ricas e poderosas fosse encontrada entre os sentenciados, assim como um número bastante significativo de decretos de confisco de propriedades. Mas, de fato, não encontramos uma coisa nem outra. A quantidade de confiscos foi relativamente pequena, e um número desproporcionalmente grande de acusados correspondia a pessoas de parcos recursos materiais. De modo geral, somente em regiões onde a perseguição estava totalmente fora de controle é que pessoas de fortuna foram sentenciadas. Uma das exceções foi Dietrich Flade, condenado à fogueira por bruxaria na cidade de Trier, em 1589.

Flade era juiz secular, homem de família proeminente e muito bem relacionado, o que lhe valeu a nomeação como reitor da Universidade de Trier. Por algum tempo, ele próprio fora responsável pela instauração de processos contra bruxas. Nessa função, Flade revelara-se judicioso e comedido, exigindo cuidadosa apresentação de provas. Tal moderação era ferozmente combatida pelo bispo sufragâneo Peter Binsfeld e pelo governador Johann Zandt, que tivera experiência como caçador de bruxas na região rural em torno de Trier. Os esforços de Binsfield e Zandt em prol de uma ação mais implacável contra a bruxaria encontraram ressonância popular depois de 1580, quando condições climáticas adversas, pragas de ratos e gafanhotos e saqueadores de ambos os credos religiosos deixaram a população assustada e angustiada. Os tempos então eram bem difíceis, e as bruxas deviam ser as responsáveis. O empenho de Flade para manter a perseguição maníaca sob controle levou seus inimigos a arquitetarem um plano para eliminá-lo. Fizeram com que um rapaz acusasse Flade de tramar o envenenamento do arcebispo; persuadiram uma velhota que estava prestes a ser executada por bruxaria a apontar Flade como bruxo, a fim de obter a graça do estrangulamento antes de subir à fogueira; e seguiram-se outras acusações até que em 15 de abril de 1588 uma mulher jurou ter visto Flade num sabá, que tinha ele causado a destruição de searas pelo granizo, lesmas e caracóis, e que fora ele quem persuadira outras bruxas presentes a comerem o coração de uma criança. Flade foi preso e torturado. Sua dor foi intensa e o juiz confessou finalmente ter frequentado sabás, ter tido relações sexuais com o Diabo e transformado magicamente lama em lesmas vivas para destruir as colheitas. Flade foi estrangulado e queimado, mas não antes de ter sido coagido a denunciar cúmplices sob tortura, ampliando assim o círculo de acusações, assegurando a Binsfeld e Zandt mais vítimas e fornecendo aos camponeses mais bodes expiatórios para seus infortúnios.

As pessoas simples eram acusadas com bem mais frequência do que homens proeminentes como Flade. Em 1587, Walpurga Hausmannin, uma parteira, foi julgada e queimada em Dillingen. Presa e torturada, confessou ter tido relações sexuais com o Diabo e feito um pacto com ele, além de cavalgar um forcado à noite para fazer suas rondas pelos ares, profanar a hóstia consagrada, manter um familiar chamado Federlin como seu amante, fabricar geadas e cometer uma extensa lista de *maleficia* relacionados com seus deveres como parteira. Admitiu ainda ter friccionado Anna Hämännin com um unguento durante o parto, causando a morte da mãe e do bebê; esmagado o crânio do bebê de Dorothea Wachter assim que esta o deu à luz; envenenado o filho de Anna Kromt; ministrado um unguento ao filho do chanceler, dando em seguida ao rapaz um pônei para cavalgar, até que ele perdeu os sentidos e morreu; e sugado o sangue de um dos gêmeos do publicano Kuntz. Quarenta e três dessas acusações de *maleficia* combinaram-se com acusações de culto demoníaco.[7] O processo é simples. Morre um determinado número de crianças.

A parteira é uma viúva solitária e impopular. A culpa pelas mortes recai sobre ela e toma contornos sobrenaturais. Portanto, ela deve ser uma bruxa. Mas é mais do que sabido que as bruxas voam à noite, fazem pactos com o Diabo e praticam outras espécies de demonolatria. Perguntas a respeito de tudo isso lhe são feitas sob tortura e, em sua agonia e terror, ela confessa. A confissão reforça a imagem aceita da bruxa. Infortúnios são interpretados como ações maléficas, as ações maléficas são vistas como feitiçaria, a feitiçaria é percebida como bruxaria, e mais um ser humano é torturado e morto.

Alguns contemporâneos desse período reconheceram a injustiça. Em 1563, Johann Weyer escreveu um tratado corajoso contra a indiscriminada perseguição às bruxas. Em *Da Magia*, argumentou que as bruxas são, na realidade, mulheres velhas e inofensivas que sofrem de distúrbios mentais, e que a maioria dos pretensos casos de bruxaria são realmente suscetíveis de explicação natural. Mas Jean Bodin e outros líderes intelectuais apressaram-se em refutar essa voz da moderação, acusando o próprio Weyer de ser bruxo e argumentando que a semelhança das confissões provava o fato de o sabá ser sempre e em toda a parte idêntico. Um pouco mais tarde, Henri Boguet escreveu, em *Discours des sorciers*, ser seu desejo que todas as bruxas "se unissem num único corpo, para que todas pudessem ser queimadas imediatamente numa só fogueira". Essa obsessão, essa ânsia por tortura e morte persistiu durante séculos. Talvez estejamos formulando as indagações erradas quando perguntamos como isso pôde acontecer. Os últimos cem anos presenciaram o Holocausto, o Arquipélago Gulag, os genocídios no Camboja e em Ruanda e incontáveis torturas e execuções secretas. A verdadeira indagação a ser feita é por que ocorrem períodos de relativa sanidade, como os de 700 a 1000 e de 1700 a 1900.

Na verdade, o século XVII foi tão sanguinário quanto o XVI. Um século de conflitos religiosos culminado na Guerra dos Trinta Anos (1618 a 1648), que devastou a Alemanha e envolveu a maior parte da Europa. Em tão conturbado período, as perseguições aumentaram, mormente em Colônia (1625-36) e em Bamberg, onde o bispo Johann Georg II mandou queimar pelo menos 600 bruxos e bruxas entre 1623 e 1633 – os réus foram julgados na famigerada "casa das bruxas", onde o bispo tinha mandado construir uma câmara de tortura cujas paredes eram decoradas com textos bíblicos. Foi em Bamberg que ocorreu um dos mais infames e vergonhosos processos, instaurado contra Johannes Junius.

Johann Wier ou Weyer. Weyer foi autor de um corajoso tratado contra a perseguição indiscriminada às bruxas. Por essa iniciativa, ele mesmo foi acusado de ser bruxo.

Joannes Wierus

Junius foi inquirido em 28 de junho de 1628. Sustentando a sua inocência, pediu para ser acareado com um só ser humano que o tivesse visto num sabá. Um certo doutor Georg Haan, provavelmente na esperança de obter misericórdia para si mesmo acusando outros, foi trazido à presença de Junius e jurou por sua vida que o tinha visto um ano e meio antes num sabá. Em seguida, uma serva jurou tê-lo visto num sabá onde a eucaristia fora profanada. Junius negou ambas as acusações, mas foi advertido de que outros cúmplices já tinham confessado contra ele e seria melhor se admitisse seus crimes. Em 30 de junho, foi interrogado novamente, embora as outras pretensas testemunhas não comparecessem a depor, como se ameaçara, e uma vez mais Junius se recusou a confessar. Foi então torturado, primeiro com o esmagador de dedos, depois com torniquetes nas pernas. Foi despido e examinado, e uma marca azulada foi encontrada em seu flanco direito. Essa marca do Diabo foi perfurada. Colocaram-no em seguida na polé. Em 5 de julho, "sem tortura mas com insistentes persuasões" – isto é, ameaças de tortura –, Junius finalmente confessou prestar culto ao Diabo, frequentar os sabás, realizar *maleficia* e outros chavões da bruxaria.

O que confere ao caso de Junius um interesse incomum é o fato de ele ter conseguido subornar seu carcereiro antes de ser executado, fazendo com que chegasse clandestinamente uma carta às mãos de sua filha. Datada de 24 de julho de 1628, o texto diz o seguinte:

> Muitas centenas de milhares de boas noites, minha muito amada filha Verônica. Inocente fui encarcerado, inocente tenho sido torturado, inocente devo morrer. Pois quem quer que entre na prisão das bruxas deve... ser torturado até que invente alguma coisa saída de sua cabeça... Quando fui torturado pela primeira vez, o dr. Braun, o dr. Kötzendörffer e dois doutores que não conheço estavam presentes. Então o dr. Braun perguntou-me: "Kinsman, como veio parar aqui?" Eu respondi: "Através de falsidade, através do infortúnio". Replicou ele: "Escute, Kinsman, você é um bruxo; quer confessá-lo voluntariamente? Caso contrário, apresentaremos testemunhas e traremos o carrasco para cuidar de você". "Não sou bruxo", disse eu, "e tenho a consciência limpa nesse assunto; se há mil testemunhas, não me preocupo." [As testemunhas compareceram.] E depois veio também – que Deus tenha misericórdia – o carrasco, que pôs em mim o esmagador de dedos, com as duas mãos atadas juntas, de modo que o sangue espirrava pelas

unhas e derramava-se por toda a parte, pelo que não pude usar as mãos durante quatro semanas. Depois despiram-me, ataram-me as mãos nas costas e prenderam-me na polé. Pensei que era o fim do céu e da terra; oito vezes me içaram e me deixaram cair de novo, de modo que sofri terrível agonia. E assim foi que acabei por fazer a minha confissão, mas é tudo uma mentira. Segue-se, minha querida filha, que confessei a fim de escapar à grande angústia e a torturas ainda mais cruéis, que me seria impossível suportar por mais tempo. [Ele relata em seguida o teor de sua confissão.] Depois tive de dizer que pessoas tinha encontrado [no sabá]. Respondi que não tinha reconhecido ninguém. "Seu velho patife, vou ter de chamar outra vez o carrasco para cuidar de você. Diga, não era o Chanceler quem estava também lá?" Eu disse que sim. "Quem mais?" Eu não tinha reconhecido mais ninguém. Então ele disse: "Pense rua por rua; comece pela praça do mercado, siga por uma rua e regresse pela seguinte". Eu tinha de apontar várias pessoas nesse trajeto. Depois vinha a rua larga. Não, não conhecia ninguém. Tinha de indicar pelo menos oito pessoas aí... E assim me interrogaram continuamente sobre todas as ruas, embora eu não pudesse dizer nem dissesse mais nada. Entregaram-me então ao carrasco, ordenaram-lhe que me despisse de novo e me raspasse o pelo todo, e colocaram-me sob tortura... Tive de contar-lhes então que crimes tinha cometido. Nada disse... "Amarrem esse patife!" Então eu disse que pretendia matar meus

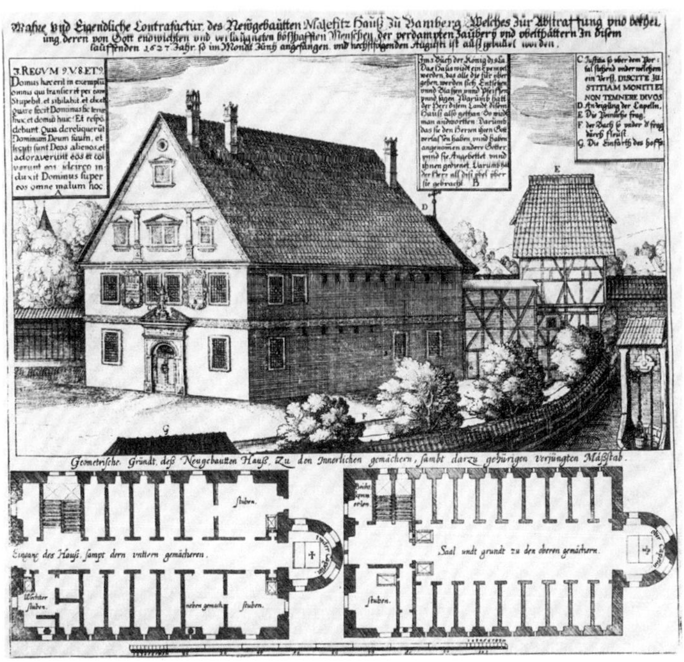

A casa da bruxa, de Bamberg. Construída pelo bispo Johann Georg II, continha celas de prisão e notórias câmaras de tortura.

> filhos, mas, em vez disso, acabei matando um cavalo. Não adiantou nada. Disse que tinha tomado uma hóstia consagrada e a profanara. Quando declarei isso, deixaram-me em paz... Querida criança, mantenha esta carta em segredo... caso contrário, serei torturado implacavelmente e o carcereiro será degolado... Boa noite, pois teu pai Johannes Junius nunca mais voltará a ver-te.[8]

A histeria em torno das bruxas produziu certo número de eventos colaterais bizarros no início do século XVII, entre eles casos de satanismo em conventos, notadamente em Aix-en-Provence (1611), Loudun (1630) e Louviers (1647). Ainda que não sejam casos típicos de bruxaria, ilustram a obsessão da sociedade com a bruxaria e o satanismo, e como, sob determinadas condições, pessoas assustadas e sugestionáveis acreditavam facilmente estar elas próprias em comunhão com Satã.

A história das monjas de Loudun, que se tomou famosa por intermédio do romance de Aldous Huxley (*Os demônios de Loudun*) e do filme de Ken Russell (*Os demônios*), requer algum detalhamento. Começou como uma conspiração dos inimigos do padre Urbain Grandier, confessor no convento das monjas ursulinas de Loudun. A madre superiora e muitas das monjas diziam-se possuídas e acusavam o Padre Grandier de tê-las enfeitiçado. Simulavam convulsões, rolavam pelo chão enquanto proferiam obscenidades; e acusaram o padre de numerosas indecências. Grandier não era um sacerdote exemplar, mas as provas de que era bruxo tinham sido deliberada e habilmente forjadas, incluindo um pretenso e ridículo pacto escrito em latim, da direita para a esquerda, assinado por Satã, Belzebu, Lúcifer, Leviatã e outros espíritos maléficos, um dos quais marcou seu nome com o desenho de um tridente. Apesar de tão grotescos subterfúgios, e do fato de muitas das monjas detratoras terem se retratado publicamente, os inimigos de Grandier não desistiram de seus intentos. Ele foi demoradamente torturado, e até a pequena graça de ser estrangulado antes de ser entregue às chamas lhe foi negada.

Mas os acontecimentos seguintes tomaram um rumo insólito. Tendo a conspiração obtido completo êxito, não subsistiam quaisquer motivos para que as monjas continuassem fingindo estar possuídas. Contudo, seus sintomas só fizeram piorar. Uma das monjas

> caiu no chão blasfemando, em convulsões, levantando a anágua e a camisa, exibindo suas partes íntimas sem pudor, e berrando palavras imundas.

Seus gestos tornaram-se tão indecentes que os circunstantes desviavam os olhos. Gritava repetidas vezes, maltratando-se com as próprias mãos, "Vamos, me f...!" [Em outros momentos, as monjas] golpeavam seus peitos e costas com as próprias cabeças, como se tivessem o pescoço quebrado, e faziam-no com inconcebível rapidez... Seus rostos ficaram medonhos, tanto que ninguém suportava olhá-los; os olhos mantinham-se arregalados, sem pestanejar. Suas línguas estenderam-se de súbito para fora da boca, horrivelmente inchadas, duras e cobertas de pústulas... Jogavam os corpos para trás, arqueando-se até que as cabeças lhes tocavam os calcanhares, e caminhavam nessa posição com espantosa rapidez, e por muito tempo. Soltavam gritos tão horríveis e tão altos que nada parecido com isso jamais fora ouvido por alguém. Usavam expressões tão indecentes que envergonhariam até o mais debochado dos homens...[9]

Padre Urbain Grandier, confessor do convento ursulino de Loudun, morreu na fogueira em 1630. Ao fundo, podem ser vistas freiras enlouquecidas cujo acesso de fingimento e atos de indecência levaram à condenação de Grandier sob a acusação de bruxaria.

De tanto fingirem a possessão, as monjas acabaram se acreditando, de fato, possuídas. A falsa crença tinha alimentado a histeria e culminado em psicose. Tais eventos indicam o grau em que a mania social da bruxaria era capaz de produzir a insanidade em indivíduos.

Mas a febre já ultrapassara seu auge. Em 1687, Luís XIV promulgou um edito contra a *sorcellerie*. Era animadoramente moderado; condenando a feitiçaria, ignorou os gatos pretos, as monjas obcecadas por sexo e outras lúgubres fantasias da época da caça às bruxas. O pior tinha passado. Depois de 1700, o número de bruxas acusadas, julgadas e condenadas caiu rapidamente. O declínio da caça às bruxas é tão interessante quanto a sua ascensão, mas antes de abandonar esse tema, queremos analisar o seu curso na Grã-Bretanha e nas colônias norte-americanas.

5.
Bruxaria na Grã-Bretanha e nas colônias inglesas da América do Norte

Bruxaria nas Ilhas Britânicas

A bruxaria nas Ilhas Britânicas diferiu substancialmente da bruxaria continental. No continente europeu, a heresia, a lei, a teologia e a Inquisição transformaram as antigas tradições da bruxaria num culto a Satã. Mas na Inglaterra não havia Inquisição nem direito romano, e apenas uma fraca tradição de heresia. A mais importante dissidência medieval na Inglaterra, a dos lolardos, era uma heresia moderada (substancialmente influenciada pelos ensinamentos de John Wycliffe) com poucas ligações continentais, e que nunca esteve associada à bruxaria. A bruxaria inglesa permaneceu mais próxima da feitiçaria, embora com ênfase muito maior nos poderes negativos da bruxa para enfeitiçar e rogar pragas. Casos políticos de grande repercussão, como o da duquesa de Gloucester, acusada em 1441 de tramar a morte de Henrique VI por bruxaria, favoreceram o recrudescimento dessa falsa crença, mas, durante a Idade Média, as Ilhas Britânicas estiveram quase livres dos conceitos de bruxaria e de culto ao diabo.

A mais importante exceção medieval a essa regra é incomum em quase todos os aspectos. Trata-se do caso de Dame Alice Kyteler, que vivia em Kilkenny, na Irlanda. O caso apresenta indícios de elementos da tradição popular irlandesa mesclados a aspectos mais usuais de bruxaria e feitiçaria. Alice era uma mulher muito rica que tivera quatro maridos e enfurecera seus filhos mais velhos ao deixar em herança todos os seus bens ao filho caçula. Em 1324, os filhos mais velhos denunciaram a mãe e os companheiros

Witchcraft, ye practice of deluded minds,
Where grace is wanting soon admission finds.
With golden promises of life, & wealth,
The Tempter takes unwary souls by stealth.
In this his seeming clemency appears,
That he will give them back a Lease for years.
But ye expir'd, how dismal is their end!
And case, when he a Feind shall for them send.
Tis death to think of mending when too late,
And glories given for so vile a rate.
As power to hurt another, & to sin
With greater freedom, from controll within.
That Laws divine, & humane, should not be
The least restraint, to their impiety.
That reason should be set aside, & death
Become their choice, when they resigne their breath
That piety should be of no esteem,
Nor Faith in him, that only can redeem.
All their conceited pleasures come to this,
When yelling they discend ye grand Abyss.

Uma bruxa com seus familiares. Reproduzido de **A discourse of witchcraft**, 1621. O familiar é um demônio que acompanha e presta serviços à bruxa. Essas entidades adotavam com frequência a forma de animais, especialmente gatos pretos e cães.

dela perante o bispo, que a condenou como herética e bruxa. A apresentação da acusação de heresia é incongruente com a Irlanda do século XIV, e a lista de acusações formuladas contra Dame Alice é uma estranha mistura de ideias inglesas, continentais e irlandesas. A explicação mais provável para tal procedimento é a de que, por motivos venais e políticos, o bispo Richard Ledrede – que vivera em Londres e conhecera alguma coisa sobre a tradição continental – reunira uma miscelânea de acusações a fim de agradar aos filhos de Alice.

De acordo com o relato do julgamento, Dame Alice tinha renunciado a Cristo e à Igreja na intenção de obter poderes mágicos; e tinha sacrificado animais a demônios, especialmente a um seu familiar, um demônio subalterno chamado Robert ou Robin Artisson. Um dos primeiros entes identificados como familiar na bruxaria, Robin era provavelmente a versão de um espírito popular irlandês ao qual o bispo Ledrede vinculou atributos até então conferidos aos demônios continentais. Robin aparecia como um gato, um cão peludo ou um homem negro; como homem negro, era acompanhado por dois camaradas mais altos, um dos quais tinha nas mãos um bastão de ferro. Esses demônios ensinaram as artes da bruxaria à Lady Alice que, sob a instrução deles, aprendeu a fazer unguentos nauseabundos e outras cozeduras. Também deu tudo o que possuía aos demônios (é nítida a mão nada sutil dos filhos mais velhos de Alice nessa acusação), e eles devolveram-lhe incontinente todos os bens para seu uso enquanto vivesse. Robin era o demônio amante de Alice; à noite, ela reunia seus cúmplices à luz de velas e, depois de apagá-las, aos gritos de "Fi, fi, fi, amém", caíam todos numa orgia sexual. Alice e seus amigos formavam um grupo de doze que, tomando Robin como senhor, escarnecia do número formado por Cristo e seus apóstolos. O conceito e o nome coven só apareceriam mais de duzentos anos depois, mas a noção de um heresiarca adotando doze seguidores em imitação a Cristo e seus apóstolos era muito antiga na história da heresia europeia. Dame Alice escapou da morte pagando vultosa multa, mas ao menos um de seus menos influentes amigos foi queimado na fogueira.

O caso Kyteler teve pouca influência, se é que teve alguma, em julgamentos subsequentes, e o abismo que separava a bruxaria inglesa da do continente europeu manteve-se ao longo do século XVI. Embora o *Malleus Maleficarum* já tivesse conhecido quatorze edições até 1520, só viria a ter uma tradução para o inglês em tempos modernos. Na década de 1560, as bruxas de Essex ainda diferiam acentuadamente de suas colegas continentais: não voavam, não se reuniam para orgias, danças e festins nem praticavam perversões sexuais; ainda mais significativo, não firmavam pactos com o Diabo nem lhe rendiam culto. As bruxas inglesas, no entanto, à semelhança dos feiticeiros africanos, causavam doenças e convulsões, danos em animais e lesões em crianças pequenas, além de manterem familiares. Estes, apesar de ser encontrados no continente, sobretudo na Alemanha, eram mais comuns na Inglaterra, onde tinham nomes curiosos como Vinegar Tom, Pyewacket, Tibb, Sack and Sugar ou Grizel Greediguts. Seria possível afirmar que a predileção inglesa e alemã por familiares derivasse de seu apego aos animais de estimação? Mas essas entidades eram, em sua origem, os gnomos e duendes do folclore, posteriormente transformados em demônios pela teologia cristã e adquirindo, por conseguinte, atributos sinistros: tinham relações sexuais com bruxas ou sugavam o sangue de suas amantes por meio dos "mamilos de bruxa". Aliás, a busca pelo "mamilo ou teta de bruxa", ou protuberância adicional, era um dos aspectos mais impiedosos da denúncia por bruxaria na Inglaterra. Na Escócia, preferia-se a prova das picadas. A preocupação com a bruxaria ainda era moderada durante o reinado de Elizabeth I. John Dee (1527-1608), um mago que desfrutava de considerável influência na corte, possuía uma grande biblioteca abrangendo todos os aspectos da magia, incluindo a bruxaria europeia, mas as ideias continentais ainda estavam longe da prática inglesa.

O primeiro estatuto contra a bruxaria na Inglaterra foi promulgado pelo Parlamento em 1542, quase no fim do reinado de Henrique VIII, mas não tardou muito em ser revogado, em 1547. Um novo estatuto foi aprovado no reinado de Elizabeth I, em 1563, determinando pena de morte para bruxas, mágicos e feiticeiros. Esses indivíduos deveriam ser processados de acordo com o direito civil, não o eclesiástico, e por essa razão as bruxas na Inglaterra eram enforcadas em vez de queimadas, como ocorria no continente.

O primeiro julgamento de porte orientado pelo estatuto de 1563 teve lugar em Chelmsford, em Essex, em 1566; um julgamento que estabeleceu um lamentável precedente para casos ulteriores. Elizabeth Francis, Agnes Waterhouse e Joan, filha de Agnes, foram acusadas de bruxaria. Presumia-se que Elizabeth havia enfeitiçado uma criança e cometido outros *maleficia*; porém, essas acusações iniciais foram agravadas por uma suposta confissão, o que ampliou de maneira considerável a extensão de seus crimes.

Em tal declaração, Elizabeth teria admitido ter aprendido bruxaria com sua avó, quando tinha 12 anos de idade. A avó ensinara-lhe como renunciar a Deus e presenteara-a com um gato mosqueado de branco chamado Sathan, que era de fato o Diabo em forma animal. Elizabeth tinha de alimentá-lo com o seu próprio sangue, além dos tradicionais pão e leite. Elizabeth aprendeu a falar com o gato, que prometeu (em voz de falsete) fazê-la rica. Sathan brindou-lhe cabeças de gado e prometeu-lhe para marido um certo Andrew Byles. Quando Byles, depois de ter desfrutado de seus favores, recusou o casamento, Sathan causou-lhe a morte e ensinou a Elizabeth como abortar a criança que trazia no ventre. Ela casou tempos depois e teve uma filha, mas o bebê irritava-a, e ela instou Sathan para que matasse a criança. Finalmente, após ter desfrutado a ajuda do gato por dezesseis anos, deu-o a Agnes Waterhouse em troca de um bolo. Agnes, desejando desviar para outros fins a lã que forrava a caixa do gato, transformou sua Majestade Satânica num sapo, e com sua ajuda efetuou numerosos *maleficia*, afogando vacas, matando gansos e estragando manteiga. Espetando os próprios corpos, Elizabeth e Agnes ofereceram sangue a Sathan; a prova disso foi encontrada na forma de manchas nos corpos das acusadas. Agnes foi enforcada em 1566 (sua filha Joan foi absolvida por insuficiência de provas); Elizabeth recebeu uma sentença mais leve a princípio, mas acabou sendo enforcada após segundo julgamento treze anos depois. O julgamento de Chelmsford foi típico da bruxaria inglesa em muitos aspectos: o absurdo das acusações, a ênfase sobre o familiar e a ausência da clássica insistência continental sobre pacto, a orgia e a vassalagem ao Diabo.

Em 1579, várias mulheres foram chamadas a juízo no tribunal de Essex, suspeitas de prática de bruxaria. Ellen Smythe era uma delas. Sua filha teria discutido com uma menina chamada Susan Webbe. Ao encontrar Susan, Ellen desferiu-lhe um golpe na cabeça, o que lhe causou a morte dois dias depois. Imediatamente após a morte da filha, a mãe de Susan viu "algo como um cão preto escapando pela porta da casa dela". Ellen foi enforcada. Outro caso foi o de Margery Stanton, acusada de usar feitiços para matar galinhas, para fazer uma mulher inchar como se estivesse grávida e para fazer com que as vacas produzissem sangue em vez de leite. Foi solta por falta de provas contra ela. Joan ou Jane Prentice, acusada e julgada em 1589, teria tido seu primeiro encontro com o Diabo quando estava sentada em seu quarto. Ele se lhe dirigiu na forma de um "furão acastanhado" e disse:

"Jane Prentice, dá-me tua alma". Ela respondeu: "Em nome de Deus, quem és tu?". E o furão retorquiu: "Sou Satã. Não tenhas medo de mim". Jane Prentice também foi enforcada.[1]

Esse era um solo fértil para semear as ideias continentais, que acabaram sendo introduzidas na Inglaterra através da Escócia, cujo rei Jaime VI era um culto defensor da caça às bruxas. Jaime havia se convencido da existência de bruxaria desde o julgamento das bruxas de North Berwick, em 1590-92. Uma jovem de nome Gilly Duncan era conhecida por ter habilidades para ajudar e curar os enfermos. Seu patrão, certo de que a moça devia ter poderes diabólicos, tomou a iniciativa de torturá-la até que ela confessou ter recebido ajuda do Diabo. Justificado por essa declaração, ele a entregou à justiça; e sob a ameaça de mais tortura, Gilly acusou um grande número de homens e mulheres de Edimburgo e arredores. Uma dessas pessoas, Agnes Sampson, mulher idosa de boa educação e reputação, foi examinada pelo próprio rei. Como se recusasse a confessar, foi despida, teve seu corpo raspado e esquadrinhado até lhe encontrarem a marca do Diabo.

> Foi amarrada à parede de sua cela com um bridão de bruxa, instrumento de ferro com quatro pontas aguçadas que penetram na boca, de modo que duas pontas fazem pressão contra a língua e as outras duas contra as bochechas. Isso a mantinha sem dormir.[2]

John Dee, mago da corte de Elizabeth I. Não estando diretamente relacionado com a bruxaria, sua proeminência indica a prevalência de uma visão de mundo em que a bruxaria era tida como um fenômeno aceitável.

Não surpreende que Agnes tenha acabado por confessar. Segundo ela, na noite de Halloween um numeroso grupo de homens e mulheres navegara em peneiras para North Berwick, onde dançaram, entraram numa igreja iluminada com velas pretas e renderam homenagem ao Diabo, personificado em um homem cujas nádegas beijaram. As bruxas tramaram uma tempestade para afundar o barco no qual o rei viajou para a Dinamarca; caso o sortilégio falhasse, Agnes planejara uma mágica com sangue de sapo contra o rei. As provas apresentadas por Agnes e pelas outras acusadas levaram muitas delas à fogueira, uma punição admitida pela lei escocesa. Esse julgamento teve grande repercussão por causa da atenção pessoal que Jaime lhe dedicou, e estabeleceu o modelo para muitos processos instaurados no século XVII na Escócia e na Inglaterra.

Grande parte da opinião esclarecida na Inglaterra manteve-se moderada ao longo do século XVI. *Discoverie of witchcraft* (1584), de Reginald Scot, apresentou um argumento nitidamente protestante contra a crença em bruxaria. Os protestantes afirmavam que a era dos milagres tinha terminado com a morte do último apóstolo; e uma vez que o próprio Deus já não fazia milagres, alegou Scot, era evidente que tampouco permitiria ao Diabo que os fizesse. Mas esse período de relativa tolerância chegou ao fim com a ascensão de Jaime VI da Escócia ao trono da Inglaterra, como Jaime I. Este monarca, que desenvolvera profundo horror às bruxas em consequência do incidente de North Berwick, era suficientemente esclarecido para estar inteirado dos livros e das teses sobre bruxaria em voga no continente europeu. Em 1597, Jaime publicara seu *Daemonologie*, um ataque direto contra Scot e o cético alemão Weyer. Bom calvinista, o rei baseou na predestinação o seu principal argumento a favor da existência de bruxas. O homem tinha sido feito à imagem e semelhança de Deus, mas perdera essa condição por causa do pecado original. Deus devolveu a imagem aos eleitos por meio da Graça, mas o restante da humanidade estaria "entregue às mãos do Diabo, esse inimigo, para ser portador de sua Imagem", e é por isso que sente prazer na "mais grosseira irreverência". Leia-se "mais grosseira irreverência" como render culto ao maior inimigo de Deus, o Diabo. E uma vez que os não eleitos eram sequazes do Diabo, seria muito natural que alguns seguissem ostensivamente o senhor das trevas no culto da bruxaria. O rei ordenava, então, aos seus súditos cristãos, que fossem diligentes na busca desses inimigos de Cristo.

Quando Jaime foi coroado como Jaime I da Inglaterra, introduziu rapidamente essas ideias em seu novo reino. A versão da Bíblia cuja tradução o monarca autorizara usou o termo "bruxa" mais livremente do que nas traduções anteriores, e um novo estatuto contra a bruxaria, em 1604, incluiu os conceitos de pacto, culto diabólico e outras ideias continentais na lei inglesa. Finalmente, Jaime reviu suas próprias opiniões depois de investigar alguns pretensos casos de bruxaria em que a fraude era óbvia, mas a lei e as crenças inglesas já tinham sido alteradas.

Tradicionalmente, os ingleses lidavam com a feitiçaria por meio de remédios diretos ou, pelo menos, locais. Os *cunning folk*, homens e mulheres comparáveis aos *hexenbanner* alemães ou aos curandeiros africanos, ofereciam seus serviços àqueles que acreditavam terem sido enfeitiçados; vendiam mágicas preventivas para neutralizar feitiços ou, se a pessoa já estivesse enfeitiçada, ministravam fórmulas cabalísticas, desmancha-feitiços e outros remédios mágicos. Também podiam recorrer à adivinhação, a oráculos ou a espelhos e outras superfícies refletoras a fim de identificar a bruxa e assim mobilizar recursos contra ela. Na pior das hipóteses, o *cunning folk* expunha a bruxa a maus-tratos e até à morte. Em pleno século XIX ainda ocorreriam linchamentos de supostas bruxas. As autoridades clericais e civis não viam esses indivíduos com bons olhos, tanto pela usurpação de autoridade quanto por aterrorizarem pessoas, e está claro que os *cunning folk* e seus congêneres continentais afligiram a sociedade por um período de tempo mais longo do que as autoridades da Igreja e do Estado. Entretanto, o trabalho desses *cunning folk*, e o ocasional confronto direto entre a suposta vítima e a bruxa, era a forma popular tradicional de lidar com o problema. Os estatutos de 1563 e 1604 erigiram um sistema de ação legal sobreposto a esse sistema popular.

Lembranças de Berwick, combinadas ao estatuto de 1604, ajudaram a produzir o julgamento de Lancashire de 1612, no qual vinte pretensas bruxas foram processadas em conjunto. Alegou-se que as bruxas reuniam-se secretamente para organizar festins, causavam danos físicos por meio da magia e mantinham um demônio familiar na forma de um cão marrom.

O auge da caça às bruxas na Inglaterra ocorreu na década de 1640, quando a guerra civil gerou ansiedades e inseguranças incomuns, particularmente em Essex, um condado onde as tensões da guerra e uma forte tradição de bruxaria se conjugaram. Foi essa a situação oportuna para a atuação de um advogado fracassado de nome Matthew Hopkins, que em dois anos promovera o enforcamento de mais pessoas do que se havia enforcado nos cem anos anteriores. Hopkins, um puritano, conseguira manipular as ansiedades geradas pela guerra na população puritana de Essex e convencera-a de que uma legião de bruxas agia em seu meio. A distância, é difícil julgar a verdadeira motivação de Hopkins, um homem malsucedido que teria vislumbrado uma oportunidade para adquirir fama e sucesso, não importava como; talvez lhe aprouvesse a fruição do poder; e obteve, sem dúvida, muito dinheiro em consequência de seus esforços. É possível até que realmente acreditasse naquilo que estava fazendo: ao longo de toda a sua carreira, apoiou-se substancialmente na *Daemonologie* do rei Jaime. Mas quaisquer que fossem suas reais intenções, o certo é que sua atuação foi bem recebida. Começou projetando seu nome em 1644-45, em Chelmsford, alvo fácil para acusações de bruxaria desde os julgamentos de 1566; depois percorreu todo o sul da Inglaterra, designando acossadores para ajudá-lo em seu trabalho.

Seus métodos eram meticulosos e implacáveis. Despia os suspeitos em busca de marcas de bruxas e usava a fome, a privação de sono, o teste da água e outras provas e tormentos. As confissões extraídas mostram ter Hopkins aceitado a tradição europeia: as bruxas eram membros de uma seita que prestava culto ao Diabo; reuniam-se à noite; tinham cerimônias de iniciação e relações sexuais com o Diabo, a quem ofereciam sacrifícios. Hopkins tampouco negligenciou a tradição inglesa: as suas bruxas mantinham familiares na forma de cães, gatos, ratos, toupeiras e esquilos, com nomes como Prick-ears, Flo e Bess. Hopkins e seu assistente juraram em tribunal ter visto com seus próprios olhos tais diabretes. Bruxos e bruxas supostamente realizavam grande variedade de *maleficia*: um pastor idoso de Brandeston, John Lowes, foi condenado por afundar um navio de Ipswich por artes mágicas. Rossell Hope Robbins observou que os juízes eram tão crédulos, sob a influência da persuasão de Hopkins, que não fizeram o menor esforço para "verificar se algum navio tinha realmente naufragado nesse dia".[3] Mas Hopkins tinha ido longe e depressa demais. Em 1646 já começava a esboçar-se uma considerável oposição a ele; no final desse mesmo ano foi forçado a aposentar-se, e no ano seguinte morreu em desgraça. No breve espaço de dois anos, granjeara o título informal de "general caçador de bruxas da Inglaterra", e o desprezo de gerações futuras.

¶ The Apprehenſion and confeſsion of three notorious Witches.

Arreigned and by Iuſtice condemned and executed at *Chelmeſ-forde,* in the Countye of Eſſex, *the 5. day of Iulye, laſt paſt.*

1589.

¶ With themanner of their diueliſh practices and keeping of their ſpirits, whoſe fournes are heerein truelye proportioned.

Execução das bruxas de Chelmsford, 1589. Essex foi o condado inglês mais afetado pela caça às bruxas. Aqui se mostram três acusadas enforcadas. Joan Prentice, uma das vítimas, também é mostrada com seus familiares, dois dos quais são chamados "Jack" e "Gill".

O número de processos por bruxaria declinou rapidamente após os excessos de Hopkins e apesar da persistente defesa das crenças em bruxas por parte de autores cultos. É possível que a lei de 1604 e a introdução das ideias europeias tenham ajudado a acelerar o fim da bruxaria, porquanto elas abalavam sua credibilidade: o povo comum, em sua grande maioria, não acreditava nessas ideias, e os resultados das perseguições estavam desagradando às autoridades. O fim da guerra civil acalmou as tensões, e o governo de Cromwell não estava especialmente interessado na supressão da bruxaria.

Jaime I da Inglaterra e VI da Escócia. O rei Jaime, monarca devoto que autorizou uma nova tradução da Bíblia, escreveu também um livro crédulo sobre bruxaria intitulado **Daemonologie**, que introduziu na Inglaterra ideias da Europa continental acerca das bruxas

O debate erudito em torno das crenças em bruxaria prosseguiu depois da Restauração. Em 1666, Joseph Glanvill publicou *Some philosophical considerations touching witches and witchcraft*, uma defesa da crença em bruxas com base na teologia cristã. A negação da bruxaria, argumenta o autor, provinha do ateísmo. Aqueles que rejeitam as bruxas, rejeitam o Diabo; e aqueles que rejeitam o Diabo, rejeitam o mundo espiritual em seu todo, incluindo o próprio Deus. Mas a proposição de Glanvill foi a última rajada importante disparada por aqueles a quem Elliot Rose chamou antissaduceus, os defensores eruditos da bruxaria. John Webster, em *Displaying of supposed witchcraft* (1677), atacou Glanvill com o argumento de que a crença em Deus e nos anjos se assentava numa base teológica muito mais sólida do que a crença em bruxas, e não poderia ser-lhe sequer comparada. A obra de Glanvill foi republicada em 1681, em uma nova versão consideravelmente ampliada com o título *Sadducismus triumphatus*, mas o livro *Historical essay concerning witchcraft*, de Francis Hutchinson, editado em 1718, foi o golpe final e devastador nas crenças em bruxas. Depois disso, alguns intelectuais podem ter continuado a acreditar em bruxaria, mas já não se atreviam a dizê-lo.

Os julgamentos prosseguiram durante a Restauração. Em Bury St. Edmunds, em 1662, mulheres foram acusadas e condenadas com base no testemunho de crianças histéricas e de letrados, e por causa de pretensos "mamilos de bruxas". Na Escócia, no mesmo ano, Isobel Gowdie confessou um extenso rol de crimes de bruxaria. Fez sua confissão voluntariamente e sem ameaça de tortura, e é provável que acreditasse no que estava dizendo; o caso de Isobel é uma das mais claras indicações de que pessoas de espírito instável, sob a influência de crenças predominantes, podem acreditar a si mesmas como bruxas diabólicas. Não se pode supor que ela fosse realmente herdeira de uma antiga tradição nativa, pois suas ideias têm um matiz acentuadamente continental e derivam da tradição erudita de Jaime I e Glanvill. Ela declarou ter encontrado o Diabo na igreja, em 1647, e aí fizera um pacto com ele,

Frontispício para o livro **The discovery of witches**, de Matthew Hopkins, 1647. O "general caçador de bruxas da Inglaterra" é visto observando duas bruxas cercadas por seus familiares.

(19)

CHAP. X.

How ſome Witches revelling in a Gentleman's Houſe, ſerved the Servants who ſurpriſed them.

IT happened one time that a great number of Lancaſhire Witches were revling in a gentleman's houſe, in his abſence, and making merry with what they found, the dogs not daring to ſtir, they having it ſeems, power to ſtrike them mute.—However, dnring their frolick-

As bruxas de Lancashire. O julgamento dessas bruxas, em 1612, foi o primeiro a admitir os clichês continentais relacionados à bruxaria.

> negando o batismo cristão, recebendo o novo nome de Janet, a marca do Diabo em seu ombro e tendo sido rebatizada com o próprio sangue, que o Diabo sugara dela. Jurou vassalagem [ao Diabo] colocando uma das mãos em sua cabeça e a outra na sola de um pé.[4]

Andou pelos ares, transformou-se em gralha, em gato ou outras formas, e assistiu regularmente a um coven [assembleia de treze bruxas]. Desconhece-se o que teria acontecido a Isobel, mas a fama do seu julgamento parece ter chegado a Somerset, onde, em 1664, bruxas foram acusadas de frequentar covens presididos por um homenzinho vestido de preto; firmaram um pacto, reuniram-se à noite, banquetearam-se, dançaram e voaram com a ajuda de um unguento mágico. Em 1667, Ursula Clarke, de Dunstable, foi acusada de bruxaria ao tentar matar William Metcalfe. Após uma altercação, Ursula disse que ele

> se consumiria como o orvalho contra o sol. Algumas pessoas tinham-na maltratado, disse ela, mas teria sido preferível não se meterem em sua vida,

Frontispício para o livro **Sadducismus triumphatus**, de Joseph Glanvill, 1681, o último tratado importante que defendia a crença em bruxaria e hostilizava as bruxas como uma ameaça à sociedade.

George Cruikshank, **Black John castigando as bruxas**. Esta gravura satírica do século XIX baseou-se nas tenebrosas confissões de Isobel Gowdie, na Escócia, em 1662.

> pois... tinha visto o fim de Platt e o fim que tinha levado Haddon, e esperava também ver o fim de Metcalfe, pois ainda que nunca tivesse desejado nem amaldiçoado ninguém em sua vida, essas coisas acabaram acontecendo.[5]

Com Ursula Clarke, fechamos um círculo completo: da catalogação de diabolismo continental às simples pragas e feitiços ingleses, sempre um remédio ao alcance daqueles que não têm poder para ajudar ou causar dano aos outros de um modo natural.

No início do século XVIII, a bruxaria já estava fora de moda entre os intelectuais, era raramente levada a sério por autoridades governamentais e tinha começado a desvanecer-se na crença popular. Aventou-se a possibilidade de que o significativo aumento das acusações de incêndio premeditado e de outros danos deliberadamente causados no período de 1686-1712 tenha sido resultado de uma transferência das acusações de crimes sobrenaturais para crimes naturais. Os julgamentos de bruxas praticamente terminaram nas últimas décadas do século XVII, e o último processo por bruxaria na Inglaterra, o de Jane Wenham, em 1731, terminou em absolvição. Em 1736, o estatuto de 1604 foi revogado. Mas nesse meio-tempo, a bruxaria inglesa daria um último e importante espetáculo, não na própria Inglaterra, mas nas colônias americanas.

As colônias inglesas da América do Norte eram culturalmente atrasadas em relação à pátria-mãe. A bruxaria tornara-se um problema sério na Inglaterra na década de 1560, mas só a partir da década de 1640 a Nova Inglaterra foi palco de perseguições. O primeiro enforcamento de bruxa nas colônias inglesas ocorreu em Connecticut, em 1647; certo número de outros casos foi levado ao tribunal nas décadas de 1640 a 1680, havendo também enforcamentos em Providence, em 1662. Os líderes intelectuais da Nova Inglaterra defendiam a crença em bruxas. *Memorable providences relating to witchcraft and possessions* (1689) e *Wonders of the invisible world* (1693), de Cotton Mather, sustentaram essa tradição. Os mais memoráveis e bem documentados julgamentos por bruxaria nas colônias americanas ocorreram em Salem, em 1692. Precedentes intelectuais e legais já haviam predisposto os habitantes da Nova Inglaterra a acreditar em bruxaria, e certo número de tensões sociais e políticas existentes em Massachusetts, sobretudo em Salem, inclinavam o povo a exteriorizar acusações e a acreditar nelas. A causa imediata da agitação foi a atividade oculta de algumas crianças na vila.

Duas garotinhas, de 9 e 11 anos, começaram fazendo experiências de adivinhação numa tentativa mais ou menos séria de descobrir quem seriam os seus futuros maridos. Como ocorre frequentemente com pessoas que brincam com magia, as meninas ficaram muito assustadas e começaram a manifestar sintomas nervosos, profunda agitação e condutas extravagantes. O pai de uma das meninas era Samuel Parris, pastor da vila de Salem. Parris chamou um médico, mas este, incapaz de diagnosticar qualquer causa física, sugeriu-lhe que talvez a filha tivesse sido vítima do feitiço de uma bruxa. O comportamento das crianças se agravou e muitas outras meninas e donzelas também passaram a sofrer (ou a desfrutar) ataques e convulsões – estas últimas podem ter sido sugestionadas pelo poder do inconsciente; ou podem ter gostado da atenção que passaram a receber, da excitação causada por tudo isso ou, ainda, da conduta bizarra que lhes era permitido exibir na pressuposição de que estavam enfeitiçadas. A filha de um pai austero e devoto arremessou com violência a Bíblia da família contra a parede da sala; uma outra apanhou tições em brasa da lareira e ficou correndo pela casa gritando frases sem nexo, com voz estentórea. Para alguns, o feitiço pode não ter passado de falsa crença, para outros, uma travessura maliciosa. No final, custou a vida de dezenove pessoas.

As meninas foram submetidas a intenso interrogatório por adultos e, sob pressão, acusaram três mulheres de tê-las enfeitiçado: Sarah Goode, Sarah Osborne e uma escravizada das Índias Ocidentais chamada Tituba. Osborne e Goode negaram as acusações, mas Tituba confessou com grande satisfação e volúpia, declarando que tinha relações com o Diabo na figura de uma "coisa toda peluda, o rosto peludo e um longo nariz".[6] Os motivos de Tituba para confessar não são claros, mas sua declaração adicionou pânico e terror a uma situação já tensa. A ironia da situação é que sua confissão pode ter-lhe salvado a vida. Nenhuma das suspeitas que confessaram a prática de bruxaria foi enforcada, pois as meninas sempre apresentavam melhora após uma confissão; mas muitas das que negaram as acusações foram enforcadas, frequentemente em razão do agravamento dos sintomas durante as audiências do tribunal.

Cotton Mather, cujos escritos teológicos encorajaram a crença na bruxaria, durante os julgamentos de Salem não fez o mínimo esforço para ajudar as acusadas.

Sob pressão, ameaça e sugestão, as acusações aumentaram. Seguiram mais a tradição inglesa do que a continental: o Diabo, ao que parece, modificava seu comportamento conforme as preferências nacionais. As bruxas frequentavam uma sociedade secreta onde o Diabo comparecia como um homem negro e as batizava em seu nome. Repartiam um pão de comunhão preto e repugnante; davam guarida a demônios em forma de animais e os amamentavam com sangue por meio de seus mamilos de bruxas; realizavam *maleficia* contra seus inimigos, causando doenças, deslocando objetos sobrenaturalmente e, é claro, atormentando as atribuladas meninas com ataques e convulsões.

Os acessos continuaram aumentando de intensidade com o passar do tempo. As meninas guinchavam e uivavam, descreviam visões de fantasmas e duendes e apresentavam misteriosas marcas de dentes em seus braços. O medo da bruxaria propagou-se da vila para a cidade de Salem; clérigos eruditos em Boston debateram os acontecimentos, e uma das bruxas acusadas foi detida a grande distância, no Maine, e trazida de volta para ser julgada. A medida que o medo se avolumava, os próprios adultos começaram a experimentar alguns sintomas histéricos. Uma quarta bruxa – Martha Cory – foi denunciada, e quando compareceu para interrogatório no salão de reuniões da vila, as jovens possuídas ficaram incontrolavelmente agitadas.

> Quando ela torceu suas mãos, [as meninas] gritaram que estavam sendo beliscadas; quando ela mordeu os lábios, declararam poder sentir dentes lhes mordendo a carne.[7]

Outras bruxas foram acusadas, mas os julgamentos tiveram de esperar até que chegasse o novo governador da colônia, Sir William Phips, com uma nova carta régia. Nesse meio-tempo, Cotton Mather e outros pastores de Massachusetts reuniram-se em junho para instar a vigorosa denúncia de bruxaria e prudência na formulação de sentenças. Mather advertiu que, embora a bruxaria fosse um problema sério, era difícil determinar quem era bruxa, e pessoas inocentes poderiam ser destruídas por uma ação precipitada.

Lamentavelmente, os pastores não tomaram iniciativa alguma enquanto as audiências prosseguiam. Tão logo Phips chegou, autorizou o começo dos julgamentos. O primeiro enforcamento ocorreu em 10 de junho de 1692. Mais cinco bruxas foram assim executadas em 19 de julho, incluindo Sarah Goode, e outras seis em 5 de agosto. Na ocasião da execução de George Burroughs, quando ele abalou a confiança dos circunstantes recitando o Pai Nosso com grande fervor e perfeição, Cotton Mather, em vez de tentar suspender a sentença, subiu ao patíbulo para pronunciar um enérgico discurso de improviso e exigir o prosseguimento da punição. Quando da última execução por bruxaria, em 22 de setembro de 1692, dezenove pessoas já haviam sido mortas e mais de uma centena encarcerada. Tinha sido um verão de horror, iniciado por garotas histéricas ou travessas e, num certo sentido, encerrado por elas: as meninas estiveram presentes nessa última execução para insultar e escarnecer das vítimas, enquanto estas aguardavam a morte no cadafalso.

Mas agora, como na Europa, o terrível tributo exigido pela caça às bruxas gerou um recuo da opinião pública. Os pastores finalmente decidiram falar o que pensavam. O pai de Cotton Mather, Increase Mather, em sermão proferido na Cambridge colonial, argumentou ser "preferível deixar escapar dez suspeitas de bruxaria do que condenar uma só pessoa inocente."[8] Mather criticou severamente o uso de depoimentos durante os julgamentos, ponderando que muitos deles eram mais do que suspeitos. Sua principal preocupação era que "os atos maléficos em que se baseavam as denúncias não fossem fisicamente perpetrados pelas bruxas, em absoluto, mas pelos espíritos intangíveis que podiam, por vezes, assumir a forma das acusadas".[9]

Paul Boyer e Stephen Nissenbaum, em seu livro sobre a bruxaria em Salem, descrevem os três principais tipos de provas fornecidos nos julgamentos. O primeiro era a confissão direta, frequentemente apoiado em detalhes corroborativos. Nos tribunais do continente, as confissões eram quase sempre obtidas por meio de tortura, mas, de acordo com a lei inglesa, a tortura somente poderia ser usada em Salem se a acusada se recusasse a apresentar qualquer tipo de justificação. Entretanto, as confissões eram encorajadas pelo terror, pela sugestionabilidade e, por vezes, por severas persuasões físicas, equiparadas à tortura, como forçar a vítima a manter-se permanentemente acordada.

A segunda modalidade de prova era de natureza empírica: o uso de um poder sobrenatural. A vítima podia demonstrar, por exemplo, uma força descomunal; segundo se afirmava, George Burroughs conseguia levantar pesos enormes. Ou a bruxa podia ser revelada ao mostrar-se incapaz de recitar corretamente suas orações: uma pobre mulher encontrou a morte ao dizer "vão seja o Teu nome" enquanto rezava o Pai Nosso.* Ou, é claro, poder-se-ia descobrir bruxas mediante exame de seus corpos, procurando uma marca do Diabo ou um mamilo de bruxa.

Manifestações de ira por parte de uma bruxa, seguidas de dissabores para a sua vítima, constituíam outra demonstração empírica. John Willard, acusado de bruxaria, acudiu em sua aflição ao velho Bray Williams, para

* Em inglês, a sutileza desse deslize fica mais nítida. "H*a*llowed be thy name", ou "Santificado seja o Teu nome" (a expressão correta) muda de sentido com a troca de uma vogal, "H*o*llowed be thy name", significando agora "vão seja o Teu nome". [N. E.]

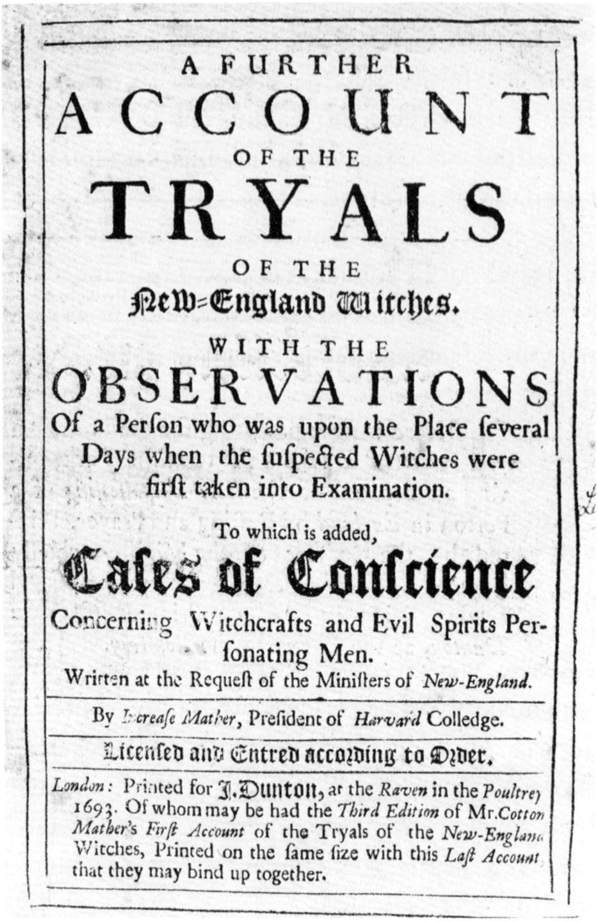
A FURTHER
ACCOUNT
OF THE
TRYALS
OF THE
New-England Witches.
WITH THE
OBSERVATIONS
Of a Perſon who was upon the Place ſeveral Days when the ſuſpected Witches were firſt taken into Examination.

To which is added,
Caſes of Conſcience
Concerning Witchcrafts and Evil Spirits Perſonating Men.
Written at the Requeſt of the Miniſters of *New-England.*

By *Increaſe Mather*, Preſident of *Harvard* Colledge.

Licenſed and Entred according to Order.

London: Printed for J. Dunton, at the *Raven* in the *Poultrey* 1693. Of whom may be had the *Third Edition* of Mr. *Cotton Mather's First Account* of the Tryals of the *New-England* Witches, Printed on the ſame ſize with this *Laſt Account* that they may bind up together.

Frontispício para o relato de Increase Mather sobre os julgamentos de bruxas em Salem. Diferentemente de seu filho Cotton, Increase trabalhou para manter a caça às bruxas sob controle em Massachusetts.

que lhe valesse com suas orações. Bray recusou e quando voltou a encontrar-se com John pensou ter recebido um olhar penetrante. Imediatamente após esse encontro, descobriu que era incapaz de urinar, e poucos dias mais tarde um jovem parente seu teria uma morte inesperada. Depois da condenação e execução de Willard, Bray Williams recuperou, felizmente, o pleno uso da bexiga. No trajeto para o tribunal onde ia ser julgada, Bridget Bishop olhou fixamente para um templo, e instantes depois uma viga do telhado foi ao chão. Increase Mather estava relutante em admitir tais provas como convincentes, mas os tribunais foram mais generosos.

Mather opunha-se especialmente ao uso da "prova espectral", e também nesse ponto os tribunais provaram ser mais crédulos. Muitas das testemunhas afirmaram ter visto demônios que se manifestavam como espectros somente visíveis a elas mesmas: um "homem escuro e atarracado" ou um "gato cinzento". Por via de regra, a testemunha enxergava o espectro e alertava um companheiro, que nada via; este batia no lugar indicado pela testemunha com uma arma, e a testemunha via um rasgão na túnica do espectro ou algum outro efeito do golpe. Mather argumentou que não havia como dar crédito a tais depoimentos e que, por conseguinte, não deveriam ser admitidos, mas os tribunais mostraram-se novamente mais tolerantes. A natureza falha de tais testemunhos era óbvia para a maioria das pessoas de mentalidade aberta, e seu uso pelos tribunais foi um dos fatores que abalaram a confiança pública nos julgamentos.

Teria havido qualquer fundo de verdade nas acusações? As fontes para os julgamentos são de extraordinária abundância, de modo que constituem um tipo de jurisprudência para se julgar a existência de bruxaria na América inglesa. O mais crédulo historiador moderno da bruxaria, Montague Summers, argumentou que a maioria dos acusados era inocente, mas que, segundo parece, algumas pessoas realmente participaram de um grupo secreto. Não existem provas idôneas para respaldar essa asserção. É possível que alguns dos acusados resmungassem pragas contra seus inimigos, e é concebível também que um ou outro o fizesse com o intento de realizar magia maléfica. Também é possível que a escravizada Tituba, que confessou sua culpa tão pronta e livremente, praticasse alguma espécie de magia e acreditasse ter convivido intimamente com o Diabo, mas de todos os interrogatórios e julgamentos, o de Tituba é o único que sugere isso. O restante das provas foi inspirado pelas tradições da bruxaria inglesa, tão cabalmente elucidadas por Cotton Mather e outros líderes intelectuais da colônia. É claro que não pode ser demonstrado de forma concludente que não existiam assembleias de bruxas em Salem, mas todas as provas apontam na outra direção. As extravagâncias de um grupo de meninas tolas, nas circunstâncias sociais adequadas (ou inadequadas), aliadas a uma tradição intelectual de crenças em bruxas, mergulharam a colônia de Massachusetts numa tardia mas severa manifestação da caça às bruxas.

6.
Bruxaria e sociedade

A história da bruxaria é a investigação de um conceito; é também uma tentativa para entender as condições e interações sociais que encorajaram o desenvolvimento desse conceito. Nas últimas décadas, a maioria dos historiadores enfatizou a história social da bruxaria, uma vertente que tem virtudes e limitações. A principal virtude é o reconhecimento de que as ideias não se desenvolvem em um vácuo, e que as relações sociais contribuem muito para modelar as percepções da realidade. A segunda é a meticulosidade. Macfarlane, Boyer e Nissenbaum, Midelfort e Monter concentraram-se em estreitos segmentos de espaço e tempo, e examinaram esses microcosmos da maneira mais refinada que os dados permitiam. As principais limitações dessa abordagem residem nos fatos de ela ter se mostrado propensa ao dogmatismo, bloqueando ou repelindo outras abordagens, e, em sua busca pelos mecanismos sociais, ter desprezado o mais amplo significado ético, intelectual e espiritual da bruxaria.

Uma observação perspicaz dos historiadores sociais é que a bruxaria ou as crenças em bruxas desempenharam um papel social. Por vezes, a função era consciente e cínica, como quando Henrique VIII acusou Ana Bolena de prática de bruxaria para seduzi-lo; ou quando os inquisidores tramaram a prisão de homens ricos e lhes confiscaram os bens. Mais frequentemente, porém, essa função se relacionava com a necessidade inconsciente de acusar e responsabilizar alguém pelos infortúnios da vida cotidiana. Se um indivíduo é impotente, por exemplo, é menos embaraçoso e melhor para sua autoimagem se puder culpar um feiticeiro. Se lhe morre uma vaca, ou se cai doente com disenteria, é mais prudente incriminar uma bruxa do que imprecar contra Deus. A bruxaria transforma culpa em desgraça partindo de uma força abstrata e inescrutável para uma força identificável, punível e individualizada. Se Deus, ou o destino, causou alguma doença a alguém, não há meios para revidar; mas se a responsável for uma bruxa, poder-se-á

Bruxos oferecem uma criança ao Diabo. Mais suscetíveis a doenças e a medos irracionais do que os adultos, e menos sensíveis ao sofrimento que as acusações poderiam causar, as crianças eram frequentemente as catalisadoras das acusações de bruxaria.

rechaçá-la ou neutralizar-lhe o poder. Se for possível prendê-la, julgá-la e executá-la, o poder dela malogrará e o indivíduo terá sua boa fortuna restabelecida. Essa crença ajuda a explicar o grande número de execuções; matar a bruxa é a única maneira de garantir que ela não volte para armar sua vingança mágica. Tal como na África uma pessoa pode ser genuinamente ajudada por um curandeiro, as provas europeias também sugerem que os julgamentos de bruxas tinham um autêntico efeito terapêutico sobre as supostas vítimas.

Outra função importante da bruxaria era a mesma que a da heresia: definir as fronteiras do cristianismo e obter a coesão da comunidade cristã frente a um aterrador e poderoso exército de inimigos sob o comando supremo do próprio Satã.

Os historiadores sociais investigaram as correlações entre bruxaria e outros fenômenos sociais. Apesar das caricaturas que descrevem a bruxa como uma megera velha e feia, a aparência física não era um consenso para acusações de bruxaria. Os traços mais decisivos, suscetíveis de acarretar acusações de bruxaria, eram mendigar, resmungar, praguejar e altercar. As bruxas eram de todas as idades, embora em Essex a faixa etária mais comum fosse a dos 50 aos 60 anos, possivelmente por supor-se que a idade eleva a sabedoria mágica. Embora as crianças fossem frequentemente possuídas, raras vezes eram acusadas de bruxaria. Eram consideradas geralmente pretensas vítimas de bruxedos, tornando-se acusadoras ou, pelo menos, catalisadoras de acusações. Os casos do Menino de Burton (1596), do Menino de Bilson (1620), das Meninas Throgmorton (1688), dos Filhos de Goodwin (1688) e, é claro, das Meninas de Salem (1692), são exemplos das numerosas acusações decorrentes do suposto enfeitiçamento de crianças. Isso não surpreende. As crianças eram mais suscetíveis a doenças e aos medos irracionais; com suas travessuras, despertavam a hostilidade dos vizinhos; eram percebidas como vulneráveis ao ataque e, sobretudo, eram menos sensíveis do que os adultos ao sofrimento que as acusações causavam em outros.

Os psicólogos chegaram a investigar o estado mental sob o qual uma pessoa poderia acreditar em seus próprios poderes como bruxa, mas os historiadores não encontraram qualquer correlação convincente entre bruxaria e doença mental, seja por parte de acusadores, seja de acusados. O conceito de psicopatologia individual não é muito útil quando uma sociedade inteira abraça uma falsa crença. Hoje, um inglês ou americano instruído que acreditasse terem sido os judeus os causadores de todos os problemas do mundo teria, provavelmente, um problema psicológico individual; por outro lado, um alemão que acreditasse nisso em 1940 poderia estar simplesmente reproduzindo as crenças comuns da sua sociedade. A maioria das pessoas que acreditava em bruxaria em 1600 não era estúpida nem má, embora a sociedade em que viviam possa ter sido ambas as coisas.

Em Essex, Alan Macfarlane não encontrou correlação alguma entre incidência de doenças e acusações de bruxaria. "Mesmo nos anos de mais feroz perseguição, muitas pessoas foram vítimas de mortes súbitas, mas tais fatalidades não foram atribuídas à bruxaria." Isso foi verdade até em relação à assolação da mortalidade infantil. Nenhuma doença específica foi imputada à bruxaria, embora as enfermidades prolongadas tivessem maior probabilidade de ser atribuídas à bruxaria do que os ataques súbitos. Macfarlane argumentou que a doença em si não era importante, e sim a percepção que a vítima tinha do significado de seu infortúnio. "Mais do que a natureza da doença, foram as relações sociais que determinaram a reação da vítima ao seu infortúnio." Portanto, para explicar a ascensão e o declínio da caça às bruxas, precisamos olhar menos para as calamidades que a sociedade enfrenta – como doenças, fome e guerra – do que para as "relações sociais que determinam o modo como as pessoas reagem ao infortúnio".[1] Assim, os esforços para associar a bruxaria ao processo de cercamento, na Inglaterra, ou à Guerra dos Trinta Anos, na Alemanha, podem representar pouco mais que uma vaga generalização que aponte serem as pessoas mais propensas a fazer prognósticos psicológicos negativos quando em épocas de crise.

Midelfort observou, entretanto, que a incidência de julgamentos de bruxas pôde aumentar de forma significativa após um desastre natural. Em Balingen, por exemplo, à destruição de uma grande parte da cidade por um incêndio seguiu-se a detenção de três mulheres por bruxaria. A principal suspeita foi torturada e solta depois que as provas contra ela foram consideradas insuficientes, mas, posteriormente, foi atacada na rua por uma turba, que a matou a pedradas. Incêndios e outros desastres exacerbam o medo das pessoas e intensificam a busca por bodes expiatórios. Mas incêndios frequentemente acontecem à revelia das acusações de bruxaria; e essas denúncias, em geral, ocorrem independentemente de qualquer desastre. O desastre é uma agravante, mas só gera acusações de bruxaria quando predominam no mundo certas crenças cuja existência depende, por sua vez, de determinadas condições sociais e intelectuais.

As correlações entre bruxaria e classe social são inconclusas. No sudoeste da Alemanha, ricos e pobres foram acusados, e havia uma equilibrada distribuição de riqueza entre os sentenciados. Na Inglaterra, em geral, as bruxas eram marginalmente mais pobres do que suas vítimas, provindo principalmente das classes trabalhadoras; suas vítimas pertenciam, sobretudo, ao estrato *yeomen*, uma classe de pequenos e médios proprietários livres. O Código Carolino, na Alemanha, proibia o uso indiscriminado do confisco. Apesar de algumas flagrantes exceções, o arresto de propriedades não estava entre os motivos mais importantes da caça às bruxas. Tampouco a decadência das condições econômicas se correlacionou necessariamente com a bruxaria. Macfarlane observou que em Essex a instauração de processos atingiu o auge nas décadas de 1580 e 1590, um período de relativa prosperidade.

A mais sólida generalização resultante do estudo do sudoeste alemão corresponde à ideia de que os dois grupos mais suscetíveis de sofrer acusações eram as pessoas de péssima reputação e as de reputação excepcionalmente boa. Ladrões, delinquentes sexuais, rufiões, parteiras (lamentável mas inevitavelmente, elas tinham má fama) e brigões tinham maior probabilidade de ser acusados. Por outro lado, magistrados, mercadores e professores também eram alvo comum de denúncias, embora a nobreza, os médicos (curiosamente), os advogados e os estudantes não fossem. Pessoas que, de uma forma ou de outra, se destacassem da multidão eram mais vulneráveis. Em ocasiões de grande pânico contra as bruxas, o padrão seguido era mais ou menos este: indivíduos denunciavam uma pessoa impopular, como uma parteira. Uma vez iniciado o julgamento, a bruxa, sob tortura, implicava outras pessoas, quase sempre de suas relações, para o bem ou para o mal: família, conhecidos ou inimigos. Por essa razão, com frequência os julgamentos de bruxas envolveram famílias inteiras e, por vezes, mães e filhas eram executadas juntas. Oito membros de uma só família alemã foram supliciados por bruxaria entre novembro de 1628 e junho de 1630. Recorrendo ao medo, à astúcia e à ameaça de tortura, as acusações propagavam-se e, finalmente, a comunidade inteira via-se envolvida.

Uma causa hipotética da caça às bruxas pode ter sido a rápida transformação demográfica ocorrida entre meados do século XIV e o século XVI, sobretudo o êxodo do campo para a cidade. Na sociedade senhorial, uma pequena e compacta comunidade era estritamente regulada pela tradição, pelo costume e pela autoridade do senhor de terras e de seus subordinados. As opiniões e os julgamentos dos mais velhos, dos vizinhos, do padre e dos representantes do senhor tinham grande peso, e havia pouco senso de isolamento. Os tribunais locais controlavam a maioria dos problemas sociais que surgiam. Quando as pessoas trocavam esse ambiente comunitário inalterável pela vida da cidade, experimentavam um choque cultural semelhante ao produzido na África quando a estrutura tribal foi desintegrada pela urbanização. Em ambos os continentes, o europeu e o africano, os padrões tradicionais de parentesco e comunidade mudaram, deixando os indivíduos inseguros quanto a seus deveres para com os outros e as obrigações dos outros para com eles. Em tais condições, o medo da bruxaria aumentou. São escassas as provas, entretanto, para afirmar que os recém-chegados à comunidade urbana eram potencialmente mais propensos a sofrer perseguições do que os habitantes já estabelecidos.

No campo, as acusações surgiam geralmente entre vizinhos. A ocorrência mais comum era uma suposta bruxa indignar-se com a falta de algum gesto de caridade ou de boa vizinhança, real ou imaginário, por parte de sua vítima, como não ajudá-la em momentos de necessidade ou não convidá-la para uma festa. Em alguns casos, a bruxa praticava magia como forma de retaliação. Ou aqueles que a tinham ofendido, sentindo-se culpados, projetarem nela sua culpa ou zanga, responsabilizando-a por algum infortúnio subsequente. Em Chelmsford, em 1579, Margery Stanton foi acusada de bruxaria por inúmeros vizinhos que, após terem se recusado a ser caridosos com ela, caíram doentes, perderam gado ou sofreram outras desventuras. Em Lucerna, após saber que o filho havia brigado com outro rapaz, Dorothea Hindremstein ameaçou este último dizendo que ele jamais esqueceria o que fizera; pouco depois, o rapaz começou a apresentar uma inchação que o deixou de cama por várias semanas. Dorothea foi acusada de bruxaria. Em Todi, Itália, uma jovem contraiu uma doença depois de ter tido um caso com um homem casado, cuja esposa foi subsequentemente acusada de ter enfeitiçado a amante!

Esse padrão de hostilidade e acusação individuais, típico da maior parte da bruxaria europeia antes do século XV, foi comum na Inglaterra até o século XVIII. No auge da caça às bruxas, o padrão mudou no continente, especialmente na França, nos Países Baixos, na Alemanha e nas regiões alpinas, onde as bruxas passaram a ser vistas como parte de uma ampla conspiração contra a sociedade cristã. A explicação para a intensidade da perseguição nessas áreas reside na forte tradição de heresia, na padronização dos interrogatórios pela Inquisição e na desintegração causada pelas guerras religiosas.

Bruxaria e mulheres

A correlação social estabelecida entre bruxaria e mulheres é das mais acentuadas. Durante todo o período de caça às bruxas, o número de mulheres acusadas foi, aproximadamente, o dobro do de homens. Houve variações no tempo e na geografia: no sudoeste da Alemanha, por exemplo, depois de 1620 aumentou o número de homens acusados, e a partir de 1627 crianças foram denunciadas com alguma frequência. Mas essas

Goya, **O sabá**, c. 1794-5. Bruxas eram invariavelmente associadas ao sexo feminino, e a visão de Goya da cabra--Demônio entre suas adoradoras não é exceção.

ocorrências significam apenas que o predomínio feminino era um pouco mais discreto do que em épocas anteriores. O certo é que as mulheres dominaram a bruxaria em todos os períodos e em todas as regiões. O estereótipo da bruxa é ainda tão poderoso que a maioria das pessoas se surpreende ao saber que existem bruxos, ou então supõe que a contraparte masculina da bruxa é o "feiticeiro".

Qual é a razão desse sexismo, desse chauvinismo ou, mais exatamente, dessa misoginia? Midelfort observou que o século XVI mostrou uma tendência excepcionalmente misógina, possivelmente porque as mudanças demográficas produziram um número incomum de mulheres que viviam sozinhas. Os casamentos ocorriam em idades mais maduras, e uma proporção maior de pessoas nunca chegou a casar. A Reforma ocasionou a extinção de conventos, e mesmo em regiões católicas o número de mulheres em mosteiros declinou. Se, como calcula Midelfort, cerca de 20% da população feminina nunca casou, e entre 10% e 20% era representada por viúvas, algo em torno de 40% de mulheres devem ter vivido sem proteção legal e social de maridos. Muitas solteiras e viúvas encontraram um lar com irmãos, filhos ou outros parentes, mas a proporção de mulheres solteiras e solitárias parece ter aumentado. Tais pessoas, isoladas, infelizes, empobrecidas e rabugentas, eram alvo fácil para as acusações de bruxaria. Esses problemas, possivelmente maiores no século XVI, existiram durante todo o período da caça às bruxas.

As mulheres que viviam sem o apoio da família patriarcal, especialmente de pai ou marido, tinham pouca influência e quase nenhuma proteção legal e social que garantissem reparação para eventuais injustiças que viessem a sofrer. Tinham de se resguardar como podiam. Visto que estavam alijadas dos mecanismos formais vigentes, elas tinham de recorrer a estratégias típicas de grupos socialmente marginalizados. Os incêndios premeditados, por exemplo, eram frequentemente atribuídos a mulheres de idade, dado ser um crime passível de ser perpetrado clandestinamente e sem o uso de força física. Numa sociedade que levava a magia a sério, pragas e feitiços formavam outra categoria óbvia de reação. Uma vez associado esse gênero de crime à mulher solitária, ninguém ficaria livre de suspeita nessa condição. Um semblante zangado poderia ser interpretado como um olhar maléfico; uma imprecação furiosa, como uma praga; um resmungo, como uma invocação de poderes diabólicos. Os anciãos também corriam esse risco, mas as viúvas sempre excederam amplamente em número os viúvos. É sabido que as mulheres tendem a viver mais tempo que os homens, e assim ocorria também nessa época, desde que conseguissem sobreviver ao parto. As mulheres sobreviveram muito mais facilmente às pestes; em alguns lugares, registraram taxas de restabelecimento pelo menos 600% superiores às dos homens. Sob o domínio da tensão e do medo que acompanhavam as epidemias, era comum suspeitar que as mulheres recorressem a artes mágicas para garantir sua sobrevivência, ou mesmo para provocar a morte de homens. A própria fragilidade da posição social feminina, sobretudo viúvas e solteiras, tornava mais seguro acusar essas mulheres do que os homens, cuja força política, financeira, legal e até física deixava o acusador mais exposto a represálias. Uma anciã fisicamente fraca, socialmente isolada, financeiramente necessitada e legalmente impotente só podia oferecer seus feitiços como forma de dissuasão.

O parto, com seus perigos para a mãe e para o bebê, era comumente assistido por uma parteira, e a morte, a deformidade ou outras calamidades que pudessem ocorrer eram-lhe frequentemente imputadas. Os maridos, sentindo-se culpados e furiosos com a morte da esposa ou do bebê, projetavam prontamente esse sentimento na parteira, que era acusada de negligência ou, caso nenhuma razão física para a desdita fosse encontrada, de bruxaria.

A ligação entre bruxaria e heresia fomentou a ênfase sobre as mulheres. Há tempos os historiadores observaram que as mulheres eram mais influentes na heresia do que em outros domínios da sociedade medieval. As mulheres, ao verem-se impedidas de ascender a posições de influência no *establishment*, voltaram-se para a heresia. Os valdenses, por exemplo, permitiam a pregação por mulheres, e os cátaros admitiam-nas nas fileiras dos *perfecti*. A relativa importância feminina na heresia e nos processos por heresia transferiu-se facilmente para a bruxaria e para os julgamentos de bruxas.

A misoginia que se manifestou com tanta virulência durante a caça às bruxas estava amparada em uma longa e antiga tradição. A maioria das sociedades dispensou às mulheres uma posição inferior, e a misoginia da civilização ocidental foi alimentada por, pelo menos, três fontes: a tradição literária clássica, a religião hebraica e o dualismo. Na tradição literária clássica, os papéis femininos refletiram seu *status* na sociedade greco-romana, ou seja, o de subserviência em relação ao homem. Em regra, as mulheres não desempenham um papel importante na literatura clássica. As Creusas são mais comuns do que as Didos. Quando ganham proeminência, é quase sempre como catalisadoras passivas de ruína, como Helena de Troia. Mesmo quando ativas, o são mais para o mal do que para o bem, como testemunham Circe, Medeia e Clitemnestra. E novamente como Circe e Medeia, os atos maléficos das mulheres são frequentemente percebidos como "feitiçaria das trevas".

A religião hebraica, mais do que as outras religiões do antigo Oriente Próximo, colocou as mulheres numa posição nitidamente inferior. A antiga misoginia foi reforçada pela crença dualista em uma luta que colocava o corpo e o mal contra o espírito e o bem. Teoricamente, esse dualismo condena tanto a carnalidade masculina quanto a feminina, mas em uma sociedade dominada por homens, a luxúria viril era projetada nas mulheres, responsabilizando-as pela concupiscência. Assim, Eva converteu-se no protótipo da sedutora sensual.

O cristianismo afirmou a igualdade espiritual entre homens e mulheres, mas São Paulo e muitos dos mais influentes padres da Igreja dissimularam essa doutrina. As mulheres passaram a representar a tentação dos homens. Homens que faziam funcionar as engrenagens do Estado, da religião e do saber; homens cujas almas eram, na prática – senão também na teoria –, mais importantes. De modo geral, a teologia e a tradição cristãs mantiveram essa misoginia dentro de certos limites, mas, por vezes, ela explodiu em crueldade.

Heinrich Institoris, autor do *Malleus Maleficarum*, refletiu essa posição quando explicou o predomínio de mulheres na bruxaria:

> Que há de ser a mulher senão uma adversária da amizade, um castigo inevitável, um mal necessário, uma tentação natural, uma calamidade desejável, um perigo doméstico, um deleite nocivo, um mal da natureza pintado de lindas cores [...] O vocábulo mulher é usado para indicar a lascívia da carne. Conforme é dito: "Encontrei uma mulher mais amarga que a morte e uma boa mulher subordinada à concupiscência carnal [...] [As mulheres] são mais crédulas; e, já que o principal objetivo do Diabo é corromper a fé, prefere então atacá-las [...] As mulheres são, por natureza, mais impressionáveis [...] Possuidoras de língua traiçoeira, não se abstêm de contar às suas amigas tudo que aprendem através das artes do mal [...] As

> mulheres intelectualmente são como crianças [...] A mulher é mais carnal do que um homem, o que se evidencia pelas suas muitas abominações carnais [...] É animal imperfeito, sempre decepciona e mente [...] Portanto, a mulher perversa é, por natureza, mais propensa a hesitar na sua fé e, consequentemente, mais propensa a abjurá-la – fenômeno que se conforma à raiz da bruxaria [...] E, com efeito, assim como em virtude da deficiência original em sua inteligência, são mais propensas a abjurarem a fé, por causa da falha secundária em seus afetos e paixões desordenados também almejam, fomentam e infligem vinganças várias, seja por bruxaria, seja por outros meios [...] As mulheres possuem também memória fraca; e nelas a indisciplina é um vício natural: limitam-se a seguir seus impulsos sem qualquer senso do que é devido [...] [São] mentirosas por natureza [...] Consideremos também o seu andar, a sua postura e o seu hábito, onde reside a vaidade das vaidades.[2]

Podemos não querer continuar ouvindo mais afirmações dessa natureza, mas os contemporâneos de Institoris queriam. A poderosa influência do *Malleus* foi devida, em grande parte, à sua ressonância com a tradição dualista e misógina profundamente arraigada ao cristianismo. Longe de trazer qualquer alívio, a Reforma protestante, com sua proposta de retorno ao cristianismo primitivo dos apóstolos e dos primeiros pais da Igreja, ainda mais do que a Igreja Católica, enfatizou a desconfiança em relação às mulheres, de quem os escritos de Lutero estão impregnados de medo.

Responsabilizar somente o cristianismo e o judaísmo pela misoginia não explica totalmente essa ideia. A tradição monoteísta judaico-cristã expeliu o princípio feminino da Deidade. Entretanto, de fato, a posição social das mulheres também era, clara e frequentemente, inferior nas religiões politeístas. E o cristianismo era muito mais esclarecido do que as confissões rivais desse tempo. O mitraísmo, principal concorrente do cristianismo em influência no Alto Império Romano, negava às mulheres a salvação e até a entrada no templo. O terror das mulheres, a crença em que realizam atos sombrios e misteriosos, é um fenômeno antigo e quase universal que cerca os homens, e deve, pois, ser entendido em termos de história do inconsciente masculino.

Jung e outros pensadores que estudaram o simbolismo do feminino comentaram sobre sua ambivalência poderosa. O domínio masculino na religião, na literatura e no direito criou um simbolismo e uma mitologia especiais

MALLEVS MALEFICARVM,

MALEFICAS ET EARVM
hæresim frameâ conterens,

EX VARIIS AVCTORIBVS COMPILATVS,
& in quatuor Tomos iustè distributus,

QVORVM DVO PRIORES VANAS DÆMONVM versutias, præstigiosas eorum delusiones, superstitiosas Strigimagarum cæremonias, horrendos etiam cum illis congressus; exactam denique tam pestiferæ sectæ disquisitionem, & punitionem complectuntur. Tertius praxim Exorcistarum ad Dæmonum, & Strigimagarum maleficia de Christi fidelibus pellenda; Quartus verò Artem Doctrinalem, Benedictionalem, & Exorcismalem continent.

TOMVS PRIMVS.

Indices Auctorum, capitum, rerùmque non desunt.

Editio nouissima, infinitis penè mendis expurgata; cuique accessit Fuga Dæmonum & Complementum artis exorcisticæ.

Vir siue mulier, in quibus Pythonicus, vel diuinationis fuerit spiritus, morte moriatur;
Leuitici cap. 10.

LVGDVNI,
Sumptibus CLAVDII BOVRGEAT, sub signo Mercurij Galli.

M. DC. LXIX.
CVM PRIVILEGIO REGIS.

Frontispício do **Malleus maleficarum**, de Heinrich Institoris, "O Martelo das Feiticeiras". Publicado originalmente em 1486, o Malleus foi reimpresso com frequência, granjeou imensa popularidade e ajudou a desencadear a caça às bruxas.

acerca das mulheres, que se caracterizaram por uma ambivalência tripartite. A mulher é a virgem pura; a mulher é a mãe carinhosa; a mulher é a megera maléfica e carnal. Na religião grega, a deusa Ártemis era a irmã virgem de Apolo, a protetora do parto e a fiadora da fertilidade dos animais; mas também era Hécate, a deusa subterrânea da bruxaria e da feitiçaria, rainha da morte e dos espectros que aparecia nas encruzilhadas seguida por cães infernais. Tradicionalmente, o cristianismo teve dificuldades para aceitar o princípio de ambivalência na deidade: o Deus cristão era inteiramente bom e totalmente masculino, excluídos que foram os princípios feminino e do Mal. A repressão ao Mal na divindade levou ao desenvolvimento do conceito de Diabo. A repressão ao princípio feminino produziu uma nova ambivalência de idealização e desdém.

Uma nova idealização do feminino teve início no século XII. Uma manifestação dessa idealização foi o amor cortesão. Sendo em boa parte um recurso literário, o amor cortesão dizia respeito apenas aos aristocratas e nada tinha a ver com a igualdade prática. Mas elevou a dama de alta estirpe a uma posição idealizada de superioridade moral sobre o homem.

A segunda manifestação foi o culto à Virgem Maria. Embora sempre fosse venerada na Igreja primitiva, a Virgem não era, em princípio, uma santa particularmente importante. Mas a partir do século XII, o culto à Virgem floresceu em toda a Europa. Foi rejeitado pelos protestantes, mas permanece poderoso nas Igrejas Católicas Romana e Ortodoxa até hoje. O culto à Virgem foi um esforço limitado e inconsciente para restabelecer o princípio feminino no conceito da deidade, e seu declínio corrente no cristianismo pode ser visto como um retrocesso.

Mas a idealização da mulher teve um efeito inverso. Sempre que qualquer princípio é exagerado, tende a criar uma sombra, uma imagem no espelho, um princípio contrário. O exagero da bondade e da pureza da mulher no amor cortesão e o culto da Virgem criaram a imagem-sombra da megera, da bruxa. A Virgem Mãe de Deus encarnou dois elementos do antigo simbolismo triplo da mulher, a virgem e a mãe. O cristianismo, porém, reprimiu o terceiro ponto, o espírito sombrio da noite e do mundo subterrâneo. Mas esse lado sombrio do princípio feminino não desapareceu; pelo contrário, à medida que o poder da Virgem Mãe aumentava, o mesmo ocorria com o da bruxa. Na antiga religião, o lado sombrio havia sido integrado ao lado luminoso, mas agora, reprimida e totalmente apartada do lado positivo do princípio feminino, a bruxa tornou-se totalmente má. E ocorreu mais uma transformação. Nas antigas religiões, a bruxa era a manifestação de um ser espiritual, uma deusa ou, pelo menos, um demônio. Agora, na Europa cristã, a imagem da bruxa era projetada em seres humanos. A bruxa europeia deve ser entendida, portanto, não apenas como feiticeira, mas como encarnação da megera; como uma pessoa totalmente perversa e depravada, sob o domínio e o comando de Satã.

Os julgamentos de Salem

São essas algumas noções macrocósmicas das origens sociais da bruxaria. No microcosmo, os julgamentos de Salem são um exemplo bem documentado dos mecanismos sociais da bruxaria em nível local. O estudo sobre Salem, realizado por Boyer e Nissenbaum, trata corretamente a história da bruxaria em Massachusetts no contexto de outros movimentos sociais na colônia. O comportamento das garotas que se declaravam vítimas de bruxaria não era dessemelhante da conduta observada durante o renascimento religioso na Northampton colonial, em 1734-35. "Com uma leve mudança na mistura de ingredientes sociais, [Salem e Boston] podiam ter promovido episódios de questionamento religioso em 1692", em vez de cenas de bruxaria.[3] Tanto no renascimento religioso quanto na bruxaria, o cenário foi dominado por jovens que acabaram se libertando de seu papel social geralmente subserviente e condescendente. Em ambos os casos, os pastores exploraram o comportamento bizarro das jovens no intuito de reforçar sua própria e instável liderança. Por que, então, um caso produziu bruxaria e outro renovação religiosa? Em primeiro lugar, a diferença em termos de preconceito intelectual, a "interpretação que as lideranças de cada comunidade conferiram a estados físicos e mentais que, em si, eram de flagrante semelhança".[4] Em Northampton, estados emocionais profundamente perturbados foram interpretados como visitação do Espírito Santo; em Salem, como uma investida de Satã. Essa observação de Boyer e Nissenbaum confirma as proposições de Midelfort e Monter sobre a Europa: os desastres naturais e sociais não podem explicar por si só a incidência de bruxaria; as explicações mágicas conferidas aos desastres é que levaram à incriminação das bruxas. Uma história social apurada da bruxaria privilegiará a história

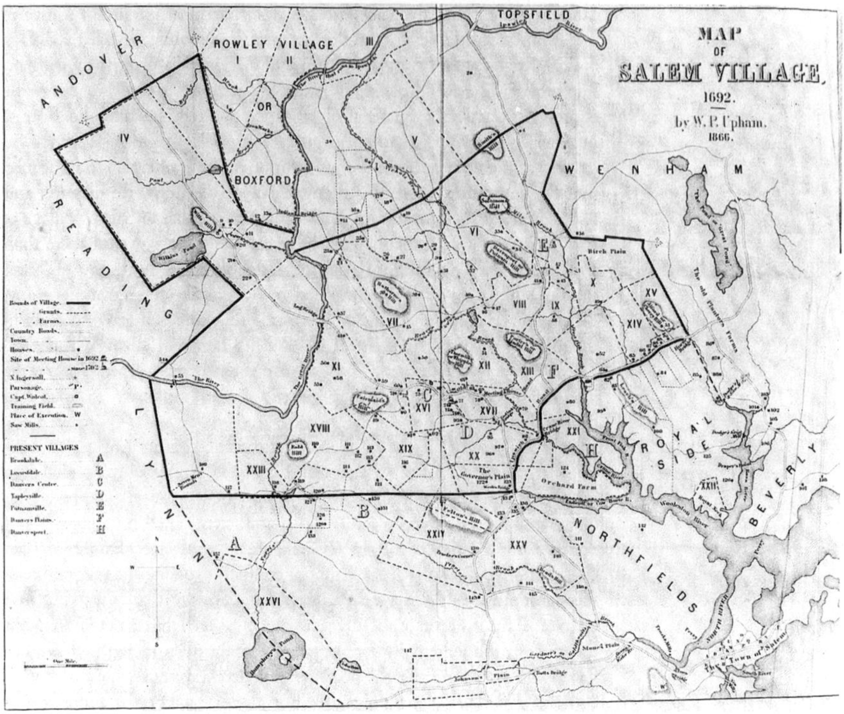

Mapa da vila de Salem em 1692, o ano da caça às bruxas.

dos conceitos e evitará correlações simplistas entre fenômenos externos e crenças em bruxaria.

Boyer e Nissenbaum assinalam a importância da geografia local nos julgamentos de Salem. Enquanto a maior parte dos acusadores vivia na zona oeste da vila, a maioria dos acusados e aqueles que os apoiavam viviam na zona leste. A ambiguidade do *status* legal da vila de Salem (em contraste com a cidade de Salem) tinha causado disputas políticas e ressentimentos. O principal foco de descontentamento era James Bayley, o primeiro pastor designado para a vila (1679). Bayley era um indivíduo controverso, e a discussão centrada nele ampliou-se até envolver toda a questão do governo da igreja, em particular o debate sobre quem tinha o direito de admitir e afastar pastores. O que tornou tão destrutivas essas disputas em torno da igreja da vila de Salem foi o fato de sua constituição estar tão mal definida que a comunidade, não dispondo de instrumentos estruturados para lidar com os conflitos, preferiu recorrer à injúria. Essa situação, peculiar à vila pelo menos em certo grau, pode explicar o porquê de a perseguição ter sido aí mais poderosa do que em qualquer outro lugar. As disputas constitucionais que acompanharam a queda do rei Jaime II em 1688-89 também contribuíram para o enfraquecimento da autoridade dos governos britânico e colonial, assim como provocaram a dissensão política na vila. Além disso, o relacionamento político entre vila e cidade de Salem era mal definido. A vila ressentia-se tanto de sua dependência da cidade quanto da incompetência da cidade em exercer sua autoridade para manter a tranquilidade.

Em 1689, no auge da crise constitucional em Londres, foi nomeado um novo pastor, Samuel Parris. A vila dividiu-se rapidamente entre aliados e adversários dele. Essa luta foi exacerbada ao adquirir contornos morais, como era típico da sociedade puritana. Os puritanos eram incapazes de perceber o conflito como meramente pessoal, ou político, ou econômico, ou até constitucional. Viram-no como um "conflito mortal envolvendo a própria natureza da comunidade".[5] Boyer e Nissenbaum observam que "o episódio da bruxaria não causou as divisões na vila nem as modificou de maneira essencial, mas revelou a intensidade com que elas eram vivenciadas e agravou seu caráter retaliativo".[6] Assim, o surto de bruxaria foi a expressão violenta de divisões profundamente arraigadas, as divisões morais geradas pela discordância em torno do governo da igreja, e a discordância em torno do governo da igreja exacerbada por problemas de família e de vizinhança intensamente arraigados. A hostilidade teria se manifestado de um modo ou de outro, mas a existência da tradição de bruxaria fez desta um veículo natural para todos esses rancores.

Os problemas da família Putnam ilustram o processo. A mãe faleceu e o pai voltou a casar. Os filhos do primeiro matrimônio passaram a nutrir profundo rancor pela madrasta e pelo filho dela. Projetaram, então, sua amargura sobre outras pessoas política ou psicologicamente menos ameaçadoras para eles, especialmente mulheres mais vulneráveis da mesma geração da madrasta. A família apoiava o ministério de Samuel Parris e conformava o ressentimento dispensado aos inimigos do pastor à irritação que a madrasta lhes causava. Aqueles a quem identificavam com a madrasta eram também identificados como adversários de Parris; os adversários de Parris eram moralmente censuráveis; as mulheres velhas eram, portanto, parte de uma conspiração tenebrosa contra Parris.

Tais ideias eram encorajadas pelo próprio Parris. "Ele aproveitou os temores persistentes e os impulsos conflitantes de sua audiência e entrelaçou-os em um modelo irresistível, um drama universal em que Cristo e

Satã, Céu e Inferno, lutam pela supremacia."[7] Os inimigos pessoais transformaram-se em inimigos da comunidade, e os inimigos da comunidade em servos de Satã.

Dada a existência da tradição de bruxaria, eram grandes as possibilidades de que essas tensões se convertessem em caça às bruxas. Então, entre 1690 e 1692 uma série de circunstâncias imprevisíveis conjugou-se como causa imediata da deflagração dos acontecimentos. Samuel Parris tinha uma escravizada procedente das Índias Ocidentais, mergulhada em saberes e tradições mágicas; algumas adolescentes, aparentadas com Parris ou ligadas à sua facção política, começaram a se interessar por adivinhações e ocultismo; a disputa da família Putnam atingiu um ponto crítico; a fragilidade política e constitucional do governo limitava severamente sua capacidade para controlar a situação na vila de Salem. Os aliados do pastor acolheram as acusações fantásticas das jovens histéricas como confirmação daquilo de que já suspeitavam: seus adversários eram maléficos; eram servos diligentes de Satã. Os oponentes de Parris foram transformados em bruxos e bruxas, e poderiam ser agora torturados e enforcados.

Como observou Trevor-Roper a respeito da caça às bruxas em geral, assim que um "grande medo" se apodera da sociedade, "essa sociedade naturalmente volta seus olhares para o estereótipo do inimigo em seu meio; e uma vez que a bruxa se converteu em um clichê social, a bruxaria seria elevada à condição de acusação universal".[8] Felizmente, Salem foi o último julgamento importante de bruxas no mundo de língua inglesa, e mesmo no continente europeu a perseguição começara a declinar a partir de 1700.

O julgamento de George Jacobs, Salem, 1692, mostrando a atmosfera histérica da sala do tribunal. Jacobs foi enforcado em virtude do testemunho de sua neta, Margaret Jacobs, que mais tarde admitiria serem falsas as suas acusações.

7.
O declínio da bruxaria

A caça às bruxas começou a declinar em meados do século XVII, mas a opinião popular, os intelectuais conservadores e os juízes obstinados prolongaram a perseguição, por vezes contra a vontade e as ordens do governo, que a percebia cada vez mais como fator de desintegração da ordem social. O delírio persistiu por mais tempo nos países protestantes do que nos católicos, possivelmente por causa da influência do pietismo conservador, típico do protestantismo popular da época. Também se prorrogou por mais tempo nas áreas periféricas, após ter começado a enfraquecer nos centros culturais. Isso era verdade no sentido amplo – a bruxaria atingiu o auge na América anglo-saxã e na Escandinávia em fins do século XVII – e no sentido restrito: a bruxaria persistiu mais no interior do que nas cidades. O julgamento mais espetacular na Suécia ocorreu em 1669, na cidade de Mora. Certo número de crianças do lugar afirmou terem sido levadas por bruxas até um local chamado Blocula, onde se realizou um sabá presidido pelo próprio Satã. A maioria dos elementos tradicionais da crença em bruxas em voga na Europa emergiria durante o julgamento; muitas das acusadas foram açoitadas e 85 delas condenadas à fogueira.

A notoriedade de julgamentos como os de Salem e Mora ajudou a indispor a opinião pública com as crenças em bruxaria. Os líderes culturais e políticos europeus abandonaram gradualmente seu apoio e exerceram sua influência para pôr termo às perseguições. O declínio foi contínuo e a instauração de processos contra bruxas cessou virtualmente em meados do século XVIII. A última execução por bruxaria na Inglaterra ocorreu em 1684; nas colônias americanas, em 1692; na Escócia, em 1727; na França, em 1745; e na Alemanha, em 1775.

O declínio legal da bruxaria na Inglaterra foi gradual, mas constante. Em 1684, Alice Molland foi executada por bruxaria em Exeter, quase trinta anos antes da condenação seguinte, a de Jane Wenhamem, em 1712, que foi perdoada e posta em liberdade. Em 1717, Jane Clerk foi denunciada por bruxaria, mas o processo foi arquivado. Em 1736, um novo estatuto revogou os de Maria da Escócia (1562), de Elizabeth I (1563) e de Jaime I da Escócia e VI da Inglaterra (1604), declarando que "nenhuma denúncia, demanda ou processo de lei será iniciado ou levado a efeito contra qualquer pessoa ou pessoas por bruxaria, feitiçaria, sortilégio ou conjuro". O estatuto de 1736 continuou regulando a instauração de processos contra aqueles que se pretendiam detentores de poderes mágicos, mas negava qualquer realidade a esses poderes. Continuou vigendo como lei até 1951, quando foi substituído pela ainda mais liberal *Lei dos Médiuns Fraudulentos*, embora em 1963, em virtude da profanação de igrejas e cemitérios, fosse apresentada uma petição para o restabelecimento de leis contra a bruxaria, cujos signatários supunham, correta ou erroneamente, tal violação ter sido cometida por bruxas. O estatuto inglês de 1736 e leis equivalentes em outros países assinalaram o fim da perseguição oficial por bruxaria.

As mesmas elites jurídicas, intelectuais e religiosas que tinham iniciado e fomentado a caça às bruxas estavam agora empenhadas em dar-lhe um basta, ainda que o fizessem gradualmente; a crença em bruxaria e feitiçaria deixara de ter sua chancela de aprovação, e só depois que essas elites dirigentes a rejeitaram é que o apoio popular esmoreceu. A crença na bruxaria diabólica declinou rapidamente no século XVIII até seu virtual desaparecimento, sobrevivendo apenas na lenda, na literatura e no anedotário. Por outro lado, a crença na simples feitiçaria prosseguiu pelos séculos XVIII e XIX, chegando aos nossos dias. A união entre bruxaria diabólica e feitiçaria foi temporária e artificialmente urdida por intelectuais, não sendo, portanto, fruto de crenças populares e tradicionais. A feitiçaria simples, por sua vez, se fez presente antes, durante e depois da caça às bruxas; e persiste até hoje. A bruxaria diabólica foi inventada na Idade Média, floresceu entre 1450 e 1650, e depois declinou e se extinguiu. O colapso da caça às bruxas entre 1650 e 1750 foi provocado por uma combinação de mudanças intelectuais, pragmáticas e sociais.

Durante a caça às bruxas, céticos escreveram e discursaram contra a crença em bruxaria, mas sua influência foi cerceada pelo medo da perseguição e pelas poderosas pressões intelectuais exercidas pela mentalidade religiosa predominante. Rejeitar a bruxaria era cortejar a perseguição e o escárnio. Não havia qualquer referencial de natureza intelectual no qual fosse possível se basear para combater as crenças em bruxaria. Os céticos firmavam seus argumentos no senso comum, na caridade, na misericórdia ou em referências a antigos documentos, como o *Canon Episcopi*. Mas ainda arguiam sob a influência do mesmo referencial cristão tradicional que os caçadores de bruxas. Por isso a Reforma protestante nada fez para atenuar a perseguição. Na medida em que se aceitava a ideia de que o Diabo exerce grande poder no mundo com o propósito de contrariar a missão salvadora do Cristo, e de que grupos organizados de hereges conspiram contra a sociedade cristã, a conversão de hereges em adoradores do Diabo tornava-se fácil e natural. Poder-se-ia argumentar que este ou aquele herege não era realmente um bruxo, ou que os voos pelos ares não ocorriam realmente, ou que as medidas tomadas contra esta ou aquela pessoa acusada de bruxaria eram de uma atrocidade inaudita; mas era impossível desafiar a essência dessa crença. Nesse quadro de referência intelectual, a bruxaria diabólica não era superstição, e os críticos dessa crença, atuando sob esse mesmo referencial, não podiam opor-se-lhe como tal; participavam de uma cosmovisão coerente e dominante. Somente quando uma nova visão de mundo se impôs, os céticos puderam encontrar um sólido terreno intelectual onde se firmar e repelir a bruxaria como superstição.

Auto de fé das bruxas de Mora, em 1670, uma das últimas manifestações de caça às bruxas na Europa.

Os historiadores céticos, modernos e liberais não conseguiram explicar o declínio da bruxaria porque insistiram em ver a controvérsia como uma batalha entre superstição e razão, e por esse motivo ficaram atônitos ao se darem conta de que grandes e doutos espíritos podiam ter acreditado em bruxaria. Foram incapazes de perceber que a bruxaria não era uma superstição antes do surgimento da nova cosmovisão, em meados do século XVII, e que todas as visões de mundo, incluindo o cientificismo, alimentavam suas próprias superstições. A bruxaria declinou porque uma nova cosmovisão fez dela uma superstição. Declinou porque defender a bruxaria sob o novo referencial era intelectualmente tão indecoroso quanto tinha sido atacá-la sob o antigo sistema mental.

A nova cosmovisão emergiu das revoluções filosófica e religiosa que alteraram todo o conceito de cosmo e de como este funcionava. A revolução filosófica foi liderada por Descartes (1596-1650), que rejeitou a tradição medieval e defendeu a existência de leis universais, observáveis, mecânicas e descritíveis da natureza, que tornaram obsoleta e ilógica a intervenção de demônios (e anjos). Posteriormente, o ceticismo de Hume iria mais longe; e ainda mais tarde o fisicalismo declararia que só se poderia afirmar com razoável segurança a existência de fenômenos que fossem demonstráveis por método científico. Hoje, para a maioria das pessoas educadas sob os pressupostos do fisicalismo, a crença em bruxaria tornou-se, de fato, uma superstição.

À revolução filosófica seguiu-se a revolução religiosa. O cartesianismo conduziu ao pressuposto de um universo ordenado cujas operações regulares, prescritas pela divindade desde o começo, tinham remotíssimas probabilidades de ser perturbadas pela intervenção de poderes espirituais. Deus não podia desejar que fossem subvertidas as leis estabelecidas por Ele próprio; e muito menos concederia ao Diabo o poder de fazer isso. Eventos misteriosos, fossem eles supostos milagres de Deus ou pretensos *maleficia* provocados pelo poder do Diabo, eram tidos como relatos falsos ou lhes era atribuída alguma explicação material. O pensamento religioso "liberal" que resultou do Iluminismo abandonou a antiga luta entre o bom Deus e o Diabo perverso, admitindo a intervenção de ambos nas operações da natureza, e postulava agora uma deidade despida de paixão, ordenada, justa e racional. O pietismo e o otimismo reforçaram a ideia de um Deus amável e sensato, e essa ideia subsiste até hoje – com todas as suas boas e más consequências — entre a maioria daqueles que mantiveram alguma crença em Deus. Por outro lado, o cristianismo diluído representado por esse Deus carente de vitalidade, inteiramente supérfluo na concepção mecânica do universo, resultou em um crescente ateísmo. A religião liberal naturalmente entendeu a crença na bruxaria como uma superstição estúpida, porquanto não havia para ela um papel lógico no mundo mecânico. Após 1700, poucas pessoas com alguma pretensão à respeitabilidade intelectual se atreviam a admitir a crença em bruxaria. O clero, por seu lado, ou modificaria seus pontos de vista para refletir as novas ideias ou acabaria descobrindo estar pregando no deserto.

René Descartes.
A substituição do pensamento aristotélico pelo cartesiano durante o século XVII ajudou a pôr fim às crenças em bruxas, pelo menos entre as pessoas educadas.

A diferença era enorme. Enquanto no século XVI a posição de Montaigne de "eterna dúvida" era amplamente ignorada, um século depois o ceticismo mais avançado de Malebranche era quase universalmente aceito, pelo menos entre a elite. Em 1674, Malebranche argumentou que a bruxaria e a possessão demoníaca eram falsas crenças produzidas por imaginações superativas e pelo uso de drogas soporíferas. Aqueles que imaginam sair para um sabá ou mudar de forma a seu bel-prazer são incapazes de distinguir entre seus sonhos e a realidade física. Jesus Cristo redimiu o mundo e Satã deixou de ter poder sobre os que renascem no Senhor. Malebranche acreditava que Deus poderia, excepcionalmente, por razões muito especiais, conceder a Satã um poder limitado para fazer o mal, e que feiticeiras poderiam ocasionalmente realizar sortilégios, mas esses eventos eram raríssimos.

A posição de Malebranche era muito moderada e transicional; outros avançariam bem mais. A "Carta contra as bruxas" (1654), de Cyrano de Bergerac, ridicularizou toda a crença em bruxaria como rematado absurdo, e atribuiu-a (erroneamente) à ignorância e à insensatez das pessoas comuns. Na Inglaterra, como vimos, o *Historical essay concerning witchcraft* (1718), de Francis Hutchinson, foi a última obra de importância que considerou necessário atacar a bruxaria com séria disposição. O riso e o escárnio estavam tomando o lugar da argumentação austera, e o ridículo suprimiu uma crença mais rapidamente do que a lógica mais convincente. Somente no começo do século XIX os intelectuais voltaram a considerar seriamente a bruxaria, mas sob uma perspectiva totalmente diferente. As pinturas de Goya, sem dúvida as mais aterradoras representações de bruxaria até hoje produzidas, mostraram que o entendimento das crenças em bruxaria exigia uma profunda compreensão psicológica do estado mental da bruxa e do caçador de bruxas.

A erosão intelectual da bruxaria foi acompanhada pela erosão institucional. O frenesi da caça às bruxas foi-se extinguindo até quando juízes crédulos começaram a perceber que a situação estava ficando fora de controle. Em meados do século XVII, juízes crentes simplesmente já achavam difícil distinguir inocente e culpado. Perturbava-os a ideia de que, possivelmente, muitas pessoas inocentes estavam sendo enviadas para a fogueira, e estarrecia-os a destruição de comunidades inteiras em virtude dos julgamentos de bruxas. O medo das bruxas, o medo da acusação de bruxaria e o terror da tortura estavam tornando a vida quase insuportável em muitas regiões. Uma comissão em Calw, na Alemanha, em 1683, observando a destruição causada pelos julgamentos de bruxas, aventou a possibilidade de os próprios julgamentos serem obra de astutas maquinações do Diabo, que induzira o medo da bruxaria na comunidade cristã a fim de voltá-la contra si mesma e destruí-la. De fato, a propagação dos julgamentos e a crescente promiscuidade das acusações levaram, finalmente, a uma de duas conclusões: ou o poder do Diabo estava aumentando de tal modo que o fim do mundo devia estar próximo ou, então, se Cristo ainda governava, as acusações contra bruxas deviam ser manifestações de puro delírio. As opiniões variaram, mas tanto a mudança na concepção intelectual do mundo quanto os escabrosos excessos dos julgamentos asseguraram a vitória da segunda opinião.

Tal como Salem, na América do Norte, e Mora, na Suécia, o incidente de Loudun, na França, também contribuiu bastante para incentivar o ceticismo. Juízes, médicos e teólogos debateram detalhadamente o caso de Loudun em Paris, nas décadas de 1630 e 1640, e poucos foram capazes de negar que se tratava, em grande parte, de uma fraude. A implicação de padres nos vergonhosos acontecimentos de Loudun e Louviers também causou agitação e alarme por parte do clero e dos profissionais liberais em geral. As acusações de bruxaria não se limitaram aos pobres e ignorantes; quando começaram a atingir mais frequentemente a classe dominante, os membros dessa elite passaram a temer por sua própria segurança. No fim da Guerra dos Trinta Anos, a caça às bruxas começou a encontrar resistência das autoridades governamentais na Alemanha. A punição para acusadores falsos e oportunistas tornou-se mais severa, e o procedimento para denúncias mudou. Acusações de feitiçaria simples – adivinhação, sortilégios, caça mágica ao tesouro – continuaram sendo comuns, mas, como no caso de séculos anteriores, já não apareciam associadas às acusações de satanismo. Envenenamentos e infanticídio eram julgados cada vez mais frequentemente pelos tribunais como homicídio por meios físicos, e não mágicos. O conceito de *maleficium* perdeu sua vitalidade; e a superestrutura teológica de diabolismo, enfraquecida pelas mudanças intelectuais, estava pronta para desmoronar quando a subestrutura de *maleficium* foi abalada.

A crença em bruxas manteve-se por mais tempo, naturalmente, em regiões rurais conservadoras: a bruxaria foi gerada nas cidades, mas sepultada no campo. Na Inglaterra, depois que o estatuto de 1736 revogou as leis contra a bruxaria, os aldeões continuaram usando meios informais e ilegais de vingança contra bruxas, incluindo o linchamento. Em Hertfordshire, em 1751, um casal de anciãos suspeito de bruxaria foi atacado por uma multidão que saqueou o albergue onde eles viviam, arrastou-os por três quilômetros até um rio, despiu-os e lançou-os à água. Quando subiram à superfície, foram empurrados de novo para baixo até serem sufocados, depois sacados da água e espancados até a morte. Tais atrocidades ocorreram eventualmente mesmo no século XX, mas a sociedade já não as tolerava. O líder da turba em Hertfordshire foi denunciado, condenado e enforcado como assassino.

Outras mudanças sociais ajudaram a abalar a crença na bruxaria. Se a falta de caridade ou de cortesia para com um vizinho estava, com frequência, na

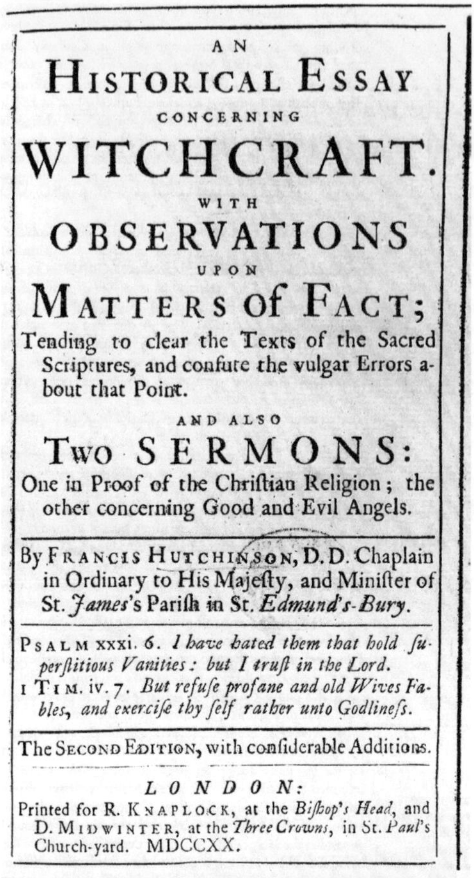

AN

HISTORICAL ESSAY

CONCERNING

WITCHCRAFT.

WITH

OBSERVATIONS

UPON

MATTERS of FACT;

Tending to clear the Texts of the Sacred Scriptures, and confute the vulgar Errors about that Point.

AND ALSO

TWO SERMONS:

One in Proof of the Chriſtian Religion; the other concerning Good and Evil Angels.

By FRANCIS HUTCHINSON, D.D. Chaplain in Ordinary to His Majeſty, and Miniſter of St. *James's* Pariſh in St. *Edmund's-Bury*.

PSALM xxxi. 6. *I have hated them that hold ſuperſtitious Vanities: but I truſt in the Lord.*

1 TIM. iv. 7. *But refuſe profane and old Wives Fables, and exerciſe thy ſelf rather unto Godlineſs.*

The SECOND EDITION, with conſiderable Additions.

LONDON:

Printed for R. KNAPLOCK, at the *Biſhop's Head*, and D. MIDWINTER, at the *Three Crowns*, in St. *Paul's* Church-yard. MDCCXX.

Frontispício para **Historical essay**, de Francis Hutchinson (segunda edição, 1720), o livro que pôs fim às crenças em bruxas entre as pessoas educadas, na Inglaterra.

raiz das acusações de bruxaria, a mudança de comportamento da sociedade em relação à pobreza e à carestia conseguiu alterar esse padrão. Na Inglaterra, a National Poor Law (1601, emendada em 1722, 1782 e 1785) converteu a assistência aos pobres em obrigação legal da comunidade, aliviando o indivíduo do sentimento de culpa a respeito da existência da pobreza (embora não impedisse o crime de Hertfordshire). O movimento do século XVII, que combinou "uma religião menos coletivista, economia de mercado, maior mobilidade social [e] crescente individualização por meio da criação de vínculos mais institucionais do que pessoais", enfraqueceu as crenças em bruxas.[1] O principal efeito dessas transformações sociais sobre a bruxaria continuou sendo indireto. As crenças em bruxas definharam e desapareceram quando sua vitalidade intelectual se exauriu. Uma nova cosmovisão, que insistia em apresentar explicações racionais para inúmeros eventos, sustentava ser mais factível atribuir a morte de uma vaca ou a doença de um filho a causas naturais do que à feitiçaria ou aos demônios.

Com o declínio da bruxaria, fenômenos ocultos de naturezas diversas tomaram o seu lugar. A missa negra nunca fez parte da história da bruxaria. Apareceu pela primeira vez durante o reinado de Luís XIV. Em 1673, alguns padres informaram à polícia de Paris que penitentes estavam confessando ter usado veneno para resolver dificuldades conjugais. Feita a investigação, a polícia descobriu uma rede internacional de envenenadores e vastos depósitos de venenos. As provas persuadiram o rei a estabelecer um tribunal secreto a fim de investigar o assunto a fundo. Este tribunal, estabelecido em 1679, foi denominado *chambre ardente* [câmara ardente], porque o recinto onde se instalou era decorado com colgaduras pretas e iluminado com velas. Muitas pessoas distintas estavam entre os indiciados, mas as sentenças severas, incluindo a execução, atingiram somente as pessoas pobres e sem influência. No início, as acusações limitaram-se ao uso de substâncias como venenos, abortivos, afrodisíacos e outras drogas; mas, em 1680, vários padres foram acusados de celebrar missas negras sobre corpos de meninas nuas e de abusar sexualmente delas. Foi alegado que praticavam o coito ritual, profanavam os sacramentos, misturavam substâncias repugnantes no cálice e sacrificavam crianças. Algumas das acusações talvez tenham sido verdadeiras, mas não constituem realmente bruxaria ou satanismo, e sim uma paródia perversa da missa cristã, um refinamento grotesco introduzido pela arrebatada mentalidade barroca. As acusações atingiram a corte e até a ex-amante do rei, madame de Montespan, que foi acusada de conspirar para envenenar o monarca e sua nova amante, mademoiselle de Fontanges. O rei, acreditando terem as investigações fugido ao seu controle, ordenou que elas fossem suspensas; em 1682, promulgou um édito em que negou a existência de bruxas e eliminou as denúncias por bruxaria e feitiçaria. O conservadorismo das províncias, porém, permitiu que julgamentos isolados de bruxas e execuções prosseguissem na França por mais sessenta anos.

O caso de Catherine Cordière em Aix-en-Provence, em 1731, é outro exemplo de como a bruxaria estava sendo substituída por outros fenômenos sombrios da alma. Jean-Baptiste Girard, padre jesuíta, foi acusado de usar feitiçaria para seduzir Catherine, uma bela moça de 21 anos que estava obcecada pela ideia de tornar-se santa. Catherine relatou suas visões e experiências místicas ao padre Girard, que parece ter-se convencido da santidade dela, concordando em ajudá-la em suas devoções. Aos poucos, suas

Goya, **A lâmpada do Diabo**, c. 1794-5. Goya satirizou a crença em bruxas, ilustrando sua inumanidade grotesca e suas raízes na ignorância e no terror.

relações tornaram-se excessivas e impróprias. Então, em um dado momento Girard rejeitou as visões de Catherine como falsas, e a moça, ressentida, começou a ter convulsões, alucinações e a manifestar outras formas de histeria. Ela acusou o padre de se valer da ajuda demoníaca para seduzi-la e depravá-la. Girard foi preso, mas após um longo processo os juízes negaram provimento às acusações. A bruxaria, na acepção clássica, esteve virtualmente ausente do julgamento, e o demonismo deu lugar à sexualidade explícita e indecorosa. Em um mundo cada vez mais secularizado, os assombros continuariam aparecendo, mas deixaram de estar vinculados ao demonismo.

Homem consultando uma bruxa. A bruxa desenha um círculo mágico ao redor de seu cliente a fim de protegê-lo contra espíritos maus durante o encantamento, mas isso não evitou que o Diabo colocasse um gorro de tolo sobre sua cabeça. No pensamento cético do século XVIII, quem consultasse um mago era tido como tolo. A gravura combina o clichê feminino da bruxaria com o círculo mágico e as velas da alta magia.

Em tal mundo secularizado, onde as crenças em bruxaria eram tratadas como superstições, o ressurgimento da crença demoníaca (exceto em algumas remotas áreas rurais) era inteiramente artificial. Na Inglaterra, no século XVIII, Sir Francis Dashwood presidia o Clube do Inferno, que se gabava de ter entre seus sócios certo número de espíritos liberais e eminentes, incluindo Benjamin Franklin. O clube reunia-se em cavernas naturais do condado de Buckingham para comer, beber, jogar e entregar-se aos prazeres do sexo. Tal como na antiga tradição, essas reuniões eram subterrâneas, noturnas e secretas, e praticava-se algo semelhante a orgias. Mas os participantes faziam tudo isso em zombeteira paródia aos sabás. Divertia-os a reputação de devassos, mas nenhum deles acreditava no inferno ou no Diabo; e suas saudações a Satã eram totalmente jocosas (naturalmente, o melhor estratagema do Diabo é persuadir-nos de que ele não existe, e o da Igreja de Satã é ser, aparentemente, materialista, hedonista, antiespiritual, elitista e cínica). No fim do século XVIII e no século XIX, nenhuma pessoa educada acreditava que a bruxaria tivesse alguma vez existido, ou que sequer poderia existir; e a sabedoria popular, sempre pelo menos meio século atrás dos intelectuais, faria o mesmo, proclamando que "bruxa é coisa que não existe". A feitiçaria simples continuou, e os grimórios – livros populares de magia do tipo "faça você mesmo", baseados, em parte, em fontes cabalísticas, mas, sobretudo, nas tradições da feitiçaria simples –, que começaram a ser publicados no século XVIII, mantiveram sua popularidade nas áreas rurais até o século XX. Mas a bruxa diabólica retornou ao reino da fantasia, donde tinha brotado.

O ressurgimento romântico

Mesmo quando a sabedoria popular finalmente rejeitava a crença em bruxaria, já surgiam indícios de um novo ponto de vista entre os intelectuais no começo do século XX. Em 1828, Karl Ernst Jarcke argumentou que a bruxaria era uma religião natural que se mantivera ao longo de toda a Idade Média até o presente. Era a antiga religião do povo germânico, a qual a Igreja havia falsamente declarado como culto ao Diabo. Tal posição proveio de um romantismo que glorificava o passado e de um nacionalismo que glorificava a Alemanha. A tradição exemplificada por Jarcke rendeu frutos horrendos um século depois, quando os nazistas proclamaram o

Sir Francis Dashwood adorando Vênus. Essa gravura, satirizando um quadro de Hogarth, mostra o fundador do Clube do Inferno na entrada de sua caverna, onde, vestido como um frade, venera seus deuses: o sexo, a comida e a bebida pseudorressurgimento da antiga religião teutônica. Em 1820, o escritor francês Lamothe-Langon, que também forjou uma suposta coletânea de memórias particulares de Luís XVIII, publicou vários documentos referentes à bruxaria no século XIV, que ele afirmava ter transcrito de registros da Inquisição que ulteriormente haviam sido destruídos. O efeito da falsificação foi estabelecer o que parecia ser algo como um culto organizado de bruxas já no século XIV, e assim conferir mais crédito à ideia de que a bruxaria poderia ter sido uma antiga religião que subsistiu durante a Idade Média.

O romantismo contribuiu para o ressurgimento da ideia de bruxaria tanto na Inglaterra quanto na Alemanha. Em 1830, Sir Walter Scott publicou suas *Letters on demonology and witchcraft*, as quais, em virtude da popularidade e prestígio de Scott, tiveram grande efeito no reaparecimento do interesse pela bruxaria. Nenhum desses novos escritores argumentou que a bruxaria era um culto diabólico ou que os julgamentos de bruxas deveriam ser restabelecidos. Ao contrário, acreditavam que as pretensas bruxas tinham sido mal compreendidas e maltratadas. Mas assumiram uma posição bem diferente da dos racionalistas do século XVIII, que negavam radicalmente a existência de bruxaria em qualquer época ou latitude. Em 1839, Franz-Josef Mone alegou ter a bruxaria derivado de um culto clandestino pré-cristão do mundo greco-romano, um culto relacionado com Dionísio e

Éliphas Lévi, **A cabra sabática**, 1896. Um dos líderes do ocultismo moderno, Lévi conferiu às crenças mágicas uma base nova e pseudocientífica. Seu retrato de Satã expressa a iconografia tradicional e agrega o simbolismo do ocultismo moderno, notadamente as características andróginas.

Aleister Crowley, **Autorretrato**, um desenho dramatizado do mestre com um símbolo fálico sobre sua cabeça e um medalhão em volta de seu pescoço com a inscrição "A Grande Besta 666", uma referência ao Livro da Revelação.

Hécate e praticado pelas camadas mais baixas da sociedade. O argumento de Mone teve grande impacto em um mundo assustado com os excessos revolucionários e com medo de sociedades secretas. Em 1862, Jules Michelet aproveitou o argumento de Mone e deu-lhe sustentação histórica. A bruxaria originou-se nos estratos sociais inferiores, sustentou Michelet, mas isso era admirável: a bruxaria era uma manifestação primitiva do espírito democrático. Desenvolveu-se entre os camponeses oprimidos da Idade Média, que adotaram os remanescentes de um antigo culto da fertilidade em protesto contra a opressão da Igreja e da aristocracia feudal. A tese de Michelet, de que a bruxaria era uma forma de protesto, foi adaptada mais tarde pelos marxistas; seu argumento de que a bruxaria se baseou no culto da fertilidade foi adotado pelos antropólogos do começo do século XX, influenciando obras como *O ramo de ouro*, de Sir James George Frazer, *From ritual to romance*, de Jessie Weston, *O culto das bruxas na Europa Ocidental*, de Margaret Murray, e, indiretamente, *The waste land*, de T. S. Eliot.

Leila Waddell, uma das mulheres de Aleister Crowley, c. 1912. Crowley gostava de marcar suas inúmeras amantes com o que ele chamava "o sinal da besta".

MacGregor Mathers (1854-1918), um dos principais rivais de Crowley pela liderança entre os ocultistas, representando ritos de Ísis que ele mesmo havia inventado.

O interesse pelo ocultismo aumentou no entediado mundo do final do século XIX. Os rosa-cruzes e a *Ordo Templi Orientis* (OTO) – sociedades mágicas, secretas e semielitistas – estavam adquirindo prestígio. Na França, o abade Boullan, Éliphas Lévi e J. K. Huysmans incentivaram o ressurgimento. Na Inglaterra, onde o espiritualismo era desde há muito proeminente, proliferaram os movimentos ocultistas. O mais influente deles foi a Ordem Hermética da Aurora Dourada (*Hermetic Order of the Golden Dawn*), que se vangloriava de ter entre seus membros escritores notórios como William Butler Yeats – Prêmio Nobel da Literatura em 1923 –, Algernon Blackwood, Arthur Machen, Bram Stoker e Sir Edward Bulwer-Lytton; assim como ocultistas dedicados, com destaque para MacGregor Mathers, A. E. Waite e Aleister Crowley, que se autodenominava "A Grande Besta". A Ordem Hermética da Aurora Dourada deleitava-se na criação de chistes e imposturas literárias e ocultistas. Crowley e Mathers travaram uma espantosa disputa em que expediram poderes espirituais um contra o outro: Mathers mandou um vampiro atacar Crowley, e Crowley respondeu enviando Belzebu e 49 demônios subordinados para investir contra Mathers. Crowley usava um perfume feito de âmbar-gris, almíscar e essência de civeta, que afirmava torná-lo irresistível às mulheres. A Ordem Hermética da Aurora Dourada traduziu livros cabalísticos e grimórios, e inventou sistemas criativos de numerologia, sortilégios, pragas e seus próprios afrodisíacos. Os elementos de magia cerimonial que atualmente aparecem na bruxaria moderna podem ter sua origem na influência de Crowley sobre Gerald Gardner, o fundador da bruxaria moderna; e a própria devoção de Crowley a Pã, embora meio séria, meio jocosa, também ajudou Gardner a desenvolver o neopaganismo. O *Hino a Pã*, de Crowley, é demasiado violento para a maioria dos neopagãos, mas possui, sem dúvida, um soberbo vigor próprio. Conclui assim:

> Com patas de aço os rochedos roço
> De solstício severo a equinócio.
> E raivo, e rasgo, e roussando fremo,
> Sempiterno, mundo sem termo,
> Homem, homúnculo, ménade, afã,
> Na força de Pã.*

O grande deus Pã que, de acordo com a lenda, tinha morrido quando Cristo nasceu, parece não ter absolutamente perecido. Nessas últimas décadas, ele e seu séquito de deuses e deusas vêm desfrutando um pequeno mas crescente ressurgimento. Com o fim da caça às bruxas, a bruxaria diabólica desapareceu virtualmente, mas uma nova espécie de bruxaria surgiu, baseada no culto aos antigos deuses.

Pã ensinando o jovem Zeus Olímpico a tocar flauta. Deus grego da natureza, Pã forneceu muitas das características iconográficas do Diabo, e os ocultistas modernos escolheram-no como símbolo da oposição ao Cristo e ao cristianismo.

* Tradução de Fernando Pessoa, publicada em outubro de 1931 na revista *Presença*. No original: *With hoofs of steel I race on the rocks / Through solstice stubborn to equinox. / And I rave; and I rape and I rip and I rend / Everlasting, world without end, / Mannikin, maiden, maenad, man, / In the might of Pan.* [N. E]

Parte 2

Bruxaria moderna

8. Sobrevivências e ressurgimentos

Em 23 de junho de 1978, um jornal metropolitano publicou um artigo intitulado "Casamento Bruxo":

> Entre 70 e 80 bruxos, bruxas e convidados assistiram à cerimônia que uniu o casal, segundo a tradição bruxa, no aperto de mão contratual. Quando a cerimônia começou, bruxos e bruxas descalços, envergando túnicas de todas as cores, e seus convidados formaram um arco de velas brancas acesas que ia desde a casa até o círculo onde a cerimônia teve lugar. O casal foi conduzido até defronte ao altar recoberto de veludo vermelho e adornado por candelabros a cada lado. Bruxos e convidados, segurando ainda as velas brancas, também foram ungidos, e por causa do elevado número de convivas, formaram dois círculos, simbolizando a inexistência de começo ou fim. O casal trajava longas túnicas brancas, com grinaldas de margaridas, murta e louro em suas cabeças [...].[1]

Notícias e reportagens sobre casamentos e sabás de bruxas aparecem com cada vez mais frequência nos jornais, na televisão e em livros populares. Diversos novos jornais e revistas dedicam-se total ou parcialmente à bruxaria. Vários milhares de bruxas estão em atividade na Grã-Bretanha, talvez dez mil na América do Norte e outras mais em todo o mundo. Bruxas foram assassinadas na Alemanha. O cinema e a televisão têm sido pródigos em produzir retratos sombrios da bruxaria. Anúncios são publicados em jornais e revistas com ofertas para divulgar os segredos da bruxaria e para treinar novas bruxas (mediante honorários).

Os racionalistas do século XVIII teriam ficado surpreendidos e, sem dúvida, consternados ao saber que as crenças em bruxas que tanto tinham se esforçado por destruir haviam sobrevivido – e estavam sendo

Sanders, líder dos "alexandrinos", um importante elemento da bruxaria moderna na Inglaterra e nos Estados Unidos, vestido em seus paramentos de ofício.

revividas – dois séculos depois. Mas o que *sobreviveu* é muito diferente do que foi *revivido*. As remanescências incluem a feitiçaria simples, que persiste em todo o mundo, e a combinação de feitiçaria e heresia cristã, conhecida como satanismo ou diabolismo. Os ressurgimentos incluem a magia cerimonial (como a da Ordem Hermética da Aurora Dourada) e o reflorescimento do antigo paganismo. Feitiçaria, satanismo e magia cerimonial são temas periféricos neste livro, e são tratados sucintamente; nosso principal interesse residirá no cada vez mais visível e significativo ressurgimento neopagão.

Feitiçaria moderna

A feitiçaria, frequentemente impregnada de diabolismo, ainda é encontrada por toda a Europa, sobretudo entre os camponeses, embora um rápido declínio em tais crenças tenha ocorrido desde o final da Segunda Guerra Mundial. As suas características variam de acordo com a região. As feitiçarias alemã, francesa, inglesa, céltica, italiana e eslava têm, cada uma delas, suas próprias particularidades. Na Alemanha, a feitiçaria voltou a ganhar notoriedade recentemente.

O sociólogo Hans Sebald relata que numa aldeia alemã, em 1976, uma pobre, idosa e solitária solteirona chamada Elisabeth Hahn era suspeita de bruxaria e de guardar três familiares na forma de cães.

> Os aldeões evitavam-na, as crianças apedrejavam-na, e um vizinho hostil ameaçou surrá-la até a morte por causa dos feitiços de que se sentia vítima. Certo dia, esse vizinho ateou fogo à casa dela, matando-lhe a maioria dos animais, queimando a gravemente e destruindo-lhe a residência por completo.[2]

Em outra aldeia alemã, nesse mesmo ano, uma jovem chamada Anneliese Michel morreu em consequência de um longo e enérgico exorcismo realizado por dois padres da diocese. Ainda mais sinistro foi o caso de Bernadette Hasler, em 1969. Bernadette era uma menina cujos pais haviam caído sob a influência de um perverso ex-padre e sua amante. Sob o poder deles, a menina confessou adorar Satã e ter "casado com ele"; Satã aparecia-lhe quase todas as noites como um homem corpulento que vestia um manto de peles pretas e dormia com ela. Tendo obtido essa confissão, os cultistas sádicos empenharam-se em espancar, literalmente, o espírito maléfico até expulsá-lo do corpo da pobre moça, que morreu no dia seguinte em consequência das graves lesões sofridas.

Um respeitado erudito alemão, Johann Kruse, de Hamburgo, dedicou a maior parte de sua vida a combater semelhantes crenças, e colecionou um vasto acervo de livros, artigos, cartas, quadros e outros materiais sobre a bruxaria alemã, uma coleção que se encontra hoje exposta no Museu do Folclore de Hamburgo. As cartas pessoais são os documentos mais extraordinários, muitas de pessoas que afirmam ter vivido intimamente, durante anos, com uma bruxa secreta. Odiando e temendo essa bruxa, que poderia ser esposa, vizinha ou senhoria, os remetentes procuram Kruse em busca de socorro. A maioria dos suspeitos de bruxaria são mulheres, e com frequência uma mulher acusaria outra que estivesse competindo com ela pela afeição de um homem. O ciúme sexual impõe-se como explicação para a preponderância de mulheres entre as pessoas denunciadas por bruxaria, uma vez que a maioria das acusações também parte de mulheres; entretanto, os caçadores profissionais de bruxas, os *hexenbanner*, são quase sempre homens.

As consequências da crença em bruxas vão muito além da mera suposição. Em 1952, uma mulher suspeita de bruxaria escreveu a Kruse uma carta aterradora relatando como um casal idoso foi expulso da casa do filho porque a nora tinha mandado trazer de carro o *hexenbanner* e demonstrado a seu marido que os pais dele eram bruxos. Por vezes, o autor da carta está tão aterrorizado e perturbado que se confessa incerto sobre se terá sido enfeitiçado ou se possui ele próprio poderes mágicos. Uma carta datada de 1974 é uma súplica de ajuda de uma mulher que acreditava ter sido prejudicada por uma bruxa quando era criança; que se tornara mais tarde membro de um grupo religioso do qual viria a fugir ao descobrir a prática de magia das trevas; e que sofrera durante anos por causa de sortilégios maléficos de sua sogra, que entre outras coisas tinha comprado e usado ursinhos de pelúcia representando o filho, a nora, a neta e a mãe de sua nora. Esses temores, embora pareçam uma tolice disparatada, nada tinham de piada para a mulher: sua carta mostra que ela está aterrorizada. Assim conclui:

> Adquiri por acaso um exemplar do *Sexto e sétimo livros de Moisés* [grimórios]. Eles contêm algumas coisas que posso usar para me proteger, mas

> não ajudaram muito. Estou com medo de que elas [as bruxas] nos destruam a todos! Não haverá ajuda para mim?

Kruse combateu toda a crença em bruxaria e tentou pôr fim à publicação e à divulgação dos populares grimórios intitulados *Sexto e sétimo livros de Moisés*. Livros supostamente perdidos da Bíblia, esses manuais mágicos apresentam uma mistura de ideias medievais e modernas tradições populares. Escritos não antes do século XVIII, ainda exercem enorme influência entre as camadas incultas da população: uma nova edição foi publicada em 1977. Kruse antipatiza sobretudo com o *hexenbanner*, o charlatão que vende remédios e antídotos para bruxarias. Nascido em 1889, Kruse conheceu o que era a bruxaria em sua própria aldeia, aos 12 anos de idade. Um fazendeiro que tinha o gado doente apelou ao *hexenbanner*, que defumou o estábulo com *Teufelsdreck* (assa-fétida) e disse ao homem que ficasse alerta à primeira pessoa que aparecesse em sua fazenda, pois seria a bruxa que estava enfeitiçando o seu gado. Na madrugada do dia seguinte, uma anciã chegou à propriedade e foi imediatamente acusada de bruxaria. Kruse estima que milhares de *hexenbanner* continuam hoje em atividade, ora causando danos ou matando pessoas com seus remédios, ora incitando o ódio e a violência contra supostas bruxas.

O curso usual dos acontecimentos é este: uma criança ou um animal da fazenda adoece. A família não consegue encontrar uma causa física. Consulta o *hexenbanner* diretamente ou é a ele encaminhada por um amigo ou uma cartomante. O *hexenbanner* é geralmente alguém da própria aldeia, mas, por vezes, as "vítimas" procurarão outro que, em virtude de sua fama, é muito requisitado e viaja de lugar em lugar ganhando somas não desprezíveis de dinheiro. Um *hexenbanner* chamado Eberling especializou-se em adivinhação com penas para diagnosticar a natureza de um feitiço. Os *hexenbanner* usam uma grande variedade de ervas, algumas, como a assa-fétida, úteis em exorcismos por causa de suas poderosas propriedades defumatórias, outras ligadas à medicina popular, contendo remédios curativos reais ou imaginários. Os estudos psicológicos sobre o *hexenbanner* revelam que a sua motivação primária não é a venalidade. A respeito de Eberling, os investigadores relataram que ele estava fanaticamente convencido de sua própria missão e acreditava que as leis contra tais práticas eram injustas e perniciosas. Detido, Eberling comparou a denúncia e seu julgamento aos de Jesus Cristo.

Alex Sanders e Maxine Morris realizam uma bênção wiccana do vinho cercados pela parafernália utilizada nos rituais da bruxaria alexandrina.

Hans Sebald escreveu um estudo detalhado e perspicaz sobre a bruxaria na Alemanha moderna. Segundo ele, presume-se que qualquer pessoa com acesso a informações como as contidas nos pretensos livros de Moisés esteja apta a praticar a bruxaria. Mas algumas pessoas foram identificadas como bruxas, geralmente aquelas sobre quem se pensava terem por hábito realizar sortilégios, agir com malevolência ou mostrar inclinações desagradáveis. A crença geral é de que tal magia malévola seja feita com a ajuda do Diabo ou de demônios. Sebald observa ironicamente que os camponeses falam muito sobre o perigo que a bruxaria representa para suas almas imortais, mas quase sempre fazem acusações relativas a danos físicos causados à saúde, aos animais ou às suas propriedades. As mulheres são acusadas de bruxaria cerca de dez vezes mais do que os homens. Sebald relata uma acusação típica:

> Certa tarde, um jovem camponês surpreendeu no celeiro algumas galinhas alheias roubando grão recém-debulhado. O estardalhaço resultante da perseguição movida às aves intrusas pelo rapaz, a fim de expulsá-las do celeiro, atraiu as atenções da vizinha, que era a dona das galinhas. Ela acudiu furiosa e ameaçadora: "Você não perde por esperar, vai pagar por isso!". Quando o rapaz acordou na manhã seguinte, descobriu seu corpo cheio de piolhos, enquanto seu irmão, que repartia a cama com ele, não era importunado por um sequer. A angustiante visita assim continuou, rigorosamente exclusiva, por várias semanas, até que não podendo mais suportar o desconforto, o rapaz foi pedir conselho ao pastor da aldeia. O homem meneou a cabeça com ar de quem sabe das coisas e sugeriu ao rapaz que fosse procurar a irada vizinha e implorasse perdão. Sem hesitar, o rapaz seguiu o conselho e os piolhos desapareceram tão subitamente quanto tinham aparecido.[3]

Tais ocorrências, comuns na década de 1930 e mesmo nos anos 1950, são hoje mais raras, em parte como resultado do trabalho de homens como Johann Kruse e em parte como consequência do triunfo das novas mitologias difundidas pela televisão. Observa Sebald que a maioria das crianças não está hoje familiarizada com as antigas crenças. Mas seus ascendentes acreditam que as bruxas ainda fazem o que se supunha que fizessem durante a época das perseguições: causam pesadelos e mau-olhado, geram tempestades, provocam acidentes e doenças, danificam sementeiras, casas e animais; secam uma vaca leiteira ou roubam-lhe o leite – um método eficaz para fazer isso sem atrair a atenção é permanecer em casa e ordenhar os cantos de uma toalha de mesa ou outro pano; isso transferirá o leite das vacas do seu vizinho para a sua própria casa. As bruxas usam livros secretos e conservam familiares, como gatos pretos e cães. São especialmente perigosas para as crianças. Andam à noite pelos ares e comparecem a orgias. E celebram pactos com o Diabo, que recebe a vassalagem delas e suas almas em troca dos poderes mágicos que lhes concede. Esta é a síntese histórica da feitiçaria e do diabolismo que serviu de base para a caça às bruxas, e se a longa tradição está agora chegando ao fim, não há por que lamentá-lo.

9. Bruxaria neopagã: as origens

A religião da bruxaria moderna não está historicamente ligada ao fenômeno medieval de mesmo nome, mas sim às especulações *sobre* bruxaria que começaram a emergir depois que o próprio fenômeno tinha desaparecido. De fato, a bruxaria neopagã de hoje consiste, em grande parte, de conceitos, afirmações e terminologias elaborados nos duzentos anos entre o final do Iluminismo e o começo do século XXI.

Bruxaria como paganismo: Jarcke, Mone e Michelet

A bruxaria religiosa moderna tem suas raízes mais profundas no movimento romântico do princípio do século XIX. No fim do século XVIII, o Iluminismo não somente havia banido a bruxaria e outras "superstições" do reino da credibilidade, como também havia expulsado o rico mundo de luz e de sombras que acompanhava essas crenças. O racionalismo, o ceticismo e o cientismo haviam conspirado para desmistificar o universo, mas não conseguiram erradicar a irracionalidade, nem exilar as emoções humanas. Havia muitos que ansiavam pelo retorno da transcendência contida nos medos e nas consolações.

O homem do século XIX descobriu-se abandonado em um mundo materialista e monótono. Na Idade Média, os diabos eram uma realidade que todos aceitavam sem questionar. Agora, as sombras haviam sumido; a luz do dia era comum e tornava tudo concreto e claro. E os românticos olharam para trás nostalgicamente: a era dos demônios e dos íncubos, muito mais estimulante para a imaginação do que as estradas de ferro e os navios a vapor. A queixa universal era o tédio.[1]

Os românticos percebiam que o racionalismo era hostil ao significado profundo da humanidade e às preocupações humanas; em resposta, exaltaram o não racional e o antirracional, o básico, o intuitivo e o extático. Tal ênfase despertou interesse renovado pela magia e por outras artes ocultas – um entusiasmo que também ajudou a reabrir a discussão sobre a bruxaria e a loucura da caça às bruxas, cuja memória ainda estava fresca o bastante para assombrar as mentes europeias. Os *philosophes* do Iluminismo haviam refletidamente culpado a Igreja Católica pelas mortes e deslocamentos provocados pela histeria contra as bruxas; todavia, por volta dos primeiros anos do século XIX, uma crescente reação dos intelectuais católicos veio em defesa da Igreja, afirmando que a Inquisição se justificara como a resposta a uma genuína ameaça.

Foi desse debate que surgiu um dos mais importantes conceitos associados à bruxaria moderna: a crença de que a bruxaria medieval era, de fato, uma forma de sobrevivência do paganismo pré-cristão. Esta ideia, mais do que qualquer outra, tornou-se central para o juízo que a bruxaria moderna faz de sua própria identidade religiosa, e fornece boa parte da força motriz que se encontra por trás do posicionamento contracultural do movimento. Hoje, no início do século XXI, essa crença foi totalmente desacreditada pelos estudiosos – e a bruxaria moderna ainda está se adaptando a tais implicações. Contudo, por mais de 150 anos, em sua condição de uma espécie de "mito fundador", a crença fundamental de que a bruxaria era realmente uma forma de paganismo ajudou a modelar o crescimento e o desenvolvimento da bruxaria religiosa moderna e, de forma mais ampla, do movimento neopagão como um todo.

Ironicamente, a ideia de que a bruxaria era uma sobrevivência do paganismo foi inicialmente proposta para desacreditá-la, não para defendê-la – e para justificar a Inquisição. Finalmente, esse conceito talhou seu caminho nas tradições da feitiçaria moderna através de um processo de argumentação dialética. As pesquisas de Ronald Hutton demonstram como essa ideia seminal tomou forma através do toma lá dá cá que marcou a controvérsia entre os apologistas católicos e os críticos seculares da Igreja durante o início do século XIX.

Em 1828, Karl Jarcke era um jovem catedrático de direito criminal na Universidade de Berlim. Ele também ganhou notoriedade como porta-voz articulado e eloquente em favor da Igreja e como defensor de sua imagem pública e de sua reputação. Nesse ano, Jarcke editou os registros do julgamento de uma bruxa na Alemanha a fim de serem publicados em uma revista profissional; ele acrescentou um comentário pessoal, breve, mas polêmico, no qual descrevia a bruxaria como uma forma degenerada do paganismo nativo e pré-cristão. Dentro do cenário concebido por Jarcke, a antiga religião pagã

> havia permanecido entre as pessoas comuns, tinha sido condenada pelos cristãos como satanismo e, no transcurso da Idade Média, havia respondido às perseguições adaptando-se ao estereótipo cristão, tornando-se realmente culto ao diabo. Como resultado, assim propôs Jarcke, mesmo as pessoas simples começaram a afastar-se dela, enojadas, denunciando-a às autoridades, que assumiram a tarefa de extirpá-la. Dessa forma, o brilhante acadêmico golpeou os argumentos dos liberais por meio de um movimento de flanco: sua explicação sobre os julgamentos das bruxas admitia, como eles, a não existência da bruxaria em si mesma, ao mesmo tempo que exonerava de culpa as autoridades que as perseguiram, já que as vítimas faziam parte de um culto maligno e antissocial.[2]

Esse cenário foi restaurado onze anos mais tarde, de uma forma um tanto modificada, por Mone, um outro advogado clerical que, além disso, era um historiador reconhecido e respeitado e o diretor dos arquivos do Estado de Baden. Mone era um católico-romano fervoroso, mas também foi influenciado pelo romantismo alemão, que buscava construir uma identidade nacional por meio de uma história nacional glorificada. Assim, Mone percebeu que a teoria de Jarcke difamava desnecessariamente a cultura popular alemã. Mone sugeriu, em contraposição a Jarcke, que o paganismo que se transformara em bruxaria não era uma variedade local, mas uma importação da Grécia, um descendente corrupto dos clássicos cultos dos mistérios, envolvendo orgias noturnas, sacrifícios humanos e magia das trevas. De acordo com Mone, essa decadente religião estrangeira fora trazida para a Alemanha por escravizados gregos e por eles disseminada entre os elementos marginais e mais depravados da sociedade. À medida que essa transferência se transformava em "bruxaria", ia repelindo primeiro os pagãos nativos, e depois os cristãos, que ficaram suficientemente alarmados para desejarem suprimir o culto completamente. Entre estes, os dois apologistas católicos semearam a mente do público com a criativa ideia de que as bruxas da história europeia eram, de fato, praticantes de uma religião pagã pré-cristã – uma religião que, além disso, havia experimentado uma decadência radical. E se admitimos essa possibilidade, Jarcke e Mone tinham efetivamente conseguido absolver a Igreja Católica de suas perseguições às bruxas. Porém, ainda que

Em um sabá no País Basco, duas bruxas realizam uma dança lasciva enquanto outras desfrutam os abraços dos demônios e o som das gaitas de fole. Ilustração de Martin van Maele para o livro **A feiticeira**, de Jules Michelet (edição de 1911).

engenhosa, essa estratégia apresentava um problema – era um puro voo de imaginação, sem a mínima evidência histórica que viesse em seu apoio. As teorias de Jarcke e de Mone não se destinavam a explicar quaisquer evidências reais (porque não dispunham de nenhuma), e sim a combater as teorias de seus adversários. Não obstante, dentro do espírito da época, suas ideias alcançaram suficiente aceitação para constituir um desafio à visão liberal sobre a culpabilidade da Igreja Católica.

Finalmente, o partido anticatólico e anticlerical respondeu com a habilidade de sua própria estratégia retórica, apresentada por "um dos mais famosos historiadores liberais do século XIX, o francês Jules Michelet".[3] Como acadêmico, Michelet era um *enfant terrible*, contestador e polêmico. Incitava sucessivas controvérsias com o público, com os políticos e com seus próprios colegas de profissão; chegou mesmo a ser suspenso de sua cátedra no Collège de France, de Paris, sob a acusação de falta de objetividade em seu trabalho profissional. A verdade é que a obra de Michelet oscilou muito em qualidade. Por um lado, ele podia ser um arquivista paciente e detalhista, produzindo uma história da França composta de muitos volumes, que é considerada ainda hoje uma valiosa fonte histórica. Por outro lado, ele invariavelmente coloria seus argumentos históricos com suas próprias atitudes políticas e sociais, que eram firmemente sustentadas, firmemente expostas e firmemente discordantes dos pontos de vista tradicionais. Ele imprimia um tom de intercessão apaixonada em cada assunto de que tratava, e o que mais propulsava sua paixão era seu ódio pela Igreja medieval e por todas as desgraças que ele acreditava haver o cristianismo infligido sobre a Europa (e particularmente sobre a França), em seu apoio à monarquia absoluta e à aristocracia parasitária que a acompanhava. Também tinha por hábito produzir em abundância "livros discutíveis" escabrosos e sensacionalistas, com o objetivo de obter o máximo de dinheiro no menor tempo possível com um mínimo de trabalho, a fim de manter suas obras mais sistemáticas.

A obra que Michelet publicou em 1862 sobre a bruxaria, *La sorcière* [editada no Brasil com o título *A feiticeira*], definitivamente se enquadra na categoria dos "livros discutíveis", tendo sido escrita em apenas dois meses. O livro era, entre outras coisas, um ataque constante a seus alvos favoritos – a Igreja Católica, a monarquia e a aristocracia. Michelet argumentava que a bruxaria era uma reminiscência pagã que se transformara em um movimento de protesto generalizado quando os camponeses passaram a utilizar suas crenças populares tradicionais nos cultos de fertilidade para desafiar e ridicularizar seus opressores.

A abordagem de Michelet à sua temática era a essência do romantismo. O temperamento romântico considerava a própria paixão um emblema da verdade e a base para a percepção e a sabedoria. No romantismo, a visão mais pura brota da mais pura paixão, e a mais pura paixão de todas é o fogo da rebelião de Prometeu. Michelet projetava seu sentimento pessoal de virtude romântica e rebelde sobre as bruxas com uma contagiante indiferença aos fatos. Sua pesquisa para a parte do livro que se referia à história medieval foi

> mais ou menos inexistente e representa um extenso devaneio poético que, em determinadas ocasiões, chegava a ser de fato composto em versos brancos. Os capítulos sobre o século XVII foram baseados em um pequeno número de panfletos que Michelet reinterpretou a seu bel-prazer a fim de se adequarem a seu próprio rancor contra o catolicismo. Assim que o livro foi colocado à venda, ele anotou em seu diário: "Assumi uma nova posição que meus melhores amigos ainda não adotaram claramente, ou seja, a de proclamar a morte provisória do cristianismo".[4]

Ninguém se surpreendeu que Michelet usasse o livro como uma oportunidade para indiciar seus suspeitos habituais. Esse já era um ponto de vista familiar a quem tivesse lido seus outros trabalhos. A real novidade existente no tratamento temático de Michelet foi sua estratégia retórica radical: ele aceitou plenamente o quadro da bruxaria pintado por Jarcke e Mone, mas reverteu os valores que se lhe haviam sido anexados. Michelet argumentou que a bruxaria era a sobrevivência de uma religião pagã da fertilidade e da adoração da natureza, mas que, longe de ser um culto antissocial, tinha sido a única responsável por nutrir o espírito da liberdade por meio dos "mil anos terríveis e sombrios" das trevas da Idade Média. Dessa forma, Michelet transformou a defesa da Igreja feita pelos apologistas católicos em seu ataque frontal a ela, transformando efetivamente o escudo deles em sua própria espada. A ironia oculta nesse duelo retórico é a de que nenhum dos lados possuía qualquer base factual ou a menor evidência em apoio de suas alegações, e que a inteira controvérsia foi construída sobre um alicerce de ar rarefeito.

A feiticeira tornou-se de imediato um *best-seller* (satisfazendo deste modo o objetivo imediato de Michelet ao escrever seu livro) e continuou a estimular o interesse de leitores até os dias atuais. Os próprios pares acadêmicos de Michelet, entretanto, virtualmente ignoraram o livro – "aparentemente", segundo as palavras de Hutton, "porque reconheceram não se tratar realmente de um livro de história".[5]

Por motivos óbvios, a obra de Michelet sobre a bruxaria não tem credibilidade entre os historiadores contemporâneos, mas exerceu uma influência extraordinária de outras maneiras, como já vimos anteriormente (veja página 167). Michelet foi o primeiro a propor o que finalmente se tornou um tema fundamental do movimento da bruxaria moderna – a noção de que a bruxaria medieval era uma persistência da religião pagã outrora perseguida pelo cristianismo e que representava a resistência da vida e da liberdade contra a tirania cultural da Igreja Católica. Esta ideia foi então adotada, adaptada e aplicada por sucessivos escritores e pensadores ao longo dos cem anos que se seguiram, os quais modificaram ou elaboraram um pouco mais alguns dos detalhes da teoria original, de acordo com seus próprios pontos de vista. E todos eles apresentaram suas próprias contribuições individuais e exclusivas para o formato e a substância da bruxaria moderna.

Os precursores: Leland, Murray e Graves

Um dos primeiros e mais destacados membros desse grupo foi Charles Godfrey Leland (1824-1903), um folclorista americano, ocultista, escritor, aventureiro, um verdadeiro soldado da fortuna. Ele atingiu a maturidade durante o apogeu do romantismo e tomou parte ativa na revolução francesa de 1848, quando estudava na Universidade Sorbonne, em Paris. Foi também enquanto morava em Paris que Leland foi atraído pela primeira vez pelas teorias históricas de Michelet, que se encontrava então no auge de sua carreira, aplicando as ideias de Michelet em seus estudos e escritos até o fim de sua vida. Depois de seu retorno aos Estados Unidos, Leland foi avassalado pela Guerra de Secessão (1861-1865) e serviu o exército da União (nortista) combatendo na batalha de Gettysburg. Já na maturidade, Leland mudou-se para a Inglaterra, viajou extensamente pela Europa e tornou-se uma autoridade em folclore cigano. Escreveu 55 obras sobre grande variedade de assuntos, mas sua contribuição para a bruxaria moderna deriva de seu livro mais famoso e influente: *Aradia, or the gospel of the witches*, publicado em 1899 [editado no Brasil com o título *Aradia, o evangelho das bruxas*].

Charles Godfrey Leland, folclorista norte-americano, erudito e autor de **Aradia**, foi discípulo de Michelet e procurou evidências que validassem a tese de Michelet de que a bruxaria era uma sobrevivência do paganismo pré-cristão.

A história verdadeira por trás da escritura de *Aradia* é tão intrigante quanto o próprio livro. Em 1886, aos 62 anos de idade, Leland mudou-se para a Itália a fim de estudar as tradições populares italianas, particularmente a bruxaria italiana. Um de seus principais informantes foi uma camponesa chamada Maddalena, uma figura enigmática sobre quem se conhece relativamente pouco. Ao que parece, ela trabalhava como quiromante, lendo a sorte das pessoas nas ruas de Florença. Leland acreditava que ela fosse uma bruxa hereditária e a contratou como assistente em suas pesquisas a fim de encontrar matérias folclóricas para ele. Leland teria ouvido rumores sobre a existência de um manuscrito que conteria os antigos segredos da bruxaria italiana, e pressionou Maddalena – uma jovem bruxa toscana – para lhe conseguir uma cópia. Leland jamais viu um manuscrito real, mas depois de insistir durante dez anos, Maddalena lhe entregou alguns materiais escritos de próprio punho, que haviam sido copiados de outro texto ou transcritos de fontes da tradição oral, ou ambos os casos. Esse documento afirmava ser o livro de uma religião secreta das bruxas que estava amplamente difundida entre os camponeses e prosperava sob a superfície católica da sociedade italiana. Foi esse documento, acrescido dos comentários de Leland, que se transformou em *Aradia*.

Aradia apresenta o quadro de um culto organizado de adoração à deusa, centrado na figura de Diana, a antiga deusa romana da Lua, das florestas e do parto de crianças. De acordo com Leland, essa "religião antiga" ainda era bastante forte entre os camponeses da região da Romagna, onde chegava a dominar aldeias inteiras. O sistema de crenças das "bruxas", tal como Leland o descreveu, era tão antigo quanto elaborado. Doreen Valiente resume suas características mais salientes:

> A crença básica dessa religião era a de que a primeira e mais poderosa das deidades era feminina – a deusa Diana. "Diana foi a primeira, criada antes de toda a criação; nela estavam todas as coisas; a partir dela mesma, a primeira escuridão, ela se dividiu; em trevas e luz ela foi dividida. Lúcifer, seu irmão e filho, ela mesma e sua outra metade, era a luz." A lenda prossegue dizendo que Diana teve uma filha, gerada por seu irmão Lúcifer, "que havia decaído", a quem chamou Aradia. Apiedando-se dos pobres e dos oprimidos que viviam sob a tirania de seus amos, a deusa enviou Aradia à Terra a fim de tornar-se a primeira das bruxas e ensinar a bruxaria a todos que a quisessem aprender, estabelecendo assim um culto secreto, em oposição ao cristianismo.[6]

Aradia não despertou grande interesse quando foi publicado pela primeira vez. O mundo ocultista estava então mais preocupado com os exotismos da Teosofia, e o mundo acadêmico mal deu atenção à obra que Leland alegava haver descoberto. Hoje, os estudiosos em geral consideram esse livro uma criação híbrida, na melhor das hipóteses – uma mistura das próprias crenças de Leland com algumas sobrevivências folclóricas e herméticas genuínas que ele havia conseguido desvendar de uma forma ou de outra. O historiador Elliot Rose afirma:

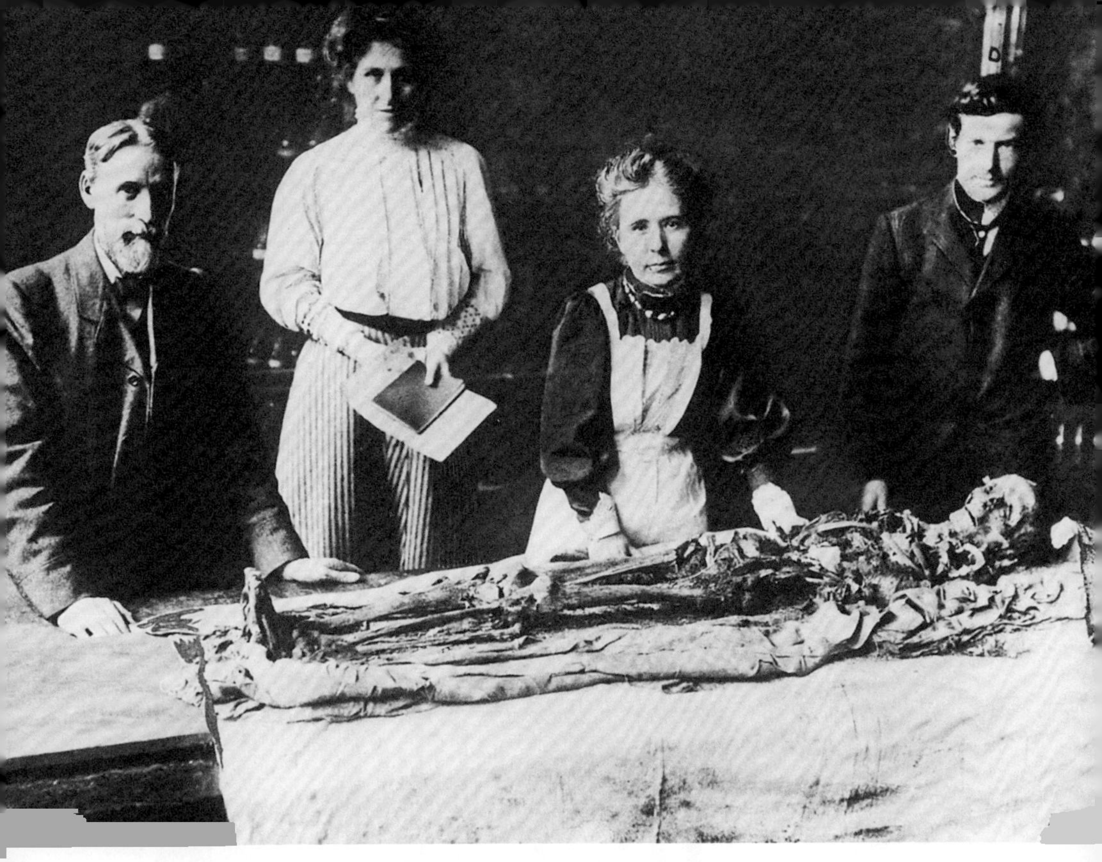

> A obra inteira pode ser lida [...] como se um de seus autores estivesse conscientemente tentando estabelecer que a bruxaria era um culto dessa natureza em particular, e que introduziu no livro, intencionalmente, material destinado a provar que este era um autêntico livro de magia.[7]

Margaret Murray (a terceira a partir da esquerda, com seus colegas da Universidade de Manchester em 1908) foi a primeira estudiosa a dissecar uma múmia. Embora não fosse historiadora, e sim egiptóloga, as especulações históricas de Murray ajudaram a preparar o caminho para o surgimento da bruxaria neopagã.

Os métodos de "pesquisa" de Leland eram deploravelmente deficientes, de acordo com os padrões modernos (embora bastante normais para sua época), e ele se dispôs, de bom grado, a ser conduzido por sua informante. Grande conhecedor do folclore e permeado pelas ideias de Michelet, Leland leu no material que lhe forneceu Maddalena tudo quanto ele já sabia – ou pensava que sabia – a respeito de bruxaria. Maddalena, por seu lado, prontamente discerniu o que Leland estava procurando

Frontispício para o livro **Aradia**, de Charles Leland, 1899, uma das fontes da bruxaria moderna.

e começou a adaptar as informações de que dispunha para adequarem-se às expectativas dele. Ela era, afinal de contas, não uma arquivista dedicada, mas uma adivinha profissional perita em "ler o futuro" de seus clientes. No prefácio que escreveu para *Aradia*, Leland chegou a ponto de reconhecer que "esta mulher, por sua longa prática, aprendeu perfeitamente o que poucos entendem, justamente o que eu quero, e como extrair estas informações de outras pessoas semelhantes a ela".[8]

Mesmo a compassiva descrição do *Aradia* feita por Valiente (ver p. 186) sugere a invenção de um erudito. O livro se aproveita de um conhecimento anterior do gnosticismo, do paganismo e da mitologia para compor boa parte de seu conteúdo. E a essa mistura, ele acrescenta uma paródia embaraçosa da história bíblica da criação e um ataque literário ao cristianismo. Esta combinação particular é bastante plausível na mente de um homem de letras do século XIX, mas não é absolutamente provável que suceda como um artefato histórico.

No entanto, as ideias expressadas em *Aradia* tiveram uma influência real e contínua. A obra de Leland foi firmemente adotada – parte dela, palavra por palavra – pelo movimento da bruxaria moderna. Leland foi o primeiro a usar o termo "a Religião Antiga" (*la vecchia religione*); alguns dos encantamentos e rituais utilizados pelos bruxos modernos são simples passagens retiradas do *Aradia*, virtualmente sem modificações. *Aradia* também atrai as bruxas modernas por uma outra razão: ainda que o foco "feminista" da construção de Leland fosse uma singularidade em seu próprio tempo, ele é bem mais compatível com o nosso próprio enfoque moderno, que busca uma religião que apoie seus entusiasmos culturais e que endosse suas agendas sociais. Todavia, provavelmente o livro de Leland não teria tido a influência que teve não fosse a credibilidade que, segundo se afirma, lhe foi conferida pela obra de Margaret Murray (já mencionada brevemente na página 56).

Em 1921, Murray espantou o mundo acadêmico e os historiadores com uma nova e sensacional teoria sobre bruxaria em seu livro *The witch cult in Western Europe* [publicado no Brasil com o título *O culto das bruxas na Europa Ocidental*]. Murray (1863-1963) era antropóloga e egiptóloga, não uma historiadora medievalista, mas desenvolveu uma fascinação pela bruxaria paralela ao seu interesse pessoal pelo folclore britânico. De acordo com o relato da própria Murray, ela morava em Glastonbury – o local legendário onde o rei Artur foi sepultado – quando alguém (a quem ela jamais identificou) lhe sugeriu que aquilo que a Igreja chamara de "bruxaria" era realmente uma remanescência da religião da fertilidade pré-cristã que, em determinada ocasião, havia dominado a Europa. Murray, aparentemente, não tinha conhecimento das teorias de Michelet e de Leland; para ela, tal conceito foi uma revelação que a conduziu a um estudo intenso dos registros dos julgamentos presididos pela Inquisição.

Embora Murray, aparentemente, não tivesse consciência de suas raízes oitocentistas, ela prontamente relacionou a ideia de bruxaria como paganismo a outra estrutura com a qual já estava familiarizada: a temática da morte e renascimento da Natureza, estudada por Sir James George Frazer no livro *The golden bough* (1890) [publicado no Brasil com o título *O ramo de ouro*]; inclusive a ênfase dada por Frazer à regularidade dos assassinatos sacrificais dos reis sagrados. Depois de longas investigações, Murray argumentou que "bruxaria" era o termo adotado pela Inquisição para designar uma religião mais antiga que adorava a fertilidade e a opulência da natureza. Pelo menos inicialmente, essa religião não tinha nada a ver com uma oposição ao cristianismo, mas transformou-se em um movimento pagão clandestino de resistência justamente em função das tentativas da Igreja para erradicá-lo. Da forma como Murray descreveu esse culto, ele era baseado em antigas noções de polaridade sexual como a força propulsora por trás de todos os elementos da natureza – a interação macho/fêmea, positiva/negativa, que, em todos os níveis, origina a tensão energética que faz com que a própria natureza funcione. A religião natural age a partir desse relacionamento em seus rituais sazonais. O "culto das bruxas", portanto, representava o infinito ciclo sexual do nascimento, crescimento, morte e renascimento, que constitui o próprio ritmo da Vida e da Natureza.

Murray acreditava que a deidade original por trás da religião natural era uma figura bipolar, "bissexual", que podia se apresentar como masculina ou feminina, dependendo do que as circunstâncias exigissem.

> Depois de reexaminar os documentos sobre os julgamentos da Inquisição, ela argumentou que a bruxaria podia ser rastreada até "os tempos pré-cristãos e que parecia ser a antiga religião da Europa Ocidental", centrada em uma divindade que podia encarnar-se em um homem, uma mulher ou um animal. Uma de suas formas era o deus cornífero de duas

Robert Graves, poeta, romancista e ensaísta inglês, autor de **A deusa branca**, contribuiu com inúmeros conceitos para a evolução inicial da bruxaria gardneriana.

faces, conhecido pelos romanos como Janus ou Dianus. Murray escreveu que a forma feminina do nome – Diana – era encontrada por toda a Europa Ocidental como a líder das bruxas. Por causa disso, Murray cunhou a expressão "Culto Diânico" para denominar essa religião, embora ela ponderasse que o deus raramente aparecia em forma feminina, e que uma deidade masculina aparentemente acabara por superar a feminina.[9]

Como um eco espectral da estratégia retórica de Michelet, Murray aceitou as descobertas factuais dos julgamentos de bruxas na Idade Média e na Renascença, mas reinterpretou seu significado. Os inquisidores registravam que o Demônio aparecia durante os rituais de bruxaria na forma de um bode ou de outro animal. Murray escreveu que esse "demônio" era de fato apenas um sumo sacerdote humano usando um traje ritual. Seus adornos incluíam chifres e peles de animais peludos que representavam a potência carnal. Esse foi

um dos indicadores dados à dra. Murray por seu informante desconhecido em Glastonbury; revelou-se a chave que destrancou a porta que ocultava o mistério inteiro. Os cristãos chamaram a esta criatura de "Diabo", e parece que as bruxas acabaram finalmente por aceitar também este termo.[10]

Murray acreditava que ela própria havia descoberto o significado secreto por trás da história religiosa da Europa. E muitos outros acreditaram também; suas teorias originaram uma enorme celeuma quando apareceram pela primeira vez – principalmente em função de suas credenciais e de sua reputação acadêmica. Finalmente, suas ideias se tornaram a interpretação geralmente aceita sobre bruxaria; de fato, foi ela quem escreveu o verbete "bruxaria" nas edições da *Encyclopaedia Britannica* de 1929 a 1968. Hoje, todos os eruditos acreditam que Murray não estava simplesmente enganada – ela estava completa e embaraçosamente errada em quase todas as suas premissas básicas. Em dois livros publicados posteriormente, *The god of the witches* (1931) [publicado no Brasil com o título *O deus das feiticeiras*] e *The divine king of England* (1954), ela estendeu sua tese ainda mais além, afirmando que a doutrina pregada pela religião das bruxas, de que o rei deve morrer e renascer, não somente sobreviveu como efetivamente dominou a realeza britânica a ponto de muitos reis ingleses terem sido ritualmente assassinados, consoante aos ritos determinados pelo culto. À medida que as opiniões de Murray se tornavam cada vez mais extremadas, um progressivo desleixo em sua erudição se tornava cada vez mais evidente. Elliot Rose, um erudito anglicano que não tinha por ela a menor simpatia, caracterizou a obra de Murray como "um disparate insípido". Mircea Eliade, um crítico mais gentil e generoso, declarou que "nem os documentos com os quais ela escolheu ilustrar sua hipótese, nem os métodos empregados em sua interpretação são convincentes".[11] Uma séria crítica à obra de Murray é a de que parece ser uma ladainha de erros acadêmicos. A autora tomou práticas de bruxaria específicas de determinados lugares e épocas, como os covens (uma ocorrência posterior peculiar à Escócia) e os sabás (que ela transforma no centro de seu culto de fertilidade, embora não sejam mencionados em quaisquer fontes históricas anteriores ao século XV), e fez delas uma releitura que as inseria na história da bruxaria como um todo, como se tivessem sido a parte central do culto das bruxas desde os seus primórdios.

Sem dúvida, o método com que Murray empregou suas fontes no geral é constrangedor. Ela não somente forçou as evidências para que se encaixassem em sua teoria como ignorou vários e extensos materiais, particularmente sobre a Idade Média, que se encontravam facilmente a seu alcance e que, ironicamente, em alguns casos teriam até mesmo fortalecido suas posições. A obra de Murray foi submetida a duras críticas durante os últimos estágios de sua carreira e sofreu total rejeição após sua morte, em 1963. Por volta de 1970, a ruína de sua cultura acadêmica, de sua tese e até mesmo de sua reputação se haviam completado. As teorias de Murray, porém, exerceram enorme influência; um prestígio que seria mantido por longo tempo mesmo depois que essas próprias teorias já haviam sido rejeitadas pelos eruditos do meio acadêmico. Hutton observa que, durante muitos anos, elas "gozaram da curiosa posição de uma ortodoxia aceita por todos, exceto por aqueles que se haviam tornado especialistas nesse assunto".[12]

Apesar de suas sérias deficiências, a obra de Murray capturou a imaginação do público, pois se embasava em uma realidade histórica que de outro modo teria sido mantida no esquecimento – a saber, que o paganismo tinha sido suprimido, mas não erradicado pelo cristianismo; que as crenças populares pagãs não se haviam extinguido com a introdução do cristianismo, mas, ao contrário, permanecido e constituído um substrato básico para a bruxaria. Uma investigação honesta revela que alguns – de fato, muitos – costumes, crenças e símbolos pagãos sobreviveram através da Idade Média e chegaram até os nossos dias. O que está em questão não é *se existiram* sobrevivências do paganismo, mas quantas elas eram, de que tipo e em que extensão somaram alguma coerência como corpo organizado de crenças ou práticas.

Também a despeito de suas distorções dos fatos (ou justamente por causa delas, como pode ser argumentado), os trabalhos de Murray constituíram uma preparação importante para o surgimento posterior da bruxaria moderna. Suas teorias puseram em movimento uma onda de entusiasmo pelas coisas antigas, nativas e pagãs que permanece conosco até hoje e ainda está crescendo em força. As construções teóricas de Murray, como as criações de Michelet e Leland, foram generosamente mescladas às tradições neopagãs. Ela contribuiu com ideias e terminologia, bem como com a descrição detalhada de práticas que foram aceitas pelo movimento da bruxaria moderna. Sua erudição acadêmica pode ter sido ilusória, mas seus resultados foram muito reais. Murray não foi a única responsável pelo início do reavivamento da bruxaria, mas preparou o cenário para sua chegada praticamente sozinha.

A influência de Robert Graves (1895-1985) difere da dos outros autores aqui discutidos porque seu trabalho não foi uma das fontes diretas para a criação da bruxaria moderna, mas foi introduzido mais tarde, por intermédio de um de seus primeiros prosélitos (veja Capítulo 10). Porém, uma vez introduzidas, as ideias de Graves rapidamente se difundiram e tiveram um efeito poderoso sobre a maneira como a feitiçaria moderna se desenvolveu e o aspecto que assumiu.

Graves foi um poeta, ensaísta e romancista inglês. É o autor de *Good-bye to all that; I, Claudius; King Jesus* e inúmeras outras obras menos conhecidas. Seu impacto sobre a formação da bruxaria moderna deriva de seu livro de 1948, *The white goddess* [publicado no Brasil com o título *A deusa branca: uma gramática histórica do mito poético*]. *A deusa branca* é um livro estranho – volumoso e difuso, tanto erudito como ingênuo, tanto brilhante como confuso. Mas se o próprio livro é estranho, a maneira como foi escrito é ainda mais excêntrica. Em 1944, Graves vivia em Devonshire quando foi tomado por

> uma súbita obsessão avassaladora que o compeliu a suspender o trabalho dedicado ao romance histórico que pretendia escrever em favor da descoberta do significado interior de um poema galês antigo e misterioso, chamado *The battle of the trees*. Em três semanas, segundo ele próprio nos conta, tinha escrito um livro de 70 mil palavras, chamado inicialmente *The roebuck in the thicket*, que, no devido tempo, transformou-se em *A deusa branca*. Sua mente trabalhava tão furiosamente sob influência dessa inspiração, disse ele, que sua caneta mal conseguia acompanhar o fluxo das ideias.[13]

Conforme indica o subtítulo de Graves, seu livro trata basicamente das fontes do mito e da inspiração poética. Não é absolutamente um trabalho de história ou de antropologia, mas um *tour de force* literário e autoconsciente. Não obstante, Graves se alicerçou em sua considerável (ainda que excêntrica) erudição para reunir os elementos de uma antiga e pré-cristã religião da Deusa, que deu origem à linguagem original do mito poético. Desse modo, para Graves a busca pela musa da inspiração poética conduzia diretamente às deusas primordiais da fertilidade, adoradas na Europa pagã, e à religião ou às religiões da fertilidade, frequentemente orgiásticas, que cresceram em torno delas. Tal como Graves retrata essa religião, ela se assemelha a uma variação da versão descrita por Murray. Graves acreditava que a poesia fora originalmente criada para "mitologizar" os ciclos da Natureza, escalando-os na forma de uma história dramática do rei-deus que nasce e floresce com o crescimento do sol de verão, que luta com o sol evanescente do outono e que morre no escuro e no frio do inverno, somente para renascer na renovação da primavera.

A Deusa era tanto venerada como desejada pelo deus-rei. Ela era a Natureza, a Abundância e a Fertilidade; ela era a Terra. Era a mãe, a esposa e aquela que o recebia na morte, mostrando todos esses atributos de forma simultânea. Assim, Graves a retratava de "forma tríplice", em uma sequência de três fases de desenvolvimento que constituíam um paralelo com a lua crescente, a lua cheia e a lua minguante (sendo a Lua igualmente o seu símbolo). "Ela era a jovem donzela da lua nova, a gloriosa dama da lua cheia e a anciã sábia do quarto minguante."[14] De acordo com Graves, a religião original e universal da Deusa foi destituída e suprimida por uma cultura patriarcal emergente, que era de natureza violenta, guerreira e hostil à Natureza. Os últimos quatro mil anos da história da humanidade, portanto, representaram um declínio espiritual constante desde a Idade do Ouro original e pré-patriarcal.

Em seu capítulo final, intitulado "O retorno da Deusa", Graves decretou o fracasso e a irrelevância do que denominou "Adoração do Deus-Pai".[15] Ele sinceramente acreditava que já estava quase chegando o tempo em que a humanidade estaria madura para o retorno da Deusa, mas, até então, as perspectivas seriam desalentadoras. Graves não era um otimista no curto prazo:

> Não vejo mudanças para melhor até que tudo se torne muito pior do que é agora. Somente após um período de total desorganização política e religiosa é que o desejo suprimido das raças ocidentais, que se volta para alguma forma prática de adoração da Deusa, cujo amor não é limitado pela benevolência maternal [...] poderá encontrar finalmente uma satisfação.
>
> Porém, quanto mais adiada for sua hora e, portanto, tanto mais exauridos forem pela imprevidência irreligiosa do homem os recursos naturais do solo e do mar, tanto menos misericordiosa será sua máscara quíntupla, e mais estreito será o âmbito de ação concedido a qualquer que seja o semideus escolhido e tomado por ela como seu consorte temporário na divindade. Vamos, então, apaziguá-la com antecedência.[16]

Ao estabelecer essa conexão, Graves articulou outra ideia que alcançou grande aceitação entre os bruxos modernos: a de que os deuses – todos eles, de Jeová a Júpiter, bem como a própria "Deusa" – extraem sua substância, vitalidade e poder da fé neles depositada por seus fiéis. Quanto mais crentes possuir uma deidade, quanto mais vigorosa a fé de seus seguidores, tanto mais forte, mais poderosa e mais "real" se tornará essa mesma divindade. "Um dos argumentos centrais contidos em *A deusa branca* é o de que tão logo um número significativo de pessoas volte a crer nela de novo, seu reinado começará verdadeiramente."[17]

A versão da história e da antropologia apresentada por Graves não é levada a sério pelos historiadores e antropólogos. Suas teorias constituem um rearranjo fantasioso de sua própria erudição excêntrica e expressam suas próprias inclinações espirituais muito mais do que descrevem quaisquer realidades históricas. Todavia, essas teorias tiveram um impacto notável. Como Michelet, Leland e Murray antes dele, Graves combinou invenção literária, especulação histórica, erudição defectiva (e até desastrosa) e convicção ideológica para produzir uma obra que trouxe uma contribuição importante e detalhada para a bruxaria moderna. Em conjunto, os quatro fundaram uma escola de revisionismo histórico que se estabeleceu superficialmente, apesar de repetidas refutações oficiais; coletivamente, eles são a fonte primária das ideias que definem a bruxaria neopagã.

Michelet tomou as especulações de seus adversários retóricos e transformou-as em sua própria contraespeculação, descrevendo a bruxaria como uma sobrevivência do paganismo que se transformou em um bastião de luz e de liberdade contra as trevas e a repressão da Igreja Católica Romana.

Leland construiu sua teoria sobre os alicerces de Michelet, retratando a bruxaria como uma forma remanescente da adoração da Deusa, que fora detalhadamente preservada e transmitida. Ele contribuiu com o termo "Antiga Religião", com uma ênfase sobre o feminino e com uma oposição mais acendrada ao cristianismo, do mesmo modo que com um conteúdo ritualístico específico nos feitiços que descreveu.

Murray enfatizou a ideia de que a "Antiga Religião" era realmente uma antiga religião da fertilidade. Ela negou que a bruxaria tivesse surgido em oposição ao cristianismo, afirmando, em vez disso, que era uma sobrevivência pagã que foi desafiada pelo cristianismo. Foi também Murray que estabeleceu a terminologia "sabá" e "esbá". Ela contribuiu com o conceito de que o culto das bruxas era organizado em "covens" de treze pessoas, formado por doze bruxas e seu líder, ou sacerdote.

Graves acrescentou um enfoque feminino ainda mais poderoso (ou "ginocentrismo") às teorias de seus três predecessores. Além de um viés antipatriarcal generalizado, Graves contribuiu com o conceito específico de uma "idade do ouro pré-patriarcal", um tempo de paz, harmonia e adoração da Deusa. Sua ênfase na conexão lunar levou-o a especular que o número treze teria um significado especial, uma vez que existem treze meses lunares em um ano solar, mais um dia que sobra. Graves também introduziu a imageria da "tríplice forma" da Deusa, que é amplamente empregada pelas bruxas modernas; salientou o poder espiritual do feminino e propôs que os covens de bruxas na Idade Média eram, na realidade, liderados por mulheres. Finalmente, ele sugeriu que os deuses e deusas das diversas religiões são tornados reais e poderosos por meio da fé de seus crentes.

Gerald Gardner: o pai da bruxaria moderna

Entretanto, o homem que reuniu todas as peças e realmente fundou a religião da bruxaria moderna foi Gerald B. Gardner, um inglês com uma visão de mundo pouco convencional e interesses idiossincráticos. Retirando elementos tanto de fontes literárias como de suas experiências pessoais, ele elaborou uma versão da bruxaria que dominou o movimento moderno. Gardner viajou muito e passou boa parte de sua vida adulta no Extremo Oriente. Trabalhou em uma plantação de chá no Ceilão (hoje Sri Lanka) em sua juventude, mudou-se depois para Bornéu e, finalmente, transferiu-se para a Malaya (hoje Malásia), onde prosperou como seringalista. Gardner realizou pesquisas originais sobre a cultura malaia primitiva e até mesmo recebeu reconhecimento acadêmico por sua obra, quando alguns de seus artigos foram publicados pela Royal Asiatic Society. Ainda mais tarde, tornou-se inspetor alfandegário do governo britânico e viveu durante algum tempo na Índia, ocasião em que estudou o hinduísmo tântrico, entre outras doutrinas. Gardner permaneceu como funcionário da administração civil britânica até sua aposentadoria e retorno à Inglaterra, em 1936.

O tempo que Gardner passou na Ásia lhe conferiu amplas oportunidades para satisfazer sua fascinação pelo exótico, pelo excêntrico e pelo esotérico. Aparentemente, aderiu ao nudismo no princípio de sua vida, e mergulhava com entusiasmo nos aspectos incomuns e ocultistas de qualquer cultura dentro da qual vivesse.

> Antes de seu envolvimento com a Wicca, ele se havia tornado membro da Ordem dos Sufis e igualmente um co-maçom. Também se havia familiarizado com o hinduísmo (particularmente com a adoração a Kali), fruto de

sua residência na Índia e na Malásia no período do serviço civil administrativo britânico. Além de tudo, manteve correspondência com Charles Leland, autor de *Aradia, o evangelho das bruxas*.[18]

Gardner também estava familiarizado com a obra de Murray, a quem conheceu pessoalmente – ela chegou mesmo a escrever uma introdução para seu livro *Witchcraft today*, publicado em 1954 [editado no Brasil com o título *A bruxaria hoje*]. Ele foi iniciado na *Ordo Templi Orientis* – OTO e travou conhecimento com Aleister Crowley, o notório mago inglês, que chamava a si mesmo de "A Grande Besta 666". Em geral, é evidente que Gardner se familiarizara profundamente com muitos sistemas do ocultismo e com muitas religiões. Mas não causa surpresa, consideradas as circunstâncias, que sua história de como "redescobriu" a feitiçaria seja objeto de questionamento ou de total negação, mesmo por parte de alguns dos feiticeiros modernos.

Segundo o relato de Gardner, ele descobriu um coven remanescente da "Antiga Religião" quase por acidente. Depois de retornar à Inglaterra, continuou a manter seus interesses e associações com o ocultismo e envolveu-se com a *Crotona Fellowship* [Irmandade de Crotona], uma organização

Gerald Gardner, conhecido como "o pai da bruxaria moderna", trabalhando em seu Museu de Castletown, no Moinho das Bruxas, Ilha de Man, em 1962.

esotérica fundada pela filha de Annie Besant, uma luminar da teosofia. Entre os ocultistas e excêntricos que orbitavam em torno da Irmandade, Gardner encontrou algumas pessoas que julgou serem diferentes das outras e bem mais interessantes, entre elas "Old Dorothy" Clutterbuck, que, de acordo com Gardner, demonstrou ser a líder de um coven secreto, remanescente da "Antiga Religião" e quem, em 1939, o iniciou naquilo que ela chamava "wicca". Gardner não podia escrever abertamente a respeito da "Arte" porque as velhas "leis contra a bruxaria" ainda permaneciam em voga e ele estaria sujeito a penalidades legais. Consequentemente, ele disfarçou sua obra como ficção e publicou, em 1949, um "romance" intitulado *High magic's aid*, sob o pseudônimo de "Scire". O livro era apresentado como "um romance histórico a respeito da Arte e continha até mesmo dois rituais de iniciação, mas não trazia qualquer referência à Deusa".[19]

As leis contra a bruxaria foram revogadas em 1951, principalmente devido aos esforços políticos das sociedades espiritualistas. Livre para reconhecer suas legítimas filiações, Gardner publicou dois livros sob seu próprio nome, que são geralmente considerados os textos fundamentais da moderna bruxaria religiosa: *A bruxaria hoje* (1954) e *The meaning of witchcraft* (1959) [publicado no Brasil com o título *O significado da bruxaria*]. Em *A bruxaria hoje*, Gardner desenvolveu uma versão em que apresentava a si mesmo como um Indiana Jones folclórico – um explorador intrépido que se havia deparado com um dos últimos enclaves remanescentes da antiga religião pagã, que havia sido iniciado em seus segredos e que agora trazia as novas de sua existência e de suas crenças ao mundo exterior. Gardner já estava familiarizado com os trabalhos de Murray e apresentava sua "descoberta" como uma validação da premissa dela, de que uma parte do paganismo havia sobrevivido na forma de bruxaria. Infelizmente, a bruxaria que ele descrevia era tão diferente da versão por ela apresentada que dificilmente poderia ser o mesmo fenômeno – um fato que ela convenientemente omitiu em sua compassiva introdução ao livro de Gardner.

> A versão da Arte, conforme era apresentada por Gardner, mostrava-se muito diferente daquela descrita por Murray. Para ele, a Bruxaria era uma religião da natureza, pacífica e alegre. As bruxas se reuniam em covens liderados por uma sacerdotisa. Veneravam duas divindades principais: o Deus das Florestas e daquilo que se encontra além delas e a grande Deusa Tríplice da fertilidade e do renascimento. Elas se reuniam nuas, ao redor de um círculo com 2,7 metros de diâmetro, e emanavam poder de seus corpos por meio

de danças, cantos e técnicas de meditação. Seu enfoque principal era a Deusa; celebravam os oito antigos festivais pagãos da Europa e buscavam sintonizar-se com a natureza.[20]

O estilo de bruxaria apresentado por Gardner dominou o crescimento subsequente do movimento da bruxaria moderna. A difusão e a evolução da "Wicca Gardneriana" aconteceram rapidamente – uma história breve mas complexa, que examinaremos com maiores detalhes no Capítulo 10. Basta dizer neste ponto que Gardner foi carismaticamente eficiente em recrutar conversos para sua tese, e que alguns deles o ajudaram a difundir a sua versão da Arte além das Ilhas Britânicas, tanto na Europa como nos Estados Unidos. O resto, como se costuma dizer, é história.

Mas, e o *começo* da história? O relato de Gardner sobre sua própria iniciação é digno de crédito ou se trata simplesmente de um trabalho de imaginação baseado em experiências pessoais e em sua erudição? E uma segunda questão é inseparável da primeira: haveria ainda na Inglaterra, em 1939, um coven de "bruxas" remanescente, que fosse de fato a sobrevivência de ensinamentos muito mais antigos? Ou será que Gardner encontrou alguma outra coisa, que ele então enfeitou? Ou ele não encontrou coisa alguma e inventou a história inteira? Essa é uma questão de muita importância para os bruxos modernos. Mesmo que muitos já tenham renunciado à pretensão de serem herdeiros de uma antiga tradição pagã, eles realmente possuem uma história única, que serve também como base para sua própria tradição em evolução. Infelizmente, as primeiras partes dessa história demonstraram-se frustradoramente difíceis de definir. E a comprovada tendência de Gardner a exagerar, a embelezar e a desorientar acrescenta uma nova camada de incertezas à sua história.

Houve quem tentasse demonstrar que havia um grupo preexistente de "bruxos" pagãos remanescentes na área de New Forest, o qual poderia ter iniciado Gardner, conforme este alegou, mas as propostas apresentadas oscilam entre o inverossímil e o indemonstrável. Parece mais provável (embora igualmente difícil de provar) que Gardner tenha encontrado em New Forest um grupo que tentava recriar alguma forma de "paganismo" com base nas leituras que seus membros faziam da literatura moderna.

É possível que, no final da década de 1930 e no princípio da década de 1940, membros da Irmandade de Crotona já realizassem rituais firmados na

> Co-Maçonaria... e inspirados pelos escritos de Margaret Murray, e que este tenha sido o grupo ao qual Gardner se referiu como o Coven de New Forest".[21]

Foi nesse cenário que Gardner tirou sua inspiração, bem como sua iniciação, do grupo de New Forest, prosseguindo então para finalmente alcançar o sucesso naquilo que antes era somente uma tentativa.

Em geral, fica claro que a Wicca de Gardner é uma montagem que recorreu a uma variedade de fontes, algumas destas pessoais e subjetivas. Permanece obscuro até que ponto o sistema de Gardner está baseado (ou inclui) qualquer coisa que seja genuinamente antiga. Doreen Valiente, uma das primeiras associadas de Gardner e membro de seu coven durante muitos anos, remonta as fontes da Wicca de Gardner "às obras de Margaret Murray, Charles Godfrey Leland, Rudyard Kipling e Aleister Crowley, além da 'Chave de Salomão' e dos rituais da Maçonaria". Não obstante, ela continua a acreditar que houve um coven real sobre o qual Gardner construiu seu sistema, principalmente porque ela discerne uma estrutura básica e subjacente "que não é proveniente de Crowley, de Margaret Murray nem de qualquer outra das fontes mencionadas".[22]

Outro desdobramento dessa discussão foi o trabalho de Aidan Kelly, autor que oscilou entre o catolicismo e a bruxaria. Kelly foi criado como católico, mas nutriu uma fascinação pela bruxaria e pelo paganismo durante seus anos escolares. Foi um interesse que ele desenvolveu com seriedade crescente no ensino médio e na universidade; por volta de 1971, ele se havia tornado um "bruxo" praticante e assumido. De 1974 a 1980, estudou "As Origens do Cristianismo" na Universidade de Berkeley, na Califórnia; em 1977, retornou ao catolicismo, a religião de sua juventude. Dez anos depois, abandonou a Igreja Católica pela segunda vez e voltou-se ativamente para a Arte de novo. Valendo-se das ferramentas da crítica textual que ele havia adquirido na universidade, Kelly tentou desvendar o que havia de verdadeiro na versão da Wicca apresentada por Gardner. Ele começou analisando um manuscrito encadernado em couro, escrito a próprio punho por Gardner, que o intitulara "Ye Bok of ye Art Magical". Este trabalho havia sido descoberto atrás de um arquivo no escritório de Gardner e revelou ser a primeira versão do livro que seria finalmente publicado sob o nome de *Livro das sombras*. O texto continha vários feitiços e rituais, além dos comentários de Gardner sobre eles, sendo, em geral, considerado uma fonte básica para o estudo da bruxaria gardneriana. A investigação de Kelly, intitulada *Crafting the art of magic*, publicada em 1991, correlaciona os vários componentes do "Ye Bok" com o que ele considera serem suas fontes prováveis.

No final de sua análise textual, a principal conclusão de Kelly foi a de que nenhuma "Wicca tradicional" havia sobrevivido e que tampouco existira um coven anterior a 1939 – em outras palavras, a Wicca foi essencialmente inventada por Gardner. Todavia, além de sua avaliação da história wiccana, Kelly apresenta uma argumentação mais importante a respeito do significado da própria história. Ele diz que a origem recente da Wicca e seu *status* de invenção erudita são irrelevantes e não constituem em absoluto o que realmente importa. Para Kelly, muitas das grandes religiões mundiais foram essencialmente "inventadas" por seus fundadores, que se demonstravam tipicamente relutantes em admitir este fato. Em vez disso, eles tentavam apresentar suas inovações religiosas como prolongamentos dentro das tradições estabelecidas. Neste contexto, Kelly descreve Gardner como um gênio criador que obteve sucesso ao formular a cosmovisão para uma religião do futuro.

O revisionismo de Kelly acendeu a centelha de um debate acalorado dentro da comunidade dos bruxos. Os gardnerianos tradicionais vieram em defesa de Gardner, afirmando que sua história é não somente plausível como sustentada por evidências merecedoras de crédito em seus pontos-chave. Eles igualmente questionaram a pesquisa de Kelly e a tese que ele fundamentou a partir dela. Uma extensa crítica das fontes, dos métodos e das conclusões de Kelly, escrita por D. Hudson Frew e Anna Korn, foi publicada na revista *Gnosis*.[23] Frew endossou "entusiasticamente" a ideia de Kelly de que a historicidade não é em si importante; mas ainda assim defende a historicidade das alegações de Gardner porque acredita que existem evidências que as apoiam. Frew resume a situação dos estudos históricos gardnerianos:

> Quando muitas pessoas falam a respeito da história da Arte, sua atitude é: "Para que tanta especulação se temos tão pouco material com que trabalhar?". Mas no que se refere à bruxaria gardneriana, isto simplesmente não é verdadeiro. Entre as diferentes versões do *Livro das sombras*, os cadernos particulares de Gardner sobre magia e a correspondência entre as pessoas que se envolveram com a criação do movimento em meados do século XX, temos milhares de páginas de documentos... Se existe algum problema, é que dispomos de tanto material que é difícil examinar tudo. As pessoas têm essa ideia de que bruxaria é mera especulação solta ao vento. Mas é precisamente o oposto.[24]

Não importa como a visão de Gardner sobre bruxaria tenha sido estabelecida, o movimento que surgiu a partir dela começou a crescer e a se modificar de maneira quase imediata. Os bruxos de hoje podem rememorar mais de meio século de evolução e inovação; tendo aceitado o princípio da invenção criativa como parte da sua religião, acreditam que sua habilidade de "improvisar à medida que se avança" é uma das principais forças de sua comunidade. Por causa dessa permanente autotransformação, a bruxaria moderna é difícil de definir. Mas há ainda uma outra razão devido à qual os leigos acham difícil caracterizá-la com precisão. A bruxaria é individualista a ponto de se tornar anárquica, sem possuir qualquer autoridade centralizada ou sequer uma definição comum do que é uma "bruxa".

Após debater demoradamente essa questão, um dos principais grupos de bruxaria dos Estados Unidos (o COG – *Covenant of the Goddess*) decidiu que simplesmente não podia definir o termo. Em sua declaração de 1975, os organizadores do COG disseram:

> Não pudemos definir o que é uma Bruxa em simples palavras. Isto porque existem inúmeras diferenças. Nossa realidade é intuitiva. Simplesmente sentimos quando encontramos alguém que adora da mesma forma que nós, que segue a mesma religião. Esta é nossa realidade e isto tem de ser compreendido de algum modo, com relação a tudo o que fazemos.[25]

Assim, a identidade religiosa das bruxas deve ser sentida em vez de ser especificada – uma abordagem que (é desnecessário dizer) acomoda uma grande variedade de formas de crença e de prática. Sob essas circunstâncias, é obviamente difícil falar em termos gerais e dizer que os "bruxos" acreditam nisso ou naquilo, ou que "eles" fazem tal ou tal coisa ao praticarem sua religião. Qualquer declaração ao longo destas linhas deverá ser exposta com ressalvas, com um aviso de que esta fórmula está eivada de exceções. Contudo, se conservarmos essas ressalvas em mente, *é* possível discernir uma atitude religiosa – mesmo que não exista uma ideologia religiosa totalmente desenvolvida – por trás das nuanças que se observam na bruxaria moderna. Há alguns pontos comuns inconfundíveis que unem o movimento e que enlaçam todos aqueles que fazem parte dele.

Os traços comuns da atual bruxaria encontram-se menos nos detalhes das crenças e rituais do que em um sentido de concordância em relação à atitude, ao ponto de vista e à perspectiva. A atitude religiosa da bruxaria começa com distinção e oposição; a bruxaria se afirma (conforme expressam os sociólogos) "escorada no cenário rejeitado" da cultura dominante. Sua identidade é proclamada em termos de suas *diferenças* da e de sua *oposição* à cultura e à(s) religião(ões) fundada(s) no cristianismo ocidental. De fato, boa parte da força motriz por trás do crescimento da bruxaria moderna está nesse senso vital de "resistência contra" os poderes vigentes na cultura contemporânea. A excitação contagiante da insurreição cultural é o substituto funcional da bruxaria moderna para o zelo missionário.

Margot Adler descreve a atitude religiosa da bruxaria em quatro pontos principais (um dos quais repudia explicitamente uma doutrina cardeal do cristianismo). Esses pontos podem ser expostos de forma resumida como (1) animismo/politeísmo/panteísmo; (2) feminismo; (3) "não existe nada que possa ser chamado de pecado" (a fórmula da autora); (4) reciprocidade espiritual (isto é, a ideia de que você recebe de volta tudo quanto fizer aos outros). Os quatro pontos são facetas da "identidade opositiva" da bruxaria, que recusa cada aspecto da atitude religiosa dominante (cristã) e, particularmente, seu monoteísmo e sua transcendência. A perspectiva da bruxaria encara o divino não somente como múltiplo, mas também como imanente e, portanto, acessível – tanto para a iluminação como para o desenvolvimento de poderes ocultos. A óptica da bruxaria é centrada no feminino e orientada para a deusa, alicerçada na Terra e sensível ao meio ambiente. A bruxaria repudia fortemente o conceito do pecado. Por fim, a postura da bruxaria rejeita fundamentalmente a ideia de que somos responsáveis por nosso comportamento perante uma autoridade moral superior e padrões morais revelados. Em vez disso, consistente com seu panteísmo, a bruxaria acredita que o comportamento ético surge naturalmente, por meio do funcionamento da "reciprocidade espiritual". Com efeito, a bruxaria defende uma ética dominada pela vontade própria, moderada pelo autocomedimento reforçado pelo medo das consequências "recíprocas" de nossos atos.

10.
Bruxaria neopagã: o movimento

Quer Gerald Gardner tenha descoberto a religião da bruxaria, quer ele a tenha inventado, não pode haver dúvida de que foi ele que a tornou pública e a promoveu – e que o fez com grande entusiasmo. Por volta de 1949 (o ano em que ele publicou seu "romance", *High magic's aid*), Gardner já havia acumulado um conjunto de textos para rituais e comentários que se tornaria o núcleo da emergente religião das bruxas. Já em 1950, Gardner estava difundindo informações a respeito disso entre – e por meio de – seus conhecidos que se dedicavam ao ocultismo em Londres. Em 1951 (o ano em que as leis contra a bruxaria foram abolidas), Gardner apresentava a bruxaria – e a si mesmo – aos olhos do público ao escrever uma série de destacados artigos sobre essa temática para uma revista semanal de caráter popular. Segundo as palavras de Hutton: "Wicca foi uma tradição que começou com a corda toda".[1]

Gardner estava convencido desde o início de que a publicidade era a chave para a sobrevivência da Wicca. Também tinha plena consciência de que a publicidade era uma faca de dois gumes (considerada a reputação infame da bruxaria), com um potencial bastante concreto para provocar um sensacionalismo que lhe poderia sair pela culatra. Entretanto, como Gardner era rico e independente, acreditava que poderia ser um porta-voz altamente persuasivo e suportar as reações, permitindo aos demais, deste modo, permanecer no anonimato.

Ele subestimava seriamente a agitação que provocaria. O interesse jornalístico na bruxaria de Gardner, inicialmente respeitoso e cheio de curiosidade, rapidamente se tornou escandaloso e histérico, com manchetes estampando, entre outras coisas, "Adoração ao diabo pelas bruxas em Londres!". Alguns membros de seu coven ficaram tão assustados pelo furor provocado,

Doreen Valiente, "a avó da bruxaria moderna", retratada aqui em 1962, cinco anos antes de seu rompimento com Gerald Gardner. Valiente seguiu em frente para se tornar uma das mais destacadas expoentes da bruxaria independente na Grã-Bretanha, até sua morte, em 1999.

que suspenderam toda e qualquer participação futura; muitos dos que permaneceram adquiriram uma aversão permanente pelas atenções da mídia. Mas como Gardner continuava a pressionar por mais publicidade, acabou polarizando a oposição dentro de seu próprio grupo, espalhando assim as sementes do primeiro grande cisma, que ocorreria um pouco mais tarde, dentro do movimento que ele mesmo estava construindo.

Mas Gardner perseguia a luz dos holofotes por uma boa razão: propagar as notícias sobre sua nova religião e, desse modo, atrair novos adeptos; e sua campanha obteve sucesso por esses motivos. Entre aqueles que foram atraídos por essa publicidade estava uma jovem que viria a exercer um papel preponderante no desenvolvimento da bruxaria moderna, Doreen Valiente. A sra. Valiente era dotada de uma mente arguta, de uma curiosidade intelectual profunda, de uma forte personalidade e de uma capacidade criativa que quase chegava a ser um dom poético. Ela leu os artigos sobre bruxaria publicados nas revistas e escreveu em busca de maiores informações; sua carta foi finalmente entregue a Gardner, que primeiro entrevistou-se com ela e mais tarde a iniciou na Wicca, no Solstício de Verão de 1953.

A releitura da Wicca: de Doreen Valiente a Alex Sanders

O relacionamento entre Gardner e Valiente demonstrou ser crucial não somente para eles dois, mas também para a futura direção do movimento da bruxaria. Valiente ingressou no próprio coven de Gardner e logo se tornou sua suma sacerdotisa. Quando Gardner a conheceu, estava no processo de escrever *A bruxaria hoje*, e começou a utilizar os dons poéticos de Valiente imediatamente, fazendo com que ela compusesse uma invocação para uma celebração de Solstício de Inverno. Sua composição, o poema *Queen of the Moon, Queen of the Stars*, foi incluída no livro de Gardner (e nas atividades correntes da Wicca) como um ritual "tradicional" das bruxas.

Dessa e de outras maneiras Valiente apoiou os esforços de Gardner para afirmar a antiguidade de sua religião (embora ela mesma pareça ter tido dúvidas a respeito de tais alegações); prosseguiu nesse propósito até mesmo quando Gardner, um pouco mais tarde, a apresentou a jornalistas como membro de uma das tradicionais famílias de bruxas sobre as quais ele havia escrito em seu livro.[2] Mas ela era menos tolerante com os embustes de Gardner quando estes interferiam em seu conhecimento pessoal. Estava suficientemente familiarizada com outros ensinamentos ocultos para reconhecer que parte do material supostamente "tradicional" atribuído à Wicca no *Livro das sombras*, de Gardner, tinha sido tomado de empréstimo de fontes que ela era capaz de identificar – em particular, de livros escritos por Aleister Crowley. Valiente temia que a reputação sórdida e sinistra de Crowley transbordasse e contaminasse qualquer coisa que pudesse ser associada a ele; em um ousado ato de confrontação, Valiente, a discípula, desafiou Gardner, o mestre, condenando seu uso do material de Crowley. Gardner racionalizou que as "tradições" que havia descoberto eram apenas fragmentárias, e que se vira forçado a preencher as partes que lhe faltavam da melhor maneira possível, acrescentando: "... se você acha que pode fazer alguma coisa melhor, vá em frente".[3]

Valiente aceitou o desafio com entusiasmo. Tomou o *Livro das sombras* de Gardner (que ainda se achava em processo de compilação), extraiu sistematicamente todas as influências de Crowley e reescreveu os materiais restantes de forma a se enquadrarem em um sistema de crenças e práticas poeticamente eloquente, que se tornou a base para aquilo que conhecemos modernamente como "Wicca Gardneriana". Somente por essa contribuição, ela foi chamada de "a avó da bruxaria". Atualmente, os seguidores da bruxaria moderna por todo o mundo recitam sua prosa e sua poesia como parte de seus cerimoniais, especialmente o texto conhecido como *Charge of the goddess*, que contém a famosa linha evocativa: "Que minha adoração se encontre no coração de quem se regozija, pois vede, todos os atos de amor e de prazer são meus rituais".

Foi também Valiente quem abriu as portas para as ideias de Robert Graves e estabeleceu um liame com a literatura e a história celtas – ajudando, deste modo, a modelar a "personalidade" espiritual que caracterizaria a Wicca Gardneriana (e, efetivamente, a bruxaria moderna em geral). Hoje, a Wicca é normalmente apresentada como céltica em origem e conteúdo, e abraça fortemente os elementos da mitologia e do simbolismo celtas – mesmo que exista pouca evidência de qualquer influência celta sobre a obra do próprio Gardner. Mas Gardner tinha associado sua "descoberta" da Wicca à teoria de Murray sobre uma sobrevivência do paganismo britânico, e quando Valiente começou a reescrever o *Livro das sombras* não apenas eliminou os traços que evidenciavam a influência de Crowley, mas também os substituiu por materiais que remodelavam a Wicca à imagem e semelhança daquela antiga (e também imaginária) religião britânica. Para obter esse resultado, ela se abeberou em fontes célticas, incluindo a *Carmina gadelica* – uma coletânea de folclore baseado em fontes celtas –, a fim de nutrir sua inspiração ao reescrever *The charge of the goddess* e alguns outros roteiros para rituais.

Sabina Magliocco sugere que a temática celta capturou a imaginação dos primeiros gardnerianos em parte por razões políticas: Gardner tinha incorporado motivos greco-romanos em seu material da Wicca, mas uma vez que a Grã-Bretanha tinha estado tão recentemente sob ameaça de uma invasão fascista, pode ter parecido mais apropriado enfatizar tradições que eram nativas e baseadas em fontes britânicas.[4] Seja qual for a razão, tornou-se um pressuposto comum (e assim permanece até hoje) que o paganismo do qual derivou a bruxaria fosse de origem céltica.

Durante quatro anos Gardner e Valiente formaram uma aliança intensamente criativa que alterou tanto a forma como o conteúdo da Wicca e ajudou a estabelecer o curso do movimento da bruxaria moderna. Mas essa parceria não deveria durar por muito tempo. A publicação de *A bruxaria hoje*, em 1954, produziu uma afluência constante de novos iniciados à Wicca em meados da década de 1950, mas a política de Gardner de buscar publicidade na mídia continuou a gerar tensão e controvérsia dentro do grupo. Valiente e alguns dos membros mais antigos, em razão de seus próprios embates com o frenesi dos meios de comunicação, acreditavam que seu movimento deveria manter uma posição discreta em relação à imprensa, enfatizando formas de autoapresentação (tais como livros) sobre as quais teriam maior controle. Os membros mais recentes, tendo sido atraídos para a Wicca justamente pela publicidade que vinha sendo questionada, tendiam a apoiar mais o ativismo midiático de Gardner.

A cisão final ocorreu em 1957. Depois de Gardner ter elaborado uma série de artigos, tidos um após outro como absurdos e caluniosos, Valiente e alguns dos outros redigiram treze "Regras Propostas para a Arte", a fim de proteger seu sigilo e promover consultas mútuas; em resumo, as "Regras" propostas tinham o efeito prático de impor coletivamente limites às atividades de Gardner na busca por publicidade. Gardner retorquiu que essas propostas eram desnecessárias, uma vez que um conjunto de

Alex Sanders em um sabá, dirigindo uma dança ritual que é frequentemente executada *skyclad* (com os participantes nus, ou "vestidos de céu") para diminuir inibições que possam impedir o fluxo do poder mágico.

"Leis Tradicionais da Arte" – que ele apresentou imediatamente – já existia. Mas Valiente questionou o motivo pelo qual tais leis supostamente "tradicionais" estavam sendo expostas agora pela primeira vez, também observando que as "Leis de Gardner" limitavam severamente seus poderes como suma sacerdotisa e, desse modo, rejeitou-as como uma invenção moderna. Ela, acompanhada por outros que compartilhavam seus sentimentos, simplesmente abandonou o coven e seguiu um caminho em separado. Em suas próprias palavras:

> Nós já havíamos estudado suficientemente o 'Evangelho segundo São Gerald', mas ainda acreditávamos que a verdadeira bruxaria tradicional havia sobrevivido... A Antiga Religião significava muito para nós, e não havíamos parado de acreditar em sua beleza, em sua magia e em seu poder. Nossa separação de Gerald significou simplesmente que a busca prosseguia.[5]

Gardner havia transformado Valiente em uma adepta fervorosa da bruxaria, e ela não perdeu a fé nessa crença simplesmente porque havia perdido a fé nele. Valiente seguiu em frente até tornar-se uma das principais líderes da bruxaria independente na Grã-Bretanha, até sua morte, em 1999.

A partida de Valiente encerrou a fase de desenvolvimento criativo que sua parceria com Gardner havia tornado possível. Ao mesmo tempo, isso abriu uma nova fase de atividade literária para Gardner, que publicou *O significado da bruxaria* em 1959. Também originou uma nova fase de crescimento para o movimento inteiro, apoiada, em parte, na cooptação do tipo de atenção que Valiente tinha justamente buscado evitar. Agora, sem qualquer resistência contra sua estratégia de divulgação na mídia e impelido pela publicidade gerada por seu novo livro, Gardner passou a aparecer regularmente na imprensa, e o gradativo aumento de sua notoriedade levou um número crescente de pessoas a contatá-lo em busca de iniciação na Wicca. Durante os anos finais de sua vida (de 1959 a 1964), Gardner iniciou e treinou pessoas para agirem como propagadoras e como propagandistas de sua doutrina, levando a Wicca Gardneriana a todas as partes da Grã-Bretanha e apresentando-a ao público, de forma bem-sucedida, como a versão autêntica da bruxaria.

Mas o sucesso dos gardnerianos não foi obtido sem antes ter de enfrentar um desafio. A alegação de Gardner de que havia descoberto os vestígios de uma religião preexistente na área de New Forest significava que poderiam existir outras remanescências em outros locais. Durante a década de 1960, e especialmente após a morte de Gardner em 1964, muitas pessoas vieram a público alegando representar exatamente essas "tradições independentes". Nenhuma dessas afirmações pôde ser confirmada (e diversas se demonstraram fraudulentas), mas algumas das pessoas que assim se

Dirk Dykstra, **Casal de bruxos**, ilustra o moderno conceito bruxo de união sexual. A mulher segura no alto uma taça simbolizando a receptividade feminina, mas segura na mão esquerda o *athame*, ou punhal, sinal de que traços masculinos também existem em sua natureza. O homem ostenta o simbolismo oposto. A união entre os sexos gera paz e poder.

Dirk Dykstra, **Wiccaning**. A cerimônia Wiccaning é o equivalente bruxo à crisma cristã. Observe os símbolos: a lua e os chifres de poder, a vela e os cordões ou cíngulos.

declararam acabaram exercendo um papel importante na configuração do desenvolvimento inicial do movimento da bruxaria. Um deles, em particular, alcançou grande sucesso ao estabelecer um novo ramo do movimento, fundamentado em sua forma pessoal e idiossincrática da bruxaria: Alex Sanders, segundo todos os relatos, foi um homem carismático, extravagante e dotado de dons psíquicos, que alegava descender de uma família tradicional de bruxos. Ele havia pedido para ser iniciado por uma das principais sacerdotisas gardnerianas, mas foi recusado – uma rejeição que ele nunca aceitou, tampouco esqueceu. Foi finalmente iniciado em um outro coven, por uma outra suma sacerdotisa, e de algum modo conseguiu uma versão do *"Livro das sombras"*, de Gardner, que ele editou, floreou e reorganizou, afirmando que o resultado final era de fato o *Livro das sombras* de sua própria família, que lhe fora entregue como herança por sua avó. Esse material, por sua vez, se tornou a base sobre a qual ele finalmente fundou uma série de seus próprios covens e uma "tradição" de bruxaria (chamada "Bruxaria Alexandrina"), que se tornaria uma alternativa vigorosa à Wicca Gardneriana, particularmente no continente europeu.

Sanders era um *showman* nato com um dom para a publicidade, mas sua primeira incursão no mundo das relações com a mídia terminou de forma desastrosa, quando se tornou o foco de um artigo de jornal tão negativo e sensacionalista que fez com que perdesse seu emprego e adquirisse a inimizade permanente de proeminentes bruxos gardnerianos. Apesar de seu começo infeliz, Sanders perseverou em sua estratégia para obter o apoio da imprensa e retornou aos olhos do público em 1967, quando se casou com Maxine Morris, uma jovem de grande beleza, vinte anos mais moça do que ele, em um "casamento wiccano" de grande repercussão. Sanders também fez de Maxine sua suma sacerdotisa, e ambos se mudaram para Londres, onde assumiram os títulos de "rei e rainha dos bruxos". Sanders logo se envolveu em uma guerra publicitária com os gardnerianos, os quais menosprezava como sendo seguidores de um culto moderno e inventado (em que pese o fato de ele ter tomado de empréstimo de Gardner boa parte de seu próprio material); também apresentou sua versão da bruxaria como artigo genuíno, declarando haver sido iniciado nessa arte por sua avó. Com a impetuosidade extravagante de Alex, a beleza de Maxine e a dramaticidade de seus novos títulos (mais sua disposição em permitir que eles mesmos e seus seguidores fossem fotografados *skyclad*, isto é, completamente nus), o casal logo suplantou os gardnerianos como autoridades favoritas da mídia no tocante ao tema da bruxaria durante os anos da contracultura na Grã-Bretanha, entre o final da década de 1960 e início da de 1970.

Alex e Maxine continuaram a "governar" como "rei e rainha dos bruxos" até 1973, quando se separaram e cada um seguiu seu próprio caminho (embora ambos continuassem a promover e a praticar a Arte). Alex retirou-se da vida pública, mas seguiu trabalhando com o intuito de desenvolver ainda mais a "Bruxaria Alexandrina"; também se dedicou à iniciação e treinamento de novos bruxos, particularmente na Europa Continental. Na ocasião de sua morte, em 1988, a forma de bruxaria que ele havia criado tinha se estabelecido em toda Grã-Bretanha e Irlanda, constituído uma base forte no continente e, inquestionavelmente, havia assegurado sua existência continuada como um ramo reconhecido do movimento mais amplo da bruxaria.

Sanders mudou a face da bruxaria moderna em aspectos importantes. Embora apresentasse seu sistema como uma alternativa independente e autônoma, destinada a competir com a Wicca Gardneriana, muitas de suas inovações foram adotadas por outros bruxos – inclusive gardnerianos – e integradas em suas práticas. A principal influência de Sanders sobre a bruxaria foi estender tanto sua definição como sua demografia. Consoante à natureza de suas afirmações, ele expandiu a percepção do público sobre a bruxaria muito além das fronteiras estabelecidas por Gardner e seus seguidores.

E ainda ampliou o conteúdo e a adesão ao movimento. "Alex trouxe para a Wicca uma boa parte da magia tradicionalmente consagrada pela Cabala, pelo tarô e pela Ordem Hermética da Aurora Dourada, que outros ramos dela haviam deliberadamente mantido afastados."[6] A Wicca Gardneriana também "excluía deliberadamente" os homossexuais; o próprio Gardner havia enfatizado a importância da polaridade masculino/feminina dentro da Wicca, o que significou a adoção de uma postura ativamente contra-homossexual no interior do seu sistema. Mas Sanders, ele próprio bissexual, trabalhou durante seus últimos anos para desenvolver formas de ritual que tornassem a bruxaria mais acessível e atraente para os homossexuais masculinos – uma conexão que rendeu bons dividendos para o movimento, especialmente nos Estados Unidos.

O florescimento da diversidade: a bruxaria nos Estados Unidos

À medida que a Wicca Gardneriana e suas variantes (como a "Bruxaria Alexandrina") começaram a se difundir além de suas origens britânicas, viajaram muito rapidamente para outras partes do antigo Império Britânico – especialmente para os Estados Unidos e a Austrália. Na Austrália, a bruxaria encontrou um ambiente social receptivo em razão da familiaridade e da presença ancestral da cultura aborígine, com suas crenças e rituais "pagãos" (isto é, não cristãos). Os elementos aborígines também forneceram matéria-prima acessível para os bruxos de mentalidade eclética; a bruxaria importada da Grã-Bretanha prontamente se misturou à ampla variedade do neopaganismo nativo.

Foi nos Estados Unidos, porém, que o movimento da bruxaria conheceu seu maior crescimento, alcançou sua maior influência e sofreu suas maiores diversificações. O movimento convergiu de maneira singular com uma série de poderosas tendências culturais em uma maré que o conduziu às raias da aceitação geral. E à medida que a bruxaria "vai se estabelecendo", os bruxos americanos passam a utilizar essa condição para interligar sua religião com o movimento ecumênico internacional – uma conexão que ajudou a bruxaria a obter aprovação mundial como expressão religiosa plenamente legítima.

A sociedade norte-americana sempre demonstrou uma notável abertura a cismas e inovações religiosas desde que os peregrinos dissidentes desembarcaram na área de Plymouth Rock em 1620, como refugiados do *establishment* eclesiástico inglês. As novas terras rapidamente adquiriram fama de oferecer oportunidade e liberdade religiosa, fato que se transformou em uma faceta permanente do caráter nacional dos Estados Unidos. Nos séculos que se seguiram, um verdadeiro exército de novas religiões (ou novas seitas de velhas religiões) chegou ou surgiu para encontrar acolhimento entre os norte-americanos, desde os *quakers*, os *shakers* e os mórmons até os muçulmanos negros da Nação do Islã e cientologistas modernos. Alguns desses ramos obtiveram sucesso, outros fracassaram. Mas *timing* é tudo, e a bruxaria moderna chegou à América do Norte justo a tempo de coincidir com a agitação da contracultura dos anos 1960 – e com algumas das outras tendências e movimentos que brotaram daquela década tumultuada. O sucesso crescente da bruxaria foi ainda mais destacado pelos avanços na tecnologia das comunicações e pelas tendências demonstradas nas áreas da cultura popular e do entretenimento. O resultado foi dar à bruxaria norte-americana uma presença social, cultural e espiritual que se torna progressivamente mais robusta e cada vez mais global em seu âmbito.

A bruxaria organizada nos Estados Unidos começou em 1962, quando Raymond e Rosemary Buckland introduziram a Wicca a partir da Inglaterra, em Long Island, Nova York, com uma "autorização" explícita dos gardnerianos britânicos para transmitir a Arte nesse país. No decorrer da década seguinte, seu trabalho foi favorecido pela difusão das informações a respeito da Wicca por meio dos livros de Gardner e, finalmente, também por meio da publicação dos escritos de outros bruxos britânicos (como o livro de Stewart Farrar, *What witches do*, publicado em 1971). Ao mesmo tempo, a bruxaria vinha atraindo a atenção favorável da contracultura norte-americana, cujos participantes consideraram a "identidade opositiva" da Wicca afinada com sua própria rejeição à corrente dominante na sociedade, expressa em seu lema: *turn on, tune in, and drop out* ["se ligue, sintonize e caia fora"]. Mas a contracultura também era ecleticamente criativa, anarquicamente individualista e totalmente anti-hierárquica – um conjunto de qualidades que se encaixava muito mal no tradicionalismo, na estrutura e no elitismo iniciático dos gardnerianos. Antes

Raymond Buckland chegou a Long Island, Nova York, em 1962, com uma "autorização" dos gardnerianos britânicos para transmitir a Arte nos Estados Unidos. Posteriormente, se afastou dos preceitos de Gardner para criar sua própria tradição independente, denominada por ele Seax ou Saxon Wicca.

que decorresse muito tempo, os norte-americanos começaram a misturar o material *wiccano* com ideias retiradas de outras fontes, incluindo inspiração pessoal, outras tradições do ocultismo e até mesmo literatura de ficção científica. O resultado foi um espectro de novas "tradições" de bruxaria que se expandiu rapidamente.

> À medida que a Arte Gardneriana se espalhou pela América do Norte, também inspirou um certo número de indivíduos a desenvolver suas próprias variantes dela. O próprio Buckland, apesar de inicialmente combater com violência os "impostores" que estabeleceram suas próprias formas de bruxaria, afastou-se de sua tradição em 1973 para criar a *Seax* ou a Saxon Wicca. Uma vez que a sociedade norte-americana é multiétnica, muitos inovadores introduziram partes de suas próprias tradições mágicas populares nas formas de bruxaria que eles fabricaram, adicionando ao cenário da Wicca norte-americana um sabor decididamente multiétnico.[7]

Uma variante etnicamente orientada que emergiu dessa diversidade florescente estabeleceu ainda outra conexão – desta vez de caráter político – que alterou tanto a composição como o direcionamento do movimento da bruxaria moderna. "Z" (diminutivo de Zusanna) Budapest era uma imigrante húngara cuja mãe tinha sido artista, médium, bruxa praticante e entusiasta da adoração à deusa. Budapest chegou aos Estados Unidos em 1959, três anos antes da introdução da bruxaria britânica e quatro anos antes da publicação de *The feminine mystique* [editada no Brasil com o título *Mística feminina*], o livro de Betty Friedan (amplamente considerado a base ideológica do movimento feminista). Doze anos mais tarde, a bruxaria, o feminismo e a própria Z Budapest convergiriam para o sul da Califórnia. Após ter-se deixado radicalizar pelo estilo americano de política sexual, Budapest estabeleceu o "Susan B. Anthony Coven Number One", em Los Angeles, na noite do Solstício de Inverno de 1971, fundindo nele seu paganismo e seus posicionamentos políticos a fim de criar o movimento que veio a ser chamado "Espiritualidade Feminina".

Já existia uma tradição dentro da política radical (que se originara com Michelet) de retratar a bruxa como uma figura heroica na luta pela libertação do ser humano. No fim da década de 1960, as feministas radicais alteraram o foco desse simbolismo, passando a representar a bruxa especificamente como uma heroína da libertação do gênero feminino. As feministas alegavam que a bruxaria original tinha sido um instrumento de poder e independência femininos, e que era acessível a todas as mulheres simplesmente em virtude de sua condição de fêmeas; e mais ainda, que precisava ser recuperada pelas mulheres de hoje a fim de (re)obter seu poder e suas liberdades. Mas as feministas admiradoras das bruxas eram motivadas estritamente por seu posicionamento político, e aparentemente nem sequer sabiam que, em sua própria época, em plena década de 1960, havia pessoas que afirmavam ser bruxas.

Budapest e suas companheiras de coven, por outro lado, sabiam muito bem, já em 1971, que estavam realizando uma fertilização cruzada entre a bruxaria moderna e a política feminista. Budapest misturou elementos da Wicca Gardneriana (especialmente os símbolos, os rituais e a ênfase dada à magia) com as causas e os interesses do feminismo radical e da política radical em geral. A Espiritualidade Feminina emergiu dessa fusão como uma forma de separatismo religioso (não era permitida a participação de homens), com uma divindade feminina autônoma (A Deusa), "cujas devotas se haviam oposto ao patriarcado, ao militarismo e à destruição ecológica".[8] Budapest denominou sua nova "tradição" de Bruxaria Diânica (ou apenas Diânicas),[9] em referência à deusa da tradição greco-romana que repudiava o contato com os homens. Não é surpreendente, portanto, considerada suas origens feministas radicais, que "a prática Diânica tenha uma alta porcentagem de participantes lésbicas".[10] Com efeito, Budapest fez para as mulheres homossexuais o que Sanders havia feito para os homens – ou seja, abriu as portas da bruxaria para que dela participassem plenamente.

Esses avanços engrossaram as fileiras da bruxaria moderna e divulgaram o seu perfil perante o público, mas não foram bem recebidos por todos os bruxos. Particularmente os gardnerianos rejeitaram o exclusivismo sexual de Budapest e deploraram a tendência diânica para o estabelecimento de um "monoteísmo da Deusa" ("Poupai-nos de um Jeová travestido!", rogou um de seus membros). E a ideia de que o poder da bruxaria era inerente a todas as mulheres, "simplesmente em virtude de serem fêmeas", opunha-se diretamente ao ponto de vista gardneriano de que a bruxaria era um sistema de iniciação fechado e estruturado que revelava progressivamente seus mistérios com base no dinamismo da polaridade sexual.

Z Budapest, uma imigrante húngara, fundiu política feminista, suas próprias tradições populares pagãs e elementos da bruxaria gardneriana para criar a Espiritualidade Feminina, conhecida também como Bruxaria Diânica.

O movimento da bruxaria deu um grande passo à frente quando este crescente conflito interno foi

> brilhantemente resolvido em 1979 com a publicação do livro *The spiral dance*, por Starhawk, uma escritora feminista californiana que havia sido treinada pelos gardnerianos [publicado no Brasil com o título *A dança cósmica das feiticeiras*]. Nessa obra ela demonstrou como o coven poderia ser transformado em um grupo de treinamento dentro do qual as mulheres poderiam ser libertadas, os homens reeducados e relacionamentos humanos alternativos poderiam ser explorados. Ela reinterpretou a mágica em termos de psicologia, como um conjunto de técnicas destinadas à autossatisfação e à realização do potencial humano.[11]

Starhawk (nascida Miriam Simos) fundou a Reclaiming Tradition da bruxaria fundamentada em sua mescla de elementos tirados da Wicca

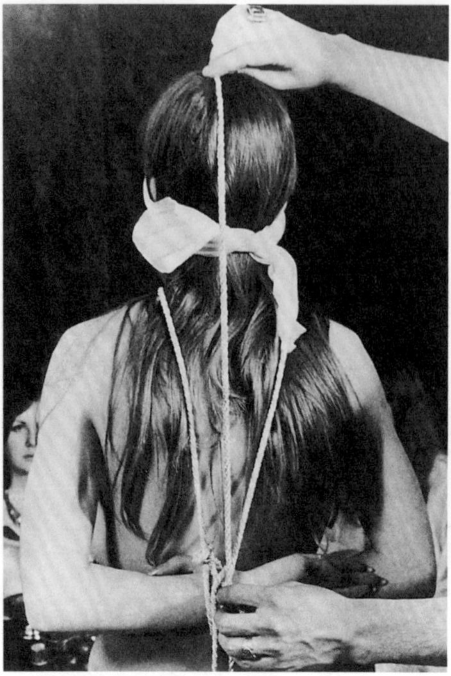

O Primeiro Grau da Iniciação de Janet Farrar em um ritual conduzido por Alex e Maxine Sanders. A amarração e os olhos vendados são parte do simbolismo da morte e do renascimento, incorporado na cerimônia de iniciação.

Gardneriana (e da Faery Tradition de Victor Anderson[12]) com a bruxaria feminista e a política ativista mais cruas de Z Budapest e das Diânicas. Seu propósito era conferir maior relevância e apelo mais amplo à bruxaria moderna – e funcionou. As vendas de *A dança cósmica das feiticeiras* logo ultrapassaram as dos demais livros escritos sobre o assunto, e em um curto espaço de tempo "já havia substituído *A bruxaria hoje* como texto básico".[13]

Além de sua aliança com o feminismo, a ênfase dada pela bruxaria à natureza também repercutia com a preocupação crescente da cultura em geral em relação ao meio ambiente. Tim "Otter" Zell foi um dentre muitos bruxos e pagãos do período que acolheu a noção de que a Terra era uma entidade viva (a "Hipótese de Gaia", de James Lovelock) e a fez convergir com a presumível Deusa ou deusas das religiões pagãs. Zell, Starhawk e outros bruxos norte-americanos continuaram a extrair energia das questões ambientais durante os anos 1980, aumentando ainda mais o impulso social do movimento da bruxaria moderna e trazendo-a a um paralelismo ainda mais íntimo com os interesses da sociedade em geral.

Z Budapest e a Espiritualidade Feminina conduziram a bruxaria desde seus guetos ocultistas até o coração da política ativista americana; Starhawk

Na Califórnia, pagãos e não pagãos se reúnem para assistir aos dançarinos de Morris [dança popular rural de origem inglesa] "dançando o amanhecer" como parte da celebração do Beltane Wiccano (Primeiro de Maio).

expandiu-a novamente para o âmbito do público em geral, estabelecendo ligações entre o movimento e formas compatíveis de crítica social e filosofia do autodesenvolvimento – difundindo assim a bruxaria para muito além de suas fontes esotéricas.

Cibercultura, cultura pop e a ascensão dos paganoides

A internet é outro fator que expandiu a bruxaria muito além de suas fontes esotéricas. Uma das reais surpresas da década de 1980 foi a emergência de uma forte conexão entre bruxos, alta tecnologia e cultura computacional. Esse relacionamento veio à luz em 1986, na edição revisada do livro de Margot Adler, *Drawing down the moon*. Ao realizar suas pesquisas entre bruxos e neopagãos a fim de atualizar seus resultados, Adler descobriu que "seus perfis profissionais são bastante incomuns, com

Starhawk (nascida Miriam Simos), fotografada na colina acima da baía de São Francisco, é autora do livro mais lido sobre bruxaria (**A dança cósmica das feiticeiras**) e fundadora da Reclaiming Tradition da bruxaria.

uma porcentagem espantosamente elevada nos campos científicos, técnicos e computacionais".[14]

Esse elo anteriormente desconhecido tem diversas implicações, uma das quais é que houve praticantes, entusiastas e simpatizantes da bruxaria circulando pelo mundo da alta tecnologia desde o começo – consequentemente, essas mesmas pessoas assistiram ao nascimento da internet. Os bruxos americanos, portanto, encontravam-se entre os primeiros a desvendar o poder da rede para interligar indivíduos isolados dentro de uma entidade que é maior que a soma de suas partes. A internet foi um elemento central para o desenvolvimento do movimento da bruxaria por duas razões: reforça a atitude de tipos culturalmente marginais em geral, permitindo a conexão entre pessoas que, de outro modo, permaneceriam isoladas umas das outras e, ao mesmo tempo, garantindo a privacidade e o anonimato de cada um desses indivíduos.

Essas duas características da internet também têm ajudado a criar a comunidade homossexual – uma "minoria cultural" distinta, mas que se sobrepõe de forma significativa com a bruxaria em sua composição. Em *Queer witches and the world wide web: breaking the spell of invisibility*, o autor, autointitulado Faggot Witch Sparky Rabbit escreve:

> Um dos maiores obstáculos enfrentados por homens e mulheres gays é o manto de invisibilidade colocado sobre nós pela heterossexualidade da cultura dominante... Uma das piores experiências que muitos gays compartilham é o sentimento que experimentam desde a infância de que "eu sou a única pessoa da minha espécie em todo o mundo...". Assim, quando a *web* se tornou disponível – bam!!! – os gays tomaram conta dela para arrancar tudo o que fosse possível. Quando eu estava começando a estudar computadores e a internet, na metade da década de 1990, um de meus amigos falou: "A internet é formada por pagãos e gays". Eu não acredito que essa declaração fosse estatisticamente correta naquela época, mas era definitivamente uma descrição acurada do que muitos pagãos gays que eu conheço estavam experimentando por meio da *web*: havia lá muitos como nós, bem mais do que podíamos imaginar.[15]

A contribuição mais importante da internet para as dissensões políticas, sociais e culturais de todos os tipos – incluindo a bruxaria moderna – foi o fato de ela ter quebrado o encanto da invisibilidade, um fenômeno também conhecido como *minority empowerment* ["empoderamento das minorias"] ou

Margot Adler, escritora e jornalista, é uma bruxa praticante. A primeira edição de seu livro **Drawing down the moon**, publicada no Halloween de 1979, chamou a atenção do público em geral para a bruxaria neopagã pela primeira vez.

ainda "a interligação de indivíduos que, de outro modo, teriam permanecido isolados". Foi um avanço que tornou tudo mais possível, com o surgimento de diversas "culturas alternativas", muitas delas se convertendo completamente em movimentos de resistência cultural. M. Macha Nightmare descreve a diferença que a existência da internet representou para bruxos e neopagãos:

> Antes do advento da internet, bruxos e pagãos permaneciam isolados uns dos outros... diversos covens e diversas tradições podiam coexistir na mesma cidade ou até mesmo no mesmo bairro, sem nunca chegarem a saber da existência uns dos outros... figuradamente, a maior parte dos bruxos permanecia a vida toda dentro do armário. A discrição era a abordagem segura e prudente em tudo o que se referia à nossa religião. Mantínhamos nossos grupos fechados.
>
> A rede modificou tudo isso. Na *web*, indivíduos e grupos isolados se encontravam... A *web* permitiu que comunidades fossem criadas onde nenhuma existira até então. O anonimato das comunicações *on-line* libertou os grupos ligados à bruxaria para expressar seus pensamentos, sentimentos e experiências com relativa segurança. Assim, em certo sentido, a *web* se tornou nossa igreja.[16]

O rápido crescimento e o surpreendente sucesso do *website* witchvox.com talvez seja o fato que melhor ilustra a presença crescente da bruxaria na *web*.

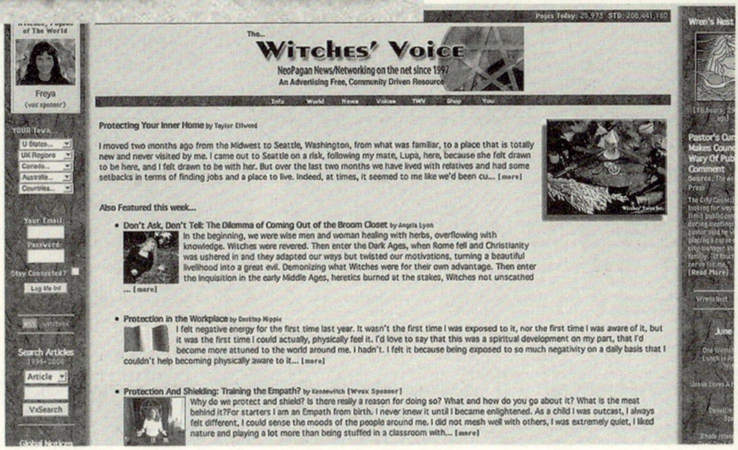

A internet foi fundamental para o desenvolvimento e para a crescente aceitação da bruxaria desde os anos 1990. O *website* **The Witches's Voice** (www.witchvox.com), inaugurado em 1997, se autodenomina "o mais visitado *website* religioso no mundo"; no final de 2006, ele tinha registrado mais de 200 milhões de acessos.

Wren Walker e Fitz Jung inauguraram esse *website* em 1997, compreendendo um conteúdo de 56 páginas e uma breve lista de *links* e contatos neopagãos.

> No final de seu primeiro ano, o Witchvox disponibilizava 385 páginas, que eram acessadas por computadores pessoais em todas as partes do mundo. Durante esse período, o *site* recebera 1.235.237 acessos. Listava milhares de bruxos, wiccanos e pagãos em suas páginas, por estado ou por país, 385 círculos e eventos, 250 lojas de artigos metafísicos ou de bruxaria (a maioria apresentada por seus clientes), 976 sites pagãos na *web* (com informações completas para estabelecer contatos) e um mapa do *site*... Realmente, a Voz dos Bruxos é algo do qual nós, bruxos, podemos nos gabar.[17]

Mas mesmo esse começo auspicioso foi apenas um fiozinho de água em comparação com a torrente que estava para surgir. Desde sua inauguração, o witchvox.com cresceu de maneira tão expansiva quanto a comunidade à qual serve. Em 2006, o *site* já ultrapassara a marca de 200 milhões de acessos, registrados desde 1997. Sua lista de contatos (agora intitulada Witches of the World) contém 4.095 páginas de texto, com mais de 99 mil nomes, incluindo 7.263 grupos ou organizações e 1.300 lojas, bem como indivíduos, editores e livreiros ao redor do globo. Há extensas listas para todos os cinquenta Estados dos Estados Unidos, todas as províncias do Canadá, todas as regiões da Grã-Bretanha e todos os estados da Austrália, assim como

para quarenta outros países ao redor do mundo. Há também um catálogo separado para contatos eletrônicos (Witchvox Links) que inclui 11.628 *websites* sobre bruxaria e neopaganismo.

Hoje a bruxaria está mais visível e acessível na internet do que jamais foi. De fato, sem ter acesso à rede, é quase impossível saber a real dimensão de quão vigoroso e expansivo se tornou o moderno movimento da bruxaria. A íntima conexão estabelecida desde o início entre bruxos e internet ajudou a criar o movimento, reunindo seus participantes e lhes proporcionando um meio de interação, uma vez que os bruxos utilizavam a rede principalmente para se comunicarem. Mais tarde, bruxos *experts* em internet dominaram a tecnologia, convertendo-a de um instrumento restrito de construção do movimento em uma ferramenta ativa de alcance cultural, e hoje eles também a utilizam para se comunicar com

Quatro aprendizes de bruxa adolescentes tentam lançar um feitiço, em cena do filme **Jovens bruxas**, lançado em 1996. Como entretenimento, o filme foi rigorosamente mais uma produção comum de Hollywood; mas foi considerado um evento bem-sucedido para a percepção pública da bruxaria moderna.

A conexão bruxaria--adolescência estabelecida por Hollywood em **Jovens bruxas**, de tão bem-sucedida, foi rapidamente explorada por várias novas séries de televisão. **Charmed** (imagem acima) conta a história de três irmãs que se descobrem bruxas por herança, determinadas a combater o mal, a proteger os inocentes e a lutar contra demônios e feiticeiros malignos.

o público em geral. No século XXI, navegar a rede é um dos principais veículos de informação para as pessoas estabelecerem um primeiro contato com a bruxaria moderna.

Outra importante difusão do conhecimento sobre a bruxaria moderna teve lugar em meados da década de 1990, quando uma súbita proliferação de temáticas relacionadas à bruxaria nos meios de comunicação acabou implantando uma imagem e um conceito da bruxaria moderna diretamente na cultura popular (especialmente na cultura adolescente). Os resultados dessa explosão da cultura *pop* na metade dos anos 1990 ainda se fazem sentir entre nós. Em 1996, a Sony Pictures lançou *Jovens bruxas*, filme sensacionalista a respeito de bruxas adolescentes que foi um grande sucesso de bilheteria. Os observadores de tendências ligados às indústrias instantaneamente perceberam a oportunidade, e

Jovens bruxas viria a ser apenas o primeiro de uma série de filmes e vídeos sobre bruxos e bruxaria lançados rápida e sucessivamente por Hollywood no espaço de pouco tempo. O ano de 1996 também assistiu ao lançamento de *Sabrina, aprendiz de feiticeira*, uma série televisiva que transformou a conexão adolescente com a bruxaria em um *sitcom* de meia hora. O ano seguinte trouxe às telas *Buffy, a caça-vampiros*, uma série semanal voltada para o público adolescente, com episódios de uma hora de duração, que mescla horror, ficção científica, comédia e aventura, e que se tornou tremendamente popular entre seu público-alvo, chegando mesmo a atrair a atenção do meio acadêmico.[18] Esse interesse da mídia durou três anos, alcançando seu clímax em 1998, com uma nova série na televisão (*Charmed*) e mais um filme (*Da magia à sedução*), ambos estrelados por jovens atrizes no auge de suas carreiras e no ápice de sua popularidade junto à audiência jovem.

Mas o filme referencial foi inquestionavelmente *Jovens bruxas*, com sua narrativa dramática de quatro garotas adolescentes que passaram a se interessar por bruxaria e descobriram que havia um poder real em seu dom de enfeitiçar, somente para perder o controle sobre ele – e até sobre elas mesmas. Finalmente, elas lançam seus poderes umas contra as outras, e o filme termina com um sensacional duelo de poderes mágicos entre as bruxas boas e as más. Em certo nível, *Jovens bruxas* é simplesmente mais um filme arrepiante para adolescentes, do tipo que Hollywood produz rotineiramente; mas, em um nível mais profundo, revelou-se um evento pioneiro para a consciência do público em relação à bruxaria moderna. E, em um nível ainda mais profundo, chegou mesmo a provocar mudanças no interior do próprio movimento.

Jovens bruxas é diferente de todos os filmes hollywoodianos anteriores sobre bruxaria em um aspecto importante: apresenta um quadro da bruxaria moderna que realmente se assemelha à coisa real, em vez de se basear em estereótipos medievais padronizados. Isso não ocorreu por acidente, é claro, nem foi o resultado de uma mera pesquisa casual. Os produtores do filme procuraram uma bruxa proeminente dentre a comunidade ocultista de Los Angeles para prestar uma consultoria enquanto o roteiro estava sendo redigido. Pat Devin, que na ocasião era diretora conacional de informações públicas para o Covenant of the Goddess (COG), trabalhou com a Sony durante dois anos, até tornar a versão cinematográfica substancialmente alinhada com a versão da vida real. O resultado foi que, embora a bruxaria moderna tenha sido sensacionalizada para acomodar-se ao propósito do filme, ela continua identificável enquanto tal. A despeito da reação horrorizada de Adler (que classificou a obra como "o pior filme que jamais foi feito!...")[19], *Jovens bruxas* revelou-se um ímã para a bruxaria moderna, por duas razões. A primeira, por uma simples questão de psicologia: a moral do filme (isto é, que a ambição por controlar acaba levando à perda de controle) passa em grande parte despercebida do público adolescente, mas seu apelo tendente ao poder oculto definitivamente não passou. Um senso de atração pelo sonho de controle (especialmente o sonho de poder controlar os outros) é a impressão permanente que, em última análise, é deixada pelo filme. A segunda razão é mais concreta: porquanto a bruxaria mostrada no filme se aproxima bastante do fenômeno real, seu atrativo representado pelos poderes ocultos é interligado a uma coleção de ideias, rituais e objetos do mundo real que os adolescentes, de fato, encontrarão quando investigarem a matéria com um pouco mais de profundidade. Desse modo, os adolescentes interessados dispõem de um arcabouço preexistente de informações e de envolvimento pronto para atender à sua curiosidade. E houve muitos adolescentes curiosos saindo dos cinemas em 1996. É Pat Devin quem calcula os números:

> *Jovens bruxas* foi assistido por aproximadamente um milhão de pessoas em seu primeiro fim de semana em cartaz. Se apenas uma em cada dez pessoas sentiu-se intrigada o bastante para examinar um pouco mais o assunto, talvez ler um livro (e agora há prateleiras cheias de livros sobre o tema!), então foram cem mil pessoas que ficaram pelo menos um pouco mais informadas sobre nossa realidade. E se uma em dez destas pessoas se decidiu a estudar o assunto com maior profundidade, então foram dez mil pessoas somente nesse primeiro fim de semana.
>
> Comecei a chamar a mim mesma de bruxa aos 16 anos de idade, porque Donovan escreveu uma canção chamada *Season of the witch*. Eu não subestimo o impacto da mídia sobre os adolescentes, e esse filme foi justamente calculado para atingir a audiência adolescente.[20]

O efeito foi explosivo e virtualmente instantâneo. Poucos dias depois da estreia do filme, as perguntas sobre os diversos grupos de bruxaria começaram a se multiplicar. Todos foram apanhados de surpresa; mesmo aqueles que haviam tido uma informação anterior a respeito do filme ficaram atônitos perante a escala e a repentinidade da resposta.

Essa inesperada onda de interesse adolescente sobre a bruxaria criou um problema para o movimento em mais de uma forma. Em primeiro lugar, os grupos estavam totalmente despreparados para lidar com essa onda de fascinação. A bruxaria moderna não era um movimento de jovens; pouquíssimos bruxos tinham alguma experiência em como tratar os questionamentos adolescentes, e nem um grupo tinha qualquer tipo de estratégia organizada para atingir esse público. Em segundo lugar, a perspectiva de adolescentes se "converterem" à bruxaria enquanto ainda vivessem sob o teto de seus pais correspondia a uma batata quente, para dizer pouco – não só emocionalmente, mas legalmente também. Qualquer organização de bruxaria que deliberadamente desviasse uma criança da religião de seus pais tinha uma boa possibilidade de ser processada até cair no esquecimento. Com esse perigo em mente, os grupos de bruxaria em geral assumiam uma política de não intervenção em se tratando de menores. O resultado combinado de seu despreparo e de sua cautela foi o movimento da bruxaria organizada ter perdido o controle do fenômeno da bruxaria na cultura popular. Os adolescentes que se sentiram então atraídos para a bruxaria foram forçados a confiar principalmente uns nos outros, conforme observa Adler:

> O fato é que a maioria dos grupos pagãos não admite adolescentes – teme as repercussões provindas de pais sem simpatia pelo movimento. Assim, de fato, a maioria dos adolescentes apenas conseguiu encontrar amigos com os mesmos interesses e opiniões, pois há pouquíssimos grupos em que os adolescentes podem ingressar antes de completar 18 anos.[21]

Como consequência, os jovens que pretendiam ser aprendizes de feiticeiros não tiveram outra escolha senão construir seu conceito de bruxaria com base no que assistiam em filmes, em séries televisivas, nas páginas da internet ou simplesmente em suas conversas com os amigos. Era uma lacuna informativa que só estava esperando para ser preenchida, e o mercado respondeu com uma chuva de livros simplistas sobre bruxaria para adolescentes, do tipo "faça você mesmo", explicitamente voltados à exploração do interesse que *Jovens bruxas* havia despertado. O primeiro desses livros foi escrito em 1998 por Silver Ravenwolf e deliberadamente intitulado *Teen witch: wicca for a new generation* – que se revelou pioneiro de um gênero totalmente novo de literatura adolescente. Esse novo nicho literário, segmentado, começou a moldar tanto a imagem como o conteúdo da bruxaria na cultura adolescente. Assim, à medida que os adolescentes abraçavam a bruxaria, a própria bruxaria se tornou parte do mundo exclusivo e baseado em autorreferências da cultura adolescente, incoerentemente até mesmo com suas raízes firmadas no neopaganismo adulto. Tornou-se uma subcultura independente.

Tornou-se, de fato, um ramo totalmente novo da bruxaria moderna que, brotando entre os jovens, assumiu rapidamente vida própria. Antes de 1996, o movimento era formado basicamente por bruxos religiosos que se sentiam interligados por sua opção comum de isolamento em relação à sociedade "mundana" e a todos os seus valores, instituições e atividades (fundamentados no

Teen witch: wicca for a new generation, livro de Silver Ravenwolf publicado em 1998, foi o primeiro de um gênero totalmente novo da literatura juvenil, que ajudou a definir a "cultura *pop* da bruxaria".

cristianismo); mas *Jovens bruxas* promoveu uma colheita instantânea de novos "bruxos", que adotaram tal identidade de forma inconsequente e que não faziam parte do universo psicológico compartilhado pelos bruxos tradicionais. Os bruxos da cultura *pop*, falando de maneira geral, não recebiam iniciação nem qualquer tipo de treinamento ocultista; não tinham ligação com qualquer ensinamento ou tradição; não podiam ou não queriam se unir às organizações já existentes; conceberam suas ideias de bruxaria a partir de fontes que os bruxos tradicionais desprezam, como as formas de entretenimento popular; e eram totalmente integrados à sociedade mundana, com pouquíssimo senso de separação dela (salvo pela atitude rebelde dos adolescentes com relação à sociedade adulta em geral).

E justamente por causa dessa atitude, os bruxinhos da cultura *pop* sentiam-se inclinados a ver os bruxos tradicionais como tediosos e intratáveis, quadrados e inacessíveis. É uma das ironias do movimento que, enquanto os bruxos modernos estão lutando para estabelecer suas linhas tradicionais de menos de um século como uma verdadeira tradição, já estejam sendo enfrentados por um exército de autoproclamados jovens "bruxos", completamente sem contato com tais tradições e, em sua maior parte, indiferentes a elas. *Websites* como witchvox.com se esforçam para servir a ambas as culturas e, desse modo, funcionar como uma ponte entre elas. Não obstante, a incompatibilidade permanece, e não foi resolvida desde o lançamento de *Jovens bruxas*, já há vários anos.

Bruxaria e a interface inter-religiosa

Uma das incompatibilidades entre a bruxaria tradicional e a bruxaria da cultura *pop* consiste em sua abordagem em relação à cultura dominante. A bruxaria da cultura *pop* é vaga o suficiente em estrutura e conteúdo para qualificar-se mais como um "estilo de vida" do que como uma "religião". Move-se continuamente na direção da aceitação social por meio de sua reiterada exposição pública alimentada pelas versões midiáticas do próprio movimento (frequentemente superficiais e sensacionalistas). Os bruxos tradicionais, por outro lado, assumiram o compromisso de se fazer legitimar junto à sociedade como "uma religião entre outras religiões", com identidade formal, *status* e proteção legal. Nesse sentido, a emergência da "bruxaria como estilo de vida" da cultura *pop* distorce a imagem que os bruxos tradicionais desejam criar de si mesmos.

Dentro desse contexto, alguns membros tradicionais da bruxaria têm buscado *junto às* outras religiões seu reconhecimento como religião, por meio de seu envolvimento no Interfaith Movement. O pioneiro nesse tipo de ativismo foi o Covenant of the Goddess – COG, criado em Berkeley, Califórnia, em 1975. Uma das primeiras coisas que o COG fez como organização foi ingressar no Concílio Inter-religioso local, mas o trabalho de interligação do COG com outras religiões começou efetivamente em 1985, quando o alto sacerdote wiccano Don Frew foi nomeado representante do COG no Norte da Califórnia para o Berkeley Area Interfaith Council – BAIC. Frew adentrou em sua primeira reunião para encontrar um salão apreensivamente dividido entre crentes tradicionais de um lado (cristãos, judeus, budistas) e os crentes "alternativos" do outro (cientologistas, hare krishnas, grupos da Nova Era). Alguns dos membros mais antigos do concílio haviam reconhecido o COG muitos anos antes, e uma vez que Frew representava uma fé alternativa, mas tinha amigos entre os tradicionalistas, foi capaz de exercer um papel de ponte entre os dois lados; bruxos e neopagãos se tornaram parte integrante do BAIC e de seu trabalho a partir de então.

Talvez somente em Berkeley um bruxo poderia agir espontaneamente como ponte entre religiões tradicionais e "marginais" em um encontro inter-religioso, mas os efeitos definitivos dessa conexão não permaneceram absolutamente localizados; na verdade, espalharam-se literalmente pelo mundo inteiro. Aquilo que se havia iniciado em pequena escala e em nível local converteu-se finalmente em política organizada – primeiro para o COG e depois para outros grupos neopagãos e de bruxaria nos Estados Unidos.[22]

Contudo, mesmo vários anos depois de Frew ter se tornado um ativista do movimento ecumênico, sua obra prosseguiu apoiada em uma base local e mormente pessoal. Uma coisa era receber respeito e reconhecimento religioso no contexto do zoológico espiritual de Berkeley, onde os bruxos tradicionais algumas vezes pareciam ser a parte "confiável e sensata" das religiões marginais. Outra coisa muito diferente era obter o reconhecimento da comunidade religiosa mais ampla, para a qual os bruxos, na melhor das hipóteses, eram encarados com ceticismo; na pior, com suspeitas; e com desrespeito em qualquer caso. Mas tudo isso se modificou em 1993 – em parte devido a uma comemoração e em parte devido a uma convergência.

O alto sacerdote wiccano Don Frew oficia serviço no Interfaith Earth Day, celebração promovida pelo Spiritual Alliance for Earth – SAFE. Também participam os representantes indígenas Charles Koshiway e Sacheen Littlefeather e os reverendos Craig Scott e Julie Kain, da Igreja Unitária Universalista.

A comemoração de 1993 marcava o centésimo aniversário do Parlamento Mundial das Religiões. O Parlamento original, fundado em 1893, tinha sido parte da Exposição Mundial, em Chicago, e é amplamente reconhecido como o evento que fundou o movimento ecumênico moderno. Cem anos depois, uma elaborada celebração foi sendo planejada, incluindo a abertura de um segundo Parlamento em honra do primeiro. À medida que 1993 se aproximava, as informações sobre o segundo Parlamento eram difundidas pela North American Interfaith Network. Os representantes do COG souberam do evento por meio de suas conexões inter-religiosas e passaram a traçar os planos para sua participação. O COG pretendia originalmente enviar somente três representantes ao Parlamento, mas seus membros responderam de forma tão calorosa ao projeto que acabaram por reunir um grupo de voluntários de mais de quarenta pessoas, todas as quais viajaram para o evento à própria custa. No momento em que partiu para Chicago, o grupo sentia-se incerto sobre o que encontraria lá, ou que tipo de recepção teria; este seria seu primeiro encontro importante com o universo do diálogo inter-religioso fora do ambiente espiritual bastante exótico de Berkeley.

O que o grupo encontrou em Chicago foi uma espantosa convergência de preocupações e esperanças que colocou os bruxos diretamente sob os holofotes internacionais e situou a bruxaria exatamente no interior da corrente dominante do moderno pensamento religioso – literalmente da noite para o dia. Representante oficial do COG, Don Frew relata como a confluência de temáticas religiosas e ambientais empurrou a bruxaria moderna para o centro do palco da arena internacional:

Na primeira sessão plenária do Parlamento de 1993, o dr. Gerald Barney – cientista que havia preparado o Relatório Global 2000 sobre meio ambiente para o presidente Jimmy Carter – anunciou à multidão ali reunida o iminente colapso ambiental do planeta... O dr. Barney, que é cristão, prosseguiu imputando boa parte da culpa por tal situação às principais religiões "mundiais", especialmente o cristianismo. "O que nós precisamos", afirmou ele, "são novas espiritualidades e novas maneiras de ressacralizar a natureza, se a Terra sobreviver".

E lá estávamos nós.

Desde sua primeira sessão, o Parlamento de 1993 enfocou a ressacralização da Natureza... Subitamente, nós bruxos nos descobrimos os "queridinhos" da mídia na conferência! Nossos *workshops* "O que é a Wicca?" tiveram de ser transferidos para salões maiores a fim de acomodar o grande número de pessoas que desejava assisti-los. Nossa cerimônia da Lua Cheia em um parque próximo, planejada para um círculo de 50 pessoas, atraiu 500!... Ao final do evento de nove dias, os acadêmi-

Este altar para um Sabá de Beltane (Primeiro de Maio) apresenta os utensílios comumente usados em cerimônias de bruxaria. A vela central está ladeada por imagens do deus e da deusa próprias para o ritual. Três recipientes contendo água, sal e incenso que, reunidos à brasa do incensório, representam os quatro elementos: água, terra, ar e fogo. O pentáculo (à direita) e a taça (à esquerda) contêm guloseimas e o vinho para a bênção. O bastão e a espada (centro) conduzem as ações do ritual mágico. A faca ou *boline* (centro) é para fazer cortes. O chicote simboliza a purificação e a disposição em "sofrer para aprender", isto é, suportar as adversidades a fim de progredir.

cos presentes ao Parlamento estavam declarando: "Em 1893, os Estados Unidos foram apresentados aos budistas e aos bindus; em 1993, ficamos conhecendo os neopagãos". Um jornalista descreveu o Parlamento como "o baile de debutantes dos neopagãos".

A partir daí, os neopagãos passaram a ser incluídos em quase todos os eventos ecumênicos de caráter nacional ou global. No Parlamento de 1993, deixamos de ser um bando de excêntricos e nos tornamos uma minoria religiosa. Como [o representante do COG] Michael Thorn declarou após seu retorno de Chicago, "Esse foi o evento mais importante na história da Arte desde a publicação de *A bruxaria hoje*, em 1954!".[23]

Olhando o futuro: crescimento, validação e mudança

Depois do assinalado sucesso de relações públicas no Parlamento de 1993, os membros do COG adotaram o trabalho ecumênico como uma das prioridades de sua organização. Dois anos depois do Parlamento de Chicago, o COG se dedicou a outro projeto inter-religioso de alcance mundial: a URI – United Religions Initiative, do bispo William Swing, da Igreja Episcopal [Anglicana]. A URI foi concebida em 1995 como a contraparte religiosa das Nações Unidas, depois que Swing recebera a incumbência de escrever uma liturgia ecumênica para o quinquagésimo aniversário da ONU. Desgostoso com o fracasso do mundo religioso se equiparado ao bem-sucedido meio século das Nações Unidas, o bispo decidiu que já era tempo de reunir as religiões mundiais de forma permanente, dentro de algum tipo de organização. O resultado foi a URI. Os membros do COG se envolveram com a criação da URI desde o início, e até mesmo ajudaram a redigir os estatutos da entidade, que refletem a influência do neopaganismo desde suas palavras iniciais:

> Nós, pessoas de diversas religiões, expressões espirituais e tradições indígenas de todo mundo, pelo presente estabelecemos a Iniciativa das Religiões Unidas com o propósito de promover uma cooperação inter-religiosa permanente e diária, a fim de combater a violência movida por razões religiosas e para criar uma cultura de paz, justiça e cura para a Terra e para todos os seres vivos.

Há inúmeras oportunidades para o trabalho ecumênico, e o COG ingressou em tantas áreas quantas permitem os seus recursos. O Parlamento de

Em Sussex, bruxos ecléticos ingleses realizam um ritual concebido por eles mesmos, diante do Long Man of Wilmington [Homem Longilíneo de Wilmington]. Os bruxos modernos combinam livremente uma variedade de elementos para criar suas próprias formas religiosas.

O Deus Cornífero e a Deusa Lua são as principais deidades da Wicca. O Deus Cornífero representa o caráter masculino da divindade: o Senhor da Morte, o Inverno, a caça; a Deusa Lua representa o caráter feminino: a Deusa Mãe, o Verão, a fertilidade e o nascimento. No seio da tradição da Wicca acredita-se que eles podem ser incorporados e possuir a suma sacerdotisa e o sumo sacerdote.

Na Califórnia, o público participa do sabá comunitário de Beltane (Primeiro de Maio), que inclui o levantamento do mastro de maio (decorado com flores e fitas, próprio dessa celebração).

1993 gerou diversas conferências subsequentes; um outro Parlamento se reuniu na Cidade do Cabo, em 1999, e outro ainda em Barcelona, em 2004. O COG esteve envolvido em todas essas iniciativas, bem como em todas as atividades permanentes da URI. Os bruxos do COG veem sua participação inter-religiosa tanto como ativismo quanto como religião.

> Como uma pessoa de fé, chamada por meus deuses para cuidar e proteger a Terra, como poderia não me envolver? O trabalho inter-religioso é, em minha opinião, a melhor esperança para o futuro da Terra. Os neopagãos encontram-se ativos no coração do movimento ecumênico global. Esta é nossa oportunidade para tomar parte nas mudanças a que desejamos assistir.[24]

Seja lá o que possa resultar dessas mudanças a que eles desejam assistir, está claro que sua estratégia ecumênica vem obtendo sucesso em, pelo menos, um de seus objetivos. O engajamento inter-religioso do COG conduziu a bruxaria moderna por um longo caminho até sua validação religiosa e sua aceitação

Membros de um grupo neopagão local marcham na anual Parada do Orgulho Pagão, em Berkeley, Califórnia.

pela sociedade em geral – não somente nos Estados Unidos, mas em todo o mundo. Frew descreve a efetividade do trabalho ecumênico do COG:

> Os neopagãos são agora aceitos e bem-vindos em eventos ecumênicos ao redor do mundo. E isto vem pagando dividendos em termos de crescente compreensão. Tanto na Cidade do Cabo [o Parlamento de 1999] como na metade do caminho para o outro lado do mundo, no Rio de Janeiro [a Conferência de Cúpula da URI, em 2002], não encontrei uma única pessoa que não soubesse o que é a Wicca! "Ah, sim, a Deusa. A religião da Terra. Já ouvi falar nisso!", foi a resposta que usualmente recebemos. Não fomos nós que lhes ensinamos isso, foram os grupos ecumênicos.[25]

A bruxaria moderna é uma religião em transição. Considerando o fato de que já teve mais eventos significativos em sua curta história do que muitas religiões registram ao longo de séculos, seria prematuro especular a respeito de seu futuro a partir desse ponto. Mas o movimento presente abriga uma tensão interna que claramente terá de ser resolvida. A aproximação de uma crise está embutida no processo mutável da rejeição para a aceitação social, de ser um culto fechado, sigiloso e iniciático para se tornar uma religião aberta, reconhecida e pública. A questão pode ser colocada da seguinte forma: se a identidade religiosa de alguém, e boa parte de sua motivação religiosa, derivou-se de uma oposição ao sistema dominante, o que vai acontecer quando esse alguém for *agregado* a esse sistema? De inúmeras formas, esse processo já se encontra em andamento, e certamente implicará importantes modificações.

É Don Frew, um dos arquitetos da política inter-religiosa do COG, que oferece um vislumbre do que algumas dessas modificações podem vir a ser:

> No momento em que entramos no século XXI, não há mais o questionamento sobre se a Arte é parte da cultura dominante da sociedade; nosso maior desafio será determinar qual o significado disso. Como integraremos nossas tradições de sigilo e anonimato com o fato concreto de sermos uma religião pública e moderna? Como poderemos integrar o modelo de religião tribal e xamanística que dominou o paganismo durante os últimos cinquenta anos com a realidade de uma sociedade moderna e tecnológica? Como integraremos nossas raízes espirituais e nossa identificação com as religiões pré-cristãs da Europa com a realidade da sociedade norte-americana, tão diversificada e multiétnica? E como poderemos fazer tudo isso e, ao mesmo tempo, permanecermos fiéis à nossa herança pagã?
>
> Alguns de nós se voltam para os modelos clássicos antigos do paganismo no mundo romano em busca de exemplos de como uma religião politeísta da natureza pode se compatibilizar com um mundo urbano e cosmopolita e com um estilo de vida público. A Arte no século XXI terá de encontrar um novo caminho que possa percorrer com sucesso ou, inconscientemente, replicará as estruturas religiosas contra as quais seus fundadores se haviam rebelado, aspecto que mais atraiu pessoas para a Arte desde seus primórdios.[26]

No topo de uma colina na Califórnia, wiccanos, pagãos e público em geral se reúnem para saudar a alvorada e iniciar as celebrações de Beltane (Primeiro de Maio).

11.
O papel da bruxaria

Historicamente, há três tipos de bruxo: o feiticeiro, que pratica a magia simples, encontrado no mundo inteiro; o herege, de quem se afirmava praticar diabolismo e que foi perseguido durante as caças às bruxas; e o neopagão. Os três grupos têm pouco em comum, salvo o designativo de "bruxo".

Dentre os três tipos, aquele das caças às bruxas surtiu o maior efeito histórico. A bruxaria europeia histórica era um satanismo (adoração do Diabo) formado por elementos retirados da antiga feitiçaria, do paganismo, do folclore, da heresia, da teologia escolástica e dos julgamentos em tribunais locais, estatais e eclesiásticos. Se alguém de fato praticou esse tipo de bruxaria, é uma questão em aberto. Alguns indivíduos ou grupos podem ter realizado rituais diabólicos, mas foram raros. A principal importância da bruxaria herética é o conceito em si mesmo: o que podem realmente ter feito esses bruxos é eclipsado por aquilo que se acreditava que eles faziam. As pessoas agem com base naquilo que acreditam ser verdadeiro, e aquelas que acreditaram na real existência de uma conspiração diabólica da bruxaria provocaram a morte de cerca de 60 mil pessoas, aterrorizaram outras milhares, distorceram as mentes educadas durante séculos e deixaram uma mancha indelével nos registros históricos da cristandade.

Muitas razões foram apontadas para a origem, difusão e declínio final das caças às bruxas. Mas a importância fundamental dessas caçadas não se encontra em sua gênese particular e intelectual. Essencialmente, as caças às bruxas atestam a presença de uma horrenda falha na natureza humana: o desejo de projetar o mal sobre os outros, de defini-los como excluídos e de então puni-los cruelmente. As condenações à fogueira em Bamberg e os enforcamentos de Salem são funcionalmente comparáveis aos fornos de Dachau, às brutalidades do Gulag e aos genocídios no Camboja e em Ruanda. A ideologia determina a forma a ser assumida pelo mal, mas o mal que se esconde por trás da forma é uma característica embutida na própria humanidade. A negação da existência do mal somente fortalece seu poder.

Fazer a transição da bruxaria herética para o neopaganismo é uma espécie de alívio. Ao contrário do que muita gente ainda supõe, os bruxos modernos não adoram o demônio, não participam de missas negras nem sacrificam qualquer tipo de criatura. As poucas pessoas que realizam essas práticas estão completamente alheias àquilo que vem se tornando uma tradição progressivamente aceita de bruxaria moderna, sendo tão relevantes para o universo neopagão quanto as seitas cristãs bizarras o são para o cristianismo como um todo. O objetivo principal da bruxaria moderna é a criação de uma nova religião que mantenha algumas similaridades com a feitiçaria e o paganismo antigos. Qual a razão para o sucesso crescente da bruxaria e qual a sua validade religiosa?

Seu sucesso é parcialmente explicável em termos do crescimento geral do ocultismo desde a década de 1960. Sob uma perspectiva histórica ampla, o interesse pelo oculto tem surgido em períodos de rápida decadência social, quando as instituições estabelecidas deixam de prover respostas facilmente aceitáveis e o povo se volta para outras fontes em busca de garantias. O século III de nossa era, quando a sociedade romana estava se enfraquecendo; o século XVI, quando a síntese medieval estava se desintegrando; e o final do século XX são períodos para os quais essa generalização parece verdadeira. As raízes do atual reavivamento ocultista encontram-se no período que vai da metade do século XIX até meados do século XX, quando a fé no cristianismo tradicional também estava enfraquecendo. A conjunção de cinco planetas com o Sol no signo zodiacal de Aquário, em fevereiro de 1962, pareceu anunciar a chegada de uma nova "Era"; e esse evento foi importante pela razão mais específica de ter sido 1962 o ano em que a Wicca Gardneriana foi trazida para os Estados Unidos, que logo se tornaria o centro mundial da Wicca. O interesse diminuiu um pouco após atingir o apogeu na década de 1970, porém, ao longo dos anos 1980 a Wicca reviveu e até estabeleceu cabeças de ponte na Europa continental. Desde o início da década de 1990 vem ganhando uma força considerável, um testemunho da rápida fragmentação dos valores sociais e intelectuais do Ocidente. Basta entrar em qualquer livraria e observar as volumosas seções sobre "metafísica" para constatar que o nível de interesse continua elevado.

É difícil definir o "oculto", e quase tão difícil definir a bruxaria moderna. A revolução cultural pela qual passou a sociedade ocidental desde a década de 1960 foi um movimento contra o *establishment*, e as convenções culturais firmadas em valores sociais conservadores foram ridicularizadas e frontalmente atacadas. No âmbito da religião, o cristianismo foi identificado como parte integrante desse *establishment*, e desse modo os valores judaico-cristãos foram considerados perniciosos. Tudo quanto era antigo deveria ser então destruído para que a humanidade pudesse ser libertada para revelar seu verdadeiro ser interior: sua natureza essencialmente boa. (Esta bondade inerente à natureza humana, diga-se de passagem, é desconhecida tanto por historiadores como por biólogos.)

Os pontos de vista radicais da contracultura eram quase idênticos aos valores do movimento romântico do século XIX – e, em grande parte, derivados deles –, os quais eram alicerçados sobre a ideia da capacidade de aperfeiçoamento da natureza humana, desde que libertada das correias da autoridade tradicional. O mantra dos românticos rezava que sentimentos eram mais importantes que pensamentos lógicos, e que o poder criativo e original superava de longe o racional e o empírico. A década de 1960 introduziu um romantismo renovado e fundamentado nos sentimentos, sendo notavelmente manifestado por meio do ambientalismo, do feminismo, da liberdade sexual, do uso de drogas, das diversões eletrônicas, da liberação gay, da literatura e da filmografia ocultistas, dos cristais e do tarô. Entre os intelectuais, os pós-modernos e desconstrucionistas, a relativização das artes e das humanidades e a crescente oposição à visão fisicista dominante nas diversas áreas das ciências minaram as certezas previamente existentes. As ortodoxias de todos os tipos – particularmente as religiosas – foram zombadas e vilipendiadas. Esse vasto terreno de transformações sociais tornou-se o ambiente perfeito para o florescimento da bruxaria moderna e neopagã.

A quebra das ortodoxias religiosas e científicas deu oportunidade para o surgimento de formas alternativas de observação do mundo. Muitos esforços nessa direção são fatalmente ignorantes e acríticos, e, portanto, ineficientes. De fato, a ausência de padrões críticos básicos é característica do ocultismo atual. Anteriormente, definimos a superstição como uma crença adotada por um indivíduo que não possui um sistema de pensamento coerente no qual possa enquadrá-la adequadamente. De acordo com essa definição, a maior parte do pensamento ocultista é inegavelmente supersticiosa. Os ocultistas

A característica mais importante dessa celebração pública do Sabá de Beltane (Primeiro de Maio) é a entrada do *'obby 'oss* (*hobby horse*), representando os poderes de fertilidade da Terra.

frequentemente adotam crenças de acordo com o seguinte padrão: *isso poderia ser verdade; eu quero que seja; portanto, é.* Essa forma de não pensamento é, em última análise, autodestrutiva. Tanto a rigidez dogmática como a credulidade acrítica impedem a busca pela verdade.

O termo "oculto" é provavelmente associado de forma demasiado íntima com esse tipo de posicionamento para ser capaz de adquirir – ou até de merecer – conotações mais positivas. Mas até mesmo o "oculto" está antiquado, e os livros sobre esse tema vêm habitando, em sua maior parte, as seções mais mofadas dos sebos. Se substituirmos "oculto", esse termo tão vago, por "neopagão", o conceito de abordagens criativas e sintéticas da realidade pode vir a ser encarado com maior simpatia. Uma das ideias mais patentemente falsas e ainda assim apreciadas pela sociedade moderna é a de progresso.

Essa noção, originária do século XVIII, contrária aos fatos históricos e científicos, capturou a ideologia antropológica e sociológica do início do século XX e produziu a suposição de que a mágica evoluiu para a religião e a religião evoluiu para a ciência; de que o politeísmo evoluiu para o monoteísmo e o monoteísmo para o ateísmo. A exploração dos recursos naturais supostamente representou o progresso em relação à harmonia com a natureza. Acreditou-se que tudo estava mudando para melhor. Supôs-se que a tecnologia resolveria todos os nossos problemas. A capa do exemplar de março de 2006 da revista dos ex-alunos de uma famosa universidade indaga, não sem ousadia: "Podemos conhecer tudo?". Esta estranha combinação de arrogância e ingenuidade não é atípica entre os acadêmicos da área de ciências físicas. Mas uma vez que tais fantasias insustentáveis são removidas, podemos perceber valores em algumas alternativas que têm sido rejeitadas. Talvez o pensamento sincrético e intuitivo seja tão valioso quanto o pensamento analítico. Talvez o ateísmo não constitua um avanço em relação à religião. Talvez o panteísmo nos possa ajudar a entender ideias que o monoteísmo perdeu. É nesse contexto que a bruxaria moderna ou o neopaganismo podem ser percebidos como uma abordagem alternativa potencialmente válida à realidade.

Contudo, o neopaganismo deve ser temperado pelo pensamento crítico. Um perigo persistente que ameaça a bruxaria é o de que pessoas emocionalmente instáveis possam ser levadas a atos destrutivos ou autodestrutivos ao lidar experimentalmente com a magia. As pessoas tentadas a acreditar que possuem poderes secretos deveriam permanecer extremamente céticas com relação a tais poderes em si mesmas – e ainda mais céticas em relação à existência de tais poderes nos outros, em razão do perigo de serem atraídas para cultos psicológica e até fisicamente perigosos por líderes iludidos e manipuladores. Mas o comportamento irracional da parte de alguns dos bruxos não invalida a bruxaria em geral, tal como o comportamento irracional demonstrado por alguns cristãos, hinduístas ou marxistas não invalida seus pontos de vista em relação ao mundo. A verdadeira questão é saber se a bruxaria possui algo de valor a oferecer.

Não é preciso tornar-se bruxo para entender que a bruxaria é uma expressão da experiência religiosa. As antigas religiões pagãs, quando entendidas em profundidade, revelam-se ambivalentes, dotadas tanto de elementos destrutivos como positivos. Antropólogos, psicólogos e cientistas de outras áreas têm demonstrado que elas podem ser ricas, belas e intuitivas. Os bruxos neopagãos estão tentando resgatar os aspectos positivos da religião pagã e trançá-los dentro de uma síntese nova e moderna. Os valores positivos inerentes a essa tentativa incluem uma ênfase na criatividade individual e na autoexpressão em moldar novos ritos e crenças. A bruxaria neopagã e seus rituais abrem um imenso espaço para a poesia, a dança, a música, o riso e para seja lá o que o momento e a tradição inspirarem. A bruxaria encoraja a abertura para a veneração do mundo natural e para a reverência e amor pelo cosmos. Também oferece uma oportunidade de compreensão da importância do inconsciente na integração completa da psique. Proporciona um senso de importância do princípio feminino, que tem sido frequentemente obscurecido pelo simbolismo masculino das grandes religiões monoteístas. Sua validade vem sendo debatida tanto na área da teologia como no campo das leis.

Seja qual for o futuro da bruxaria como força religiosa independente, seus valores devem ser introduzidos de uma forma tão renovada e tão profunda quanto possível. Devem ser igualmente expostos o mais honestamente possível. A asserção persistente de alguns neopagãos, de que eles dão continuidade a uma tradição ininterrupta de antigas religiões, é falsa. Não existiam covens da Wicca antes que Gardner os estabelecesse pela primeira vez, em 1939. É o frescor da criatividade de muitas formas de bruxaria que deve ser admirado, e não uma antiga tradição inexistente. É dessa forma que o neopaganismo e a bruxaria podem oferecer ao mundo alguma coisa nova e vital.

Temos enfatizado a vasta diversidade de crenças e práticas dos bruxos modernos, mas encontramos certas linhas comuns na maioria delas: panteísmo, feminismo, rejeição do conceito de pecado e "reciprocidade espiritual". Tais pontos de vista são parcial ou totalmente contraditórios a outras visões de mundo. Todavia, nenhuma religião (nem qualquer outro tipo de conhecimento) pode, em pleno juízo, proclamar que conhece tudo, e todas as religiões podem aprender e tirar proveito do que é bom nas demais. A feitiçaria ainda persiste; a bruxaria diabólica encontra-se essencialmente morta; os bruxos modernos criaram uma nova religião. A bruxaria não é um conceito coerente, mas um termo que abrange grande variedade de fenômenos frouxamente interligados.

Mas a magia conserva seu apelo, e a bruxaria não desaparecerá tão cedo desta Terra.

12. Bruxaria hoje

A bruxaria moderna é uma religião em transição. Considerando o fato de que já teve mais eventos significativos em sua curta história do que muitas religiões registram ao longo de séculos, seria prematuro especular a respeito de seu futuro a partir deste ponto.

A declaração que concluiu a edição anterior deste livro mostrou-se bastante precisa desde então. Quase duas décadas depois dessa segunda edição ter sido publicada, a bruxaria moderna passou por uma série de mudanças rápidas que surpreenderam as próprias bruxas. Graças principalmente à influência da internet, esse ritmo acelerado de mudança não apenas continua como deve aumentar, com quase toda certeza.[1] Mas, para compreender as transformações que já aconteceram e aquelas que ainda virão, devemos entender antes a bruxaria moderna dentro do contexto maior do movimento neopagão.

O neopaganismo que vemos hoje é o resultado direto do ressurgimento da bruxaria moderna, que começou com Gerald Gardner na Grã-Bretanha, no início da década de 1950. Na década de 1990, a internet emergiu e demonstrou rapidamente sua notável capacidade de criar "comunidades sem localização", estabelecendo conexões entre pessoas com a mesma mentalidade que jamais se encontrariam na vida real, simplesmente porque viviam a uma distância de centenas ou milhares de quilômetros.

Um dos primeiros efeitos da criação de conexões da net foi estimular o rápido crescimento do movimento da bruxaria. Outro resultado mais tardio foi a proliferação de ramos distintos dentro do neopaganismo. Quando outros entusiastas da religião antiga perceberam que as bruxas foram bem-sucedidas ao reviver a "Antiga Religião", perguntaram-se, "E por que não a nossa?". Graças à internet, em pouco tempo esses grupos puderam reunir colegas devotos em número suficiente para emergir como comunidades ativas e crescentes por direito próprio. Como resultado, temos testemunhado o advento de "Reconstrução(-ções) Pagã(s)": a tentativa de reanimar ou recriar diversas religiões históricas, antigas e pré-cristãs. Alguns desses grupos já existiam, mas com entusiasmo claramente concentrado em nichos. A chegada da internet revigorou muitos deles, permitindo que se tornassem organizações vibrantes, com presença visível e alcance público. Essa diversidade emergente criou uma ampla variedade de opções de sistemas religiosos antigos, dentre os quais:

1. Reconstrução celta: uma tentativa de reviver a religião pré-cristã da Grã-Bretanha e de partes da Europa Ocidental, incluindo alguns ramos do druidismo.
2. Heathenismo ou paganismo nórdico: comunidade que reverencia as antigas divindades germânicas. Atualmente, divide-se entre aqueles que enfatizam o aspecto da raça branca na religião nórdica e os grupos majoritários que rejeitam esse foco racial, aderindo a um "heathenismo inclusivo".
3. Kemetismo: religião egípcia revivida (o nome deriva de *kmt*, antigo nome do Egito), que inclui notadamente a recente ascensão dos "keméticos afrocêntricos", segundo os quais os governantes do Egito eram negros.
4. Helenismo: religião greco-romana revivida, centrada nas divindades das antigas Grécia e Roma.
5. Antigas religiões do Leste Europeu: referidas coletivamente como grupos de "fé nativa", incluem sistemas de crenças eslavos, do Báltico (Romuva) e da Ucrânia (Rodnovery).
6. Religiões da diáspora africana: crenças praticadas ou desenvolvidas por escravizados africanos em suas terras de exílio. Incluem vodu, santeria e candomblé, bem como outras variações e sistemas de crenças.

Essa proliferação inflou o número de neopagãos[2] e ampliou a presença da religião na esfera e na consciência públicas. Mas outro resultado (negligenciado) da ascensão da internet veio à tona e, na verdade, representa um problema para a coerência do movimento. Poucas pessoas notaram no início que essas novas comunidades provavelmente seriam resistentes à cultura dominante ou ofereceriam alternativas dissidentes a ela. A internet tem um viés intrínseco, pois reúne pessoas que compartilham determinado ressentimento ou desejam criticar grupos maiores: por isso, ela é feita sob medida para toda espécie de facção "de oposição".[3]

Inicialmente, essa tendência levou a um crescimento explosivo no movimento da bruxaria, pois a bruxaria moderna definiu-se rejeitando e opondo-se ao contexto da cultura dominante (cristã). Com a maturidade, o movimento começou a se afastar da autopreservação opositiva, adotando uma asserção mais positiva de sua própria identidade (e virtudes) como sistema religioso. Entretanto, quando a bruxaria moderna se aproximou do *mainstream*, a internet mostrou que possui dois gumes e incentivou a formação de grupos contrários a tal andamento. O ancião wiccano Don Frew explica como esse processo resultou na fragmentação da bruxaria moderna em diversos subgrupos:

> Minha observação é que estamos no meio de outra explosão de novos grupos pagãos, muitos dos quais não querem ser chamados de pagãos, que se opõem à bruxaria moderna mais dominante. Nos últimos quinze anos, vi muitos grupos passarem de uma era dourada de descobertas iniciais para uma descrição e definição de si mesmos como opositores, vendo a discórdia e o faccionalismo internos resultarem em tensões significativas, até o crescimento e o desenvolvimento de novos sistemas para lidar com essas tensões e o começo de sua própria autodefinição (em vez de "não serem da Arte"). Desenvolveram-se várias abordagens diferentes de oposição à Wicca. Parece-me que cada uma delas focaliza um dos aspectos básicos da cultura da Arte e leva-o a um extremo — banalizando ou até negando a importância de todo o restante. Infelizmente, como parte de ser oposição, não raro criticam a Wicca nesse processo.[4]

Nessa mudança turbulenta, com o profuso desabrochar de novas facções, a preocupação das bruxas e de outros neopagãos é que o neopaganismo tornou-se tão diversificado que não se sustenta mais como movimento. Tornou-se uma coleção de crenças e de práticas extensas demais para falar com uma única voz sobre qualquer questão, permitindo que os ventos da mudança da história dispersem seus componentes, ocasionalmente contenciosos, em categorias distintas e próprias. Por outro lado, a esperança neopagã é que esses mesmos ventos também levem embora o joio das tendências, posturas e oportunismos, deixando as sementes mais vigorosas do compromisso e da dedicação. Enquanto isso, se alguém definir "movimento" estritamente como um conjunto de indivíduos díspares que atuam em concerto para atingir objetivos previamente combinados, então, creio que nesse ponto é justo descrever o neopaganismo mais como uma "comunidade" do que um "movimento".

Esse é o quadro geral, que serve como pano de fundo essencial para as outras mudanças que moldaram e continuam a moldar a bruxaria moderna. Não surpreende o fato de a internet também ter sido um fator importante nesse contexto. Um dos efeitos mais significativos foi o afastamento generalizado de formas sociais da prática (como os covens), que envolvem reuniões presenciais com outros praticantes. Entretanto, essa tendência não diminuiu a atração pós-pandemia de diversos encontros, festivais e convenções de que participam os neopagãos.[5]

Se por um lado a internet incentivou o aumento dramático de grandes grupos atraídos pela bruxaria, por outro conquistou a atenção de pessoas como indivíduos autônomos, que tendem a estudar a Arte pela internet e não pelo aprendizado pessoal e que provavelmente a praticam sozinhas (esses bruxos costumam ser chamados de "solitários").[6] A pandemia reforçou bastante essa tendência. Como a participação pessoal nos covens não seria possível, «covens on-line" cobriram a lacuna, congregando virtualmente pelo Zoom e outras plataformas de reunião na internet.

Mas essa nova tendência ao isolamento entre pagãos — a crescente falta de conexão com ensinamentos baseados no movimento ou na tradição — também abriu a porta para uma "mercantilização assustadora" da Arte, coisa que wiccanos mais estabelecidos consideram perturbadora. Alguns covens on-line cobram matrículas e praticam ativamente o comércio, vendendo utensílios e suprimentos ocultistas, e diversos pagãos e influenciadores nas mídias sociais pedem pagamento por leituras de tarô ou por outras formas de adivinhação. Tradicionalmente, os bruxos são proibidos de cobrar por instruções e são orientados a adquirir os próprios utensílios e suprimentos.

Outro sintoma dessa tendência ao individualismo é a explosão de contas de bruxos nas mídias sociais; como exemplos, temos #WitchTok e #witchesofinstagram.[7] Como a bruxaria tornou-se um assunto em alta na cultura popular, a maneira como é apresentada — especialmente em quadrinhos, filmes e programas de televisão — influenciou a forma como bruxos e bruxas se veem. Nas mídias sociais, muitos deles — embora não todos — são jovens (Millenials e Geração Z) e tendem a ver a bruxaria de maneira bem diferente da de seus antecessores no movimento (e dependem de diversas fontes para formar um entendimento a respeito de si próprios).[8] Isso deu início a uma transformação geracional da bruxaria que, com quase toda certeza, mostrar-se-á fundamental e ampla. Esses bruxos mais recentes e mais jovens, moldados por debates que marcaram suas próprias gerações, trouxeram novos conceitos ao movimento, estabelecendo uma discussão vigorosa que está redefinindo a concepção básica da bruxaria sobre a relação entre sexo, gênero, divindade, espiritualidade e magia. Com o prosseguimento dessa discussão, emergiu uma previsível divisão geracional, com os bruxos e bruxas mais jovens questionando algumas ideias fundamentais da Wicca sobre sexualidade.

A Wicca, tal como concebida originalmente por Gerald Gardner e seus sucessores imediatos, baseava-se numa visão "essencialista" do sexo e do gênero. Para eles, a natureza binária do gênero era a expressão mais elevada da polaridade positiva e negativa, permeando toda a realidade, desde o nível subatômico até o nível humano. A tensão entre esses polos, em todos os níveis, é o que permite que o universo exista, que ele se comporte como se comporta e torne essas energias acessíveis para uso mágico. Por esse motivo, Gardner e seus seguidores consideravam sexo e gênero unidos como uma só coisa, estável e fundamental, um fio integral do tecido do universo e um componente crítico da magia.

Essa forma de ver o mundo não deixa muito espaço para homossexuais ou transexuais no trabalho mágico, e por isso está sendo questionada à medida que praticantes mais jovens incorporam sua visão mais aberta sobre sexo e gênero à sua identidade pessoal como bruxos e bruxas.[9] Segundo a antropóloga Sabina Magliocco, essas "mudanças na política de gênero da Wicca e da bruxaria refletem as transformações da terceira onda do feminismo, da teoria *queer*, da atenção a indivíduos trans e não binários e do afastamento das construções essencialistas de gênero".[10] O centro de gravidade ideológico da bruxaria ajustou-se para levar em consideração questões politicamente flexionadas da sexualidade, especificamente os direitos dos gays e dos transgêneros. Resta saber até que ponto o movimento como um todo (e não só certos praticantes) adotará uma postura politicamente ativa sobre essas questões.

Ao analisar a história recente do moderno movimento da bruxaria, a declaração mais atualizada que alguém pode fazer é "Está no fluxo — continue acompanhando". A bruxaria moderna não é apenas uma religião que está mudando, mas também a religião da mudança. Não é apenas um exemplo de contínua transformação cultural; ela adotou a própria mudança como parte essencial de sua natureza. Don Frew explica:

> A melhor parte disso é que o paganismo busca na natureza a inspiração sobre o divino. A natureza é diversificada. A natureza cresce e a natureza se modifica. Nossas muitas religiões e espiritualidades pagãs podem crescer, mudar se multiplicar também... e de acordo com a necessidade.[11]

Apêndice

O SIGNIFICADO DA PALAVRA INGLESA _WITCH_

A origem da palavra inglesa _witch_ é a raiz indo-europeia *_weik2_, que se relaciona com religião e magia. *_Weik2_ produziu quatro famílias de derivativos: 1) *_wih-l_, que originou o inglês antigo _wigle_, "feitiçaria", e _wiglera_, "feiticeiro", e, por meio do francês antigo e médio, o inglês moderno _guile_. Também originou o inglês antigo _wil_ e o inglês médio e moderno _wile_; 2) O norueguês antigo *_wihl-_, "astúcia". 3) *_wik-_, "santo", "sagrado", de onde se originaram o alto alemão antigo _wihen_ e o alemão _weihen_, "consagrar", o alto alemão médio _wich_, "santo" e o latim _victima_, "sacrifício". 4) *_wikk-_, "magia, feitiçaria", de onde se originaram o alemão médio _wikken_, "predizer" e o inglês antigo _wicca_, _wicce_, "bruxo"/"bruxa", e _wiccian_, "fazer feitiçaria, sortilégio, feitiço". De _wicca_ deriva o inglês médio _witche_ e o moderno _witch_.

Diferente de *_weik_^{2} e suas derivações é *_weik_^{4}, "dobrar", "submeter", de onde se originaram o inglês antigo _wican_, "dobrar", do qual deriva o inglês moderno _weak_, "fraco", "dócil", e _witch-elm_, olmo escocês, popularmente chamado "olmo-de-bruxa". Relacionados com _wican_ estão o saxão antigo _wikan_, o alto alemão clássico _wichan_ e o norueguês antigo _vikja_, significando todos "dobrar" ou "desviar".

O inglês antigo _witan_, "saber", e todas as palavras correlatas, incluindo _wise_, "sábio" e "mago", não têm qualquer parentesco com os vocábulos acima.

NOTAS

Introdução

1. Thorndike, Lynn. *A history of magic and experimental science.* 8 v. Nova York, 1923-1958.
2. Yates, Frances. *Giordano Bruno and the hermetic tradition.* Londres e Chicago, 1964.
3. Mair, Lucy. *Witchcraft.* Nova York, 1969, p. 211.
4. Boyer, Paul & Nissenbaum, Stephen. *Salem possessed.* Cambridge, 1974, p. xi-xii.

Capítulo 1

1. Evans-pritchard, Edward E. *Witchcraft, oracles and magic among the Azande.* 24 ed. Oxford, 1950, p. 63-4.
2. Parrinder, Geoffrey. *Witchcraft, European and African.* Londres, 1958, p. 133.
3. Parrinder, 1958, p. 138; Russell, Jeffrey B. *Witchcraft in the Middle Ages.* Ithaca e Londres, 1972, p. 13-15.
4. Mair, 1969, p. 81.
5. Mair, 1969, p. 86.
6. Métraux, Alfred. *Voodoo in Haiti.* 2 ed. Nova York, 1972, p. 4.
7. Métraux, 1972, p. 323.
8. Métraux, 1972, p. 43.
9. Métraux, 1972, p. 49.
10. Contenau, Georges. *Everyday life in Babylonia and Assyria.* Londres, 1959, p. 255.

Capítulo 2

1. Rose, Elliot. *A razor for a goat.* Toronto, 1962, p. 64, 79.
2. Godfrid, Storms, *Anglo-Saxon: magic.* THE HAGUE, 1948, p. 54, 65, 247, 261.
3. McNeill, John R. & Gamer, Helena M. *Medieval handbooks of penance.* Nova York, 1938, p. 198, 246.

4. Von Franz, Marie-Louise. *Shadow and evil in fairytales*. Zurique, 1974, p. 163-164.
5. Russell, 1972, p. 67.
6. Russell, 1972, p. 75.
7. Russell, 1972, p. 76-77, 291-293.

Capítulo 3

1. Merlo, Grado J. *Eretiei e inquisitori*. TURIM, 1977, p. 27-36.
2. Wakefield, Walter & Evans, Austin P. *Heresies of the High Middle Ages*. Nova York, 1969, p. 254.
3. Merlo, 1977, p. 65.
4. Malmesbury, William of. *De gestis regum anglorum*, 2 v. W. Stubbs, Londres, 1887-9; v. 1, p. 253-255.

Capítulo 4

1. Ginzburg, Carlo. *I benandanti*. Turim, 1966. [*Os andarilhos do bem:* feitiçarias e cultos agrários nos séculos XVI e XVII. 2. ed. São Paulo: Companhia das Letras, 1988.]
2. Kieckhefer, Richard. *European witch trials*. Berkeley e Los Angeles, 1976.
3. Delcambre, Etienne. *Le concept de la sorcellerie dans le Duché de Loraine au XVème et XVIème siècle*. Nancy, 1948.
4. Robbins, Rossell Hope. *Encyclopedia of witchcraft and demonology*. Nova York, 1959, p. 489.
5. Robbins, 1959, p. 106-7.
6. Monter, E. William. *Witchcraft in France and Switzerland*. Ithaca e Londres, 1976, p. 195-196.
7. Monter, E. William. *European witchcraft*. Nova York, 1969, p. 75-81.
8. Burr, George Lincoln (Ed.). *The witch-persecution at Bamberg*. Translations and reprints from original sources of European history, v. 3. University of Pennsylvania, 1896, p. 23-8.
9. Robbins, 1959, p. 312-317.

Capítulo 5

1. Macfarlane, A. D. F. *Withcraft in Tudor and Stuart England*. Londres, 1970, p. 82-84.
2. Robbins, 1959, p. 359.
3. Robbins, 1959, p. 252.
4. Robbins, 1959, p. 232.
5. Thomas, Keith. *Religion and the decline of magic*. Londres, 1971, p. 523.
6. Boyer & Nissenbaum, 1974, p. 3.
7. Boyer & Nissenbaum, 1974, p. 5.
8. Boyer & Nissenbaum, 1974, p. 10.
9. Boyer & Nissenbaum, 1974, p. 11.

Capítulo 6

1. Macfarlane, 1970, p. 178-82.
2. *Malleus Maleficarum*. Trans. Montague Summers, Londres, 1928, p. 43-46. [Retirado da edição brasileira, traduzida por Paulo Fróes. *O martelo das feiticeiras*. 12 ed. Rio de Janeiro: Record: Rosa dos Tempos, 1997. p. 114-8, 120.]
3. Boyer & Nissenbaum, 1974, p. 26-7.
4. Boyer & Nissenbaum, 1974, p. 30.
5. Boyer & Nissenbaum, 1974, p. 103-104.
6. Boyer & Nissenbaum, 1974, p. 69.
7. Boyer & Nissenbaum, 1974, p. 177.
8. Trevor-Roper, H. R. *The European witch-craze of the sixteenth and seventeenth centuries and other essays*. Londres e Nova York, 1969, p. 190.

Capítulo 7

1. Macfarlane, 1970, p. 202.

Capítulo 8

1. Tyson, Jean. *The Atlanta Journal*, 23 de junho 1978.
2. Sebald, Hans. *Witchcraft*. Nova York, 1978, p. 223.
3. Sebald, 1978, p. 100-101.

Capítulo 9

1. Wilson, Colin. *The occult*. Londres, 1971, p. 329.
2. Hutton, Ronald. *The triumph of the moon*. Oxford, 2000, p. 136.
3. Hutton, 2000, p. 136.
4. Hutton, 2000, p. 138.
5. Hutton, 2000, p. 140.
6. Valiente, Doreen. *The rebirth of witchcraft*. Londres e Custer, 1989, p. 22.
7. Rose, Elliot. 1962, p. 218.
8. Leland, Charles G. *Aradia, or the gospel of the witches*. Londres e Nova York, 1899.
9. Adler, Margot. *Drawing down the moon*. Boston, 1986, p. 47.
10. Valiente, 1989, p. 25.
11. Eliade, Mircea. *Occultism, witchcraft, and cultural fashions*. Londres e Chicago, 1976, p. 8.
12. Hutton, Ronald. *The pagan religions of the ancient British Isles*. Oxford e Cambridge, 1991, p. 304.
13. Valiente, 1989, p. 28-9.
14. Valiente, 1989, p. 28.
15. Graves, Robert. *The white goddess*. Londres e Nova York, 1948, p. 484.
16. Graves, 1948, p. 484-6.
17. Hutton, 2000, p. 190.

18. Alba, De-Anna. *The goddess emerging*. Gnosis, Outono, 1989, p. 29.
19. Adler, 1986, p. 62.
20. Adler, 1986, p. 62.
21. Magliocco, Sabina. *Witching culture*. Filadélfia, 2004, p. 51.
22. Valiente, 1989, p. 63.
23. Frew, D. Hudson & Korn, Anna. *Or was it*. Gnosis, Outono, 1991.
24. Vale, V. & Sulak, John. *Modern paganism*. São Francisco, 2001, p. 95.
25. *Apud* Adler, 1986, p. 104.

Capítulo 10

1. Hutton, 2000, p. 242.
2. Hutton, 2000, p. 246.
3. Valiente, 1989, p. 61.
4. Magliocco, 2004, p. 218.
5. Valiente, 1989, p. 72.
6. Hutton, Ronald. Modern pagan witchcraft. In: Ankarloo, Bengt & Clark, Stuart. *Witchcraft and magic in Europe*. Filadélfia, 1999, p. 60.
7. Magliocco, 2004, p. 70.
8. Hutton, 2000, p. 62.
9. As bruxas alinhadas com Budapest não eram as únicas diânicas, mas eram as mais preocupadas com a publicidade. Há também a Tradição Diânica, difundida por Morgan McFarland, que acolhia tanto homens como mulheres, centrada na deusa Diana e que recebeu sua inspiração diretamente da *Aradia*, de Leland; hoje, suas adeptas são frequentemente chamadas Diânicas de McFarland, para ser distinguidas do outro tipo.
10. Rabinovitch, Shelley & Lewis, James. *The encyclopedia of modern witchcraft and neo-paganism*. Nova York, 2002, p. 75.
11. Hutton, 2000, p. 62.
12. A Faery Tradition é uma forma não gardneriana de bruxaria fundada por um norte-americano, Victor Anderson, na década de 1950, baseada em suas visões pessoais e experiências xamanísticas combinadas com elementos de magia popular.
13. *Ibid*.
14. Adler, 1986, p. 446.
15. *Apud* Nightmare, M. Macha. *Witchcraft and the web: weaving pagan traditions online*. Toronto, 2001, p. 174-5.
16. Nightmare, 2001, p. 23-4.
17. Nightmare, 2001, p. 118.
18. Ver, por exemplo: *Slayage: the online international journal of buffy studies*. (http://offline.buffy.de/outlink_en.php?module=/webserver/offline/www.slayage.tv/index.html).
19. Vale, V. & Sulak, 2001, p. 28.
20. Devin, Pat, 1998. Uma entrevista com Pat Devin no Cyberwitch.com (http://wychwoodacastlebetweentheworlds.com/interviewWithPatDevin.htm).
21. Vale, V. & Sulak, 2001, p. 28.
22. Embora o cog tenha tomado a dianteira no esforço inter-religioso, não foi o único grupo neopagão a propor essa relação. O Circle, em Wisconsin, The Fellowship of

Isis, em Chicago e a Earth Spirit Community, em Massachusetts, também participaram do Parlamento das Religiões em 1993, realizado em Chicago (e de seus conclaves subsequentes), ainda que esses não tenham mantido o comprometimento nas atividades inter-religiosas locais, nacionais e globais como o fez o COG.

23. FREW, DON 2003. *The covenant of the goddess and the interfaith movement* (www.cog.org/interfàith/index.html).
24. FREW, Don, 2003.
25. FREW, Don, 2003.
26. Entrevista com o autor.

CAPÍTULO 12

1. Don Frew e Anna Korn, "Uma introdução ao paganismo e à Wicca contemporâneos" (apontamentos para uma aula ministrada no Chaplaincy Institute, Berkeley, em 15 de janeiro de 2023).
2. O grupo intitulado The Ontario Consultants on Religious Tolerance (Consultores de Ontário sobre Tolerância Religiosa) reconheceu o desafio que era determinar números, mas estimou que havia aproximadamente 2 milhões de neopagãos nos Estados Unidos em 2015, com a maioria sendo bruxos neopagãos. *Ver* How many Wiccans are there? Disponível em: http://www.religioustolerance.org/estimated-number-of-wiccans-in-the-united-states-7.htm. Em 2014, o Pew Research Center estimou que havia 1 milhão de bruxos nos Estados Unidos — Disponível em: https://pewresearch.org/religion/religious-landscape-study/. Acesso em: 6 jul. 2023.
3. Há duas razões para tanto: a internet permite que tipos culturalmente marginais — que de outro modo permaneceriam isolados — estabeleçam contato uns com os outros; a internet faz isso preservando a privacidade e o anonimato do indivíduo. Indivíduos isolados são impotentes para questionar a cultura em vigor ou elaborar uma alternativa "contracultural" a ela, mas indivíduos conectados podem fazer as duas coisas. A dissidência cultural torna-se mais viável e menos onerosa.
4. Frew e Korn, 2023.
5. Pagan conferences return with more attendees, more magic after pandemic hiatus. *Religion News Service*, 19 Apr. 2023. Disponível em: https://religionnews.com/2023/04/19/pagan-conferences-return-with-more-atendees-more-magick-after-pandemic-hiatus/. Acesso em: 6 jul. 2023.
6. *Ver* BERGER, Helen A. *Solitary Pagans: Contemporary Witches, Wiccans and Others Who Practice Alone*. Columbia, SC: University of South Carolina Press, 2019.
7. Uma pesquisa publicitária tentou determinar quantos participantes do Facebook se identificavam como "interessados" em bruxaria e encontrou 77,7 milhões no total. Disponível em: https://adtargeting.io/facebook-ad-targeting/witchcraft. Acesso em: 6 jul. 2023.
8. VER JOHNSTON, Hannah E. & ALOI, Peg (Ed.), *The New Generation Witches: Teenage Witchcraft and Contemporary Culture*. Abingdon: Routledge, 2016.
9. Ver KRAEMER, Christine Hoff. Gender and Sexuality in Contemporary Paganism. *Religion Compass*, v. 6, n. 8, p. 389-401, 2012; SNOW, Cassandra. *Queering Your Craft: Witchcraft from the Margins*. Newburyport, MA: Weiser Books, 2020.
10. Correspondência pessoal com o autor.
11. Frew e Korn, 2023.

Bibliografia

FEITIÇARIA E MAGIA

ABUSCH, I. Tzvi. *Mesopotamian witchcraft*: toward a history and understanding of Babylonian witchcraft beliefs and literature. Leiden, 2002.

BAILEY, Michael David. *Historical dictionary of witchcraft*. Lanham, 2003.

BOND, George Clement & CIEKAWY, Diane M. (Eds.). *Witchcraft dialogues*: anthropological and philosophical exchanges. Athens, 2001.

BONGMBA, Elias Kifon. *African witchcraft and otherness*: a philosophical and theological critique of intersubjective relations. Albany, 2001.

DRURY, Nevill. *Magic and witchcraft*: from Shamanism to the Technopagans. Londres e Nova York, 2003.

DWYER, Graham. *The divine and the demonic:* supernatural affliction and its treatment in North India. Nova York, 2002; Londres, 2003.

ELIADE, Mircea. *Occultism, witchcraft, and cultural fashions*: essays in comparative religions. Londres e Chicago, 1976.

EVANS-PRITCHARD, Edward E. *Witchcraft, oracles, and magic among the Azande*. 2. ed. Oxford, 1950; ed. rev., 1976. [*Bruxaria, oráculo e magia entre os azande*. Rio de Janeiro: Jorge Zahar, 2004.]

GOLDEN, Richard M. (Ed.). *Encyclopedia of witchcraft*: the Western tradition. Oxford, 2003; Santa Barbara, 2006. 4 v.

HSU, Francis L. K. *Exorcising the trouble makers*: magic, science and culture. Londres e Westport, 1983.

KAPFERER, Bruce (Ed.). *Beyond rationalism*: rethinking magic, witchcraft, and sorcery. Nova York, 2003.

KHANAM, R. (Ed.). *Demonology*: socio-religious belief of witchcraft. Delhi, 2003.

KLUCKHOHN, Clyde. *Navaho witchcraft*. Cambridge, 1944; Boston, 1967.

LEA, Henry Charles. *Materials toward a history of witchcraft*. Nova York, 1957 e 1986. 3 v.

LEHMANN, Arthur C. & MYERS, James E. (Eds.). *Magic, witchcraft, and religion*: an anthropological study of the supernatural. Londres, 1985; Mountain View, 2001.

LEVACK, Brian P. *The witchcraft sourcebook*. Londres, 2004.

MALINOWSKI, Bronislaw. *Magic, science, and religion, and other essays*. Glencoe e Boston, 1948. [*Magia, ciência e religião*. Lisboa: Ed. 70, 1988.]

MARWICK, Max G. (Ed.). *Witchcraft and sorcery*: selected readings. Harmondsworth e Baltimore, 1970.

MAXWELL-STUART, P. G. *Witchcraft*: a history. Stroud, 2001.

MIDDLETON, John (Ed.). *Magic, witchcraft, and curing*. Garden City, 1967.

MISHRA, Archana. *Casting the evil eye*: witch trials in tribal India. Nova Dehli, 2003.

MOORE, Henrietta L. & SANDERS, Todd (Eds.). *Magical interpretations, material realities*: modernity, witchcraft, and the occult in postcolonial Africa. Londres e Nova York, 2001.

PARRINDER, Geoffrey. *Witchcraft*: European and African. 3. ed. Londres, 1970.

ROBBINS, Rossell H. *The encyclopedia of witchcraft and demonology*. Nova York, 1959 e 1981.

ROMBERG, Raquel. *Witchcraft and welfare*: spiritual capital and the business of magic in modern Puerto Rico. Austin, 2003.

Rush, John A. *Witchcraft and sorcery*: an anthropological perspective of the occult. Springfield, 1974.

Siegel, Lee. *Net of magic*: wonders and deceptions in India. Chicago, 1991.

Stewart, Pamela J. *Witchcraft, sorcery, rumors, and gossip*. Cambridge e Nova York, 2004.

Storms, Godfrid. *Anglo-Saxon magic*. The Hague, 1948.

Tambiah, Stanley Jeyaraja. *Magic, science, religion, and the scope of rationality*. Cambridge e Nova York, 1990.

Thorndike, Lynn. *A history of magic and experimental science*. Nova York, 1923-58. 8 v.

Webster, Hutton. *Magic: a sociological study*. Stanford, 1948; Nova York, 1973.

"Witchcraft", *Encyclopaedia Britannica*, 2002, v. 22, p. 92-8.

Worobec, Christine. *Possessed*: women, witches, and demons in Imperial Russia. DeKalb, 2001.

BRUXARIA ANTIGA, MEDIEVAL E RENASCENTISTA

Bailey, Michael David. *Battling demons*: witchcraft, heresy, and Reform in the Late Middle Ages. University Park, 2003.

Burnett, Charles. *Magic and divination in the Middle Ages*: texts and techniques in the Islamic and Christian worlds. Aldershot, 1996.

Clark, Stuart (Ed.). *Languages of witchcraft*: narrative, ideology and meaning in early modern culture. Basingstoke e Nova York, 2001.

Davies, Owen. *Cunning-folk*: popular magic in English history. Londres, 2003.

Flint, Valerie I. J. *The rise of magic in early medieval Europe*. Oxford e Princeton, 1991.

Golden, Richard M. (Ed.). *Encyclopedia of witchcraft:* the Western tradition. Oxford, 2003; Santa Barbara, 2006.

Jolly, Karen Louise. *Popular religion in late Saxon England*: elf charms in context. Londres e Chapel Hill, 1996.

______. *Witchcraft and magic in Europe*: the Middle Ages. Londres, 2001; Filadélfia, 2002.

Kieckhefer, Richard. *Magic in the Middle Ages*. Cambridge e Nova York, 1989.

Luck, Georg (Trans. e Ed.). *Arcana mundi:* magic and the occult in the Greek and Roman worlds*:* a collection of ancient texts. Londres e Baltimore, 1985.

Meyer, Marvin & SMITH, Richard. (Eds.). *Ancient Christian magic:* Coptic texts of ritual power. São Francisco, 1994.

Murray, Margaret. *The witch cult in Western Europe*: a study in anthropology. Oxford, 1921 e 1962. [*O culto das bruxas na Europa Ocidental*. São Paulo: Madras, 2003.] (Nota: um livro de teor fantástico, mas influente.)

Walker, D. P. *Spiritual and demonic magic*: from Ficino to Campanella. 2. ed. Londres, 1958.

Yates, Frances. *Giordano Bruno and the hermetic tradition*. Londres e Chicago, 1964. [*Giordano Bruno e a tradição hermética*. 2. ed. São Paulo: Cultrix, 1995.]

Zika, Charles. *Exorcising our demons*: magic, witchcraft, and visual culture in early modern Europe. Leiden e Boston, 2003.

CAÇA ÀS BRUXAS

Ankarloo, Bengt & Clark, Stuart (Eds.). *The period of the witch trials*. Londres e Filadélfia, 2002.

Apps, Lara & Gow, Andrew. *Male witches in early modern Europe*. Manchester e Nova York, 2003.

Behringer, Wolfgang. *Witches and witch-hunts*: a global history. Cambridge e Malden, 2004.

Briggs, Katharine M. Pale *Hecate's team*: an examination of the beliefs on witchcraft and magic among Shakespeare's contemporaries and his immediate successors. Londres, 1962.

Briggs, Robin. *Witches and neighbours*: the social and cultural context of European witchcraft. 2. ed. Oxford, 2002.

Broedel, Hans Peter. *The Malleus Maleficarum and the construction of witchcraft*: theology and popular belief. Manchester e Nova York, 2003.

Burns, William E. *Witch hunts in Europe and America*: an encyclopedia. Londres e Westport, 2003.

Clark, Stuart. *Thinking with demons*: the idea of witchcraft in early modern Europe. Oxford e Nova York, 1997. [*Pensando com demônios*: a ideia de bruxaria no princípio da Europa moderna. São Paulo: Edusp, 2006.]

Cohn, Norman. *Europe's inner demons*: an enquiry inspired by the great witch-hunt. St. Albans, 1976; Nova York, 1977.

Davies, Owen & blécourt, Willem de (Eds.). *Beyond the witch trials*: witchcraft and magic in Enlightenment Europe. Manchester e Nova York, 2004.

Fischer, Klaus. *White, black, and grey*: a history of the stormy 1960s. Nova York, 2006.

Goodare, Julian (Ed.). *The Scottish witch-hunt in context*. Manchester e Nova York, 2002.

Kelly, Henry Ansgar. *The devil, demonology, and witchcraft*: the development of Christian beliefs in evil spirits. 2. ed. Garden City, 1974.

Kieckhefer, Richard. *European witch trials:* their foundations in popular and learned culture, 1300-1500. Londres e Berkeley, 1976.

Kors, Alan C. & Peters, Edward (Eds.). *Witchcraft in Europe, 400-1700*: a documentary history. 2. ed. Filadélfia, 2001.

Larner, Christina. *Enemies of God*: the witch-hunt in Scotland. Londres e Baltimore, 1981.

Levack, Brian P. *New perspectives on witchcraft, magic, and demonology*. Nova York, 2001.

______. *The witch-hunt in early modern Europe*. 2. ed. Londres e Nova York, 1995.

Macfarlane, Alan D. J. *Witchcraft in Tudor and Stuart England*: a regional and comparative study. Londres e Nova York, 1970.

Martin, Ruth. *Witchcraft and the inquisition in Venice*, 1550-1650. Oxford e Nova York, 1989.

Maxwell-Stuart, P. G. *Witchcraft*: a history. Stroud, 2001.

______. *Witchcraft in Europe and the New World, 1400-1800*. Basingstoke e Nova York, 2001.

______. *Witch hunters*: professional prickers, unwitchers and witch-finders of the Renaissance. Stroud, 2003.

Midelfort, H. C. Erik. *Witch-hunting in Southwestern Germany, 1562-1684*: the social and intellectual foundations. Stanford, 1972.

Monter, E. William (Ed.). *European witchcraft*. Nova York, 1969.

______. *Witchcraft in France and Switzerland*: the borderlands during the Reformation. Londres e Ithaca, 1976.

Peters, Edward. *Inquisition*. Londres e Nova York, 1988.

______. *The magician, the witch, and the law*. Hassocks e Filadélfia, 1978.

Roper, Lyndal. *Witch craze*: terror and fantasy in baroque Germany. Londres e New Haven, 2004.

Rose, Elliot. *A razor for a goat:* a discussion of certain problems in the history of witchcraft and diabolism. Toronto, 1962.

ROWLANDS, Alison. *Witchcraft narratives in Germany*: Rothenburg, 1561-1652. Manchester e Nova York, 2003.

SCARRE, Geoffrey. *Witchcraft and magic in sixteenth and seventeenth century Europe*. Basingstoke, 2001.

SEBALD, Hans. *Witchcraft*: the heritage of a heresy. Oxford e Nova York, 1978.

SHARPE, James. *Witchcraft in early modern England*. Harlow e Nova York, 2001.

STARK, Rodney. *For the glory of God*: how monotheism led to reformations, science, witch-hunts, and the end of slavery. Princeton, 2003.

THOMAS, Keith. *Religion and the decline of magic*: studies in popular beliefs in sixteenth and seventeenth century England. Londres e Nova York, 1971.

TREVOR-ROPER, Hugh. *The European witch-craze of the sixteenth and seventeenth centuries and other essays*. Londres, 1956; Nova York, 1969.

WAITE, Gary K. *Heresy, magic, and witchcraft in early modern Europe*. Basingstoke e Nova York, 2003.

WALKER, Timothy Dale. *Doctors, folk medicine and the inquisition*: the repression of magical healing in Portugal during the Enlightenment. Leiden e Boston, 2005.

BRUXARIA NOS ESTADOS UNIDOS

BOYER, Paul & NISSENBAUM, Stephen. *Salem possessed*: the social origins of witchcraft. Londres e Cambridge, 1974.

BRESLAW, Elaine G. *Tituba: reluctant witch of Salem*: devilish Indians and puritan fantasies. Londres e Nova York, 1996.

CERVANTES, Fernando. *The devil in the New World*: the impact of diabolism in New Spain. Londres e New Haven, 1994.

DEMOS, John Putnam. *Entertaining Satan*: witchcraft and the culture of early New England. Oxford e Nova York, 2004.

GIBSON, Marion (Ed.). *Witchcraft and society in England and America*, 1550-1750. Londres e Ithaca, 2003.

GODBEER, Richard. *Escaping Salem*: the other witch hunt of 1692. Oxford e Nova York, 2005.

HANSEN, Chadwick. *Witchcraft at Salem*. Nova York 1969; Londres, 1970.

KITTREDGE, George. *Witchcraft in old and new England*. Cambridge, 1929.

NORTON, Mary Beth. *In the devil's snare*: the Salem witchcraft crisis of 1692. Nova York, 2002.

ROACH, Marilynne K. *The Salem witch trials*: a day-by-day chronicle of a community under siege. Nova York, 2002.

ROBINSON, Enders A. *The devil discovered*: Salem witchcraft 1692. Prospect Heights, 2001.

STARKEY, Marion L. *The devil in Massachusetts*: a modern inquiry into the Salem witch trials. Nova York, 1949 e 1989.

BRUXARIA MODERNA

ADLER, Margot. *Drawing down the moon*: witches, druids, goddess-worshippers, and other pagans in America today. 2. ed. Boston, 1986.

ALEXANDER, Brooks. *Witchcraft goes mainstream*. Eugene, 2004.

BERGER, Helen A. *A community of witches*: contemporary neo-paganism and witchcraft in the United States. Columbia, 1999.

______. *Voices from the pagan census*: a national survey of witches and neo-pagans in the United States. Columbia, 2003.

Blécourt, Willem de & Davies, Owen (Eds.). *Witchcraft continued*: popular magic in modern Europe. Manchester e Nova York, 2004.

Bonewits, Isaac. *Witchcraft*: a concise guide. Earth Religions Press, 2001.

Eller, Cynthia. *Living in the lap of the goddess:* the feminist spirituality movement in America. Boston, 1993.

Farrar, Stewart. *What witches do*: the modern coven revealed. Londres e St. Paul, 1971.

Gardner, Gerald B. *Witchcraft today*. Londres, 1954. [***A bruxaria hoje***. São Paulo: Madras, 2003.]

Graves, Robert. *The white goddess*: a historical grammar of poetic myth. Londres e Nova York, 1948. [*A deusa branca*: uma gramática histórica do mito poético. Rio de Janeiro: Bertrand Brasil, 2004.] (Nota: um livro de teor fantástico, mas influente.)

Hawkins, Craig S. *Witchcraft*: exploring the world of Wicca. Grand Rapids, 1996.

Herrick, James A. *The making of the new spirituality*: the eclipse of the Western religious tradition. Downers Grove, 2003.

Heselton, Philip. *Wiccan roots*: Gerald Gardner and the modern witchcraft revival. Milverton, Somerset, 2000.

Hutton, Ronald. *The triumph of the moon*: a history of modern pagan witchcraft. Oxford, 2000.

Johns, June. *King of the witches*: the world of Alex Sanders. Londres e Nova York, 1969.

Kelly, Aidan A. *A history of modern witchcraft*, 1939-1964. St. Paul, 1991.

Leland, Charles G. *Aradia, or the gospel of the witches*. Londres e Nova York, 1899. [*Aradia, o evangelho das bruxas*. São Paulo: Madras, 2004.] (Nota: um livro de teor fantástico, mas influente.)

Lewis, James R. *Witchcraft today*: an encyclopedia of wiccan and neopagan traditions. Oxford e Santa Barbara, 1999.

Luhrmann, T. M. *Persuasions of the witch's craft*: ritual magic in contemporary England. Oxford e Cambridge, 1989.

Magliocco, Sabina. *Witching culture*: folklore and neo-paganism in America. Filadélfia, 2004.

Martello, Leo Louis. ***Witchcraft***: the old religion. Secaucus, 1973.

Nightmare, M. Macha. *Witchcraft and the web*: weaving pagan traditions online. Toronto, 2001.

Pike, Sarah M. *Earthly bodies, magical selves*: contemporary pagans and the search for community. Londres e Berkeley, 2001.

Rabinovitch, Shelley & Lewis, James (Eds.). *The encyclopedia of modern witchcraft and neo-paganism*. Nova York, 2002.

Symonds, John. *The great beast*: the life of Aleister Crowley. Londres 1951; Nova York, 1952.

______. *The magic of Aleister Crowley*. Londres, 1958.

Vale, V. & Sulak, John. *Modern pagans*: an investigation of contemporary pagan practices. São Francisco, 2001.

Valiente, Doreen. *The rebirth of witchcraft*. Londres e Custer, 1989.

______. *Witchcraft for tomorrow*. Londres e Nova York, 1978.

Lista de ilustrações

Frontispício. *Bruxos no Ar*. Pintura a óleo de Francisco Goya, c. 1794-5. Ministerio de Gobernación, Madri. Photo Mas.

12. Bruxas voando em vassouras. Ilustração marginal para o livro *Le champion des dames*, de Martin Le Franc, c. 1451. Sala das gravuras, acervo nacional francês 12476 f. 150 verso. Bibliothèque Nationale, Paris.

14. A Bruxa Má do Oeste. Fotograma do filme *O Mágico de Oz*, Metro-Goldwyn-Mayer, 1939. Photo Cinema Bookshop, Londres.

16. Sybil Leek, uma bruxa moderna. Fotografia: Associated Press, Londres.

17. *Conjuro*. Pintura a óleo de Francisco Goya, c. 1794-5. Museo Lázaro Galdiano, Madri. Photo Mas.

26. Boneco de madeira do Congo. Museum of Mankind, Londres.

28. Jarro Belarmino marrom, século XVI, contendo um coração de pano com alfinetes espetados, uma mecha de cabelo humano e aparas de unhas. Escavado em 1904 em Westminster. Pitt Rivers Museum, Oxford.

29. Menino doente da tribo ameríndia sia sendo tratado em uma câmara cerimonial. Fotografado por volta de 1888-1889 por Matilda Stevenson. Smithsonian Institution, Washington.

31. Curandeiro da tribo azande. Fotografado no final da década de 1920 por E. Evans--Pritchard. Pitt Rivers Museum, Oxford.

35. Máscara de bruxo proveniente da região do rio Sankuru. Museum of Mankind, Londres.

36. Dançarinos vodus do Haiti. Fotografia: Guido Mangold, Camera Press (Sven Simon), Londres.

37. Rapedi Letsebe, mago e "fazedor de chuva" da tribo kgatla, em Botswana, com seus ossos divinatórios. Fotografado na década de 1920 por I. Schapera. Reproduzido com permissão do Royal Anthropological Institute, Londres.

41. Três bruxas mudando de forma e voando em vassouras. Reproduzido do livro *Tractatus von den Bösen Weibern*, de Ulrich Molitor, 1495.

42. Placa de terracota pintada representando a deusa Lilitu, princípio do segundo milênio antes de Cristo. Fotografia reproduzida por cortesia de Sotheby, Parke, Bernet & Co., Londres.

45. Sátiros com Dionísio e uma mênade, em uma ânfora executada pelo Pintor de Amásis, século VI a.C. Antikenmuseum, Basileia.

47. A queda dos anjos rebeldes. Reproduzido de *A cidade de Deus*, de Santo Agostinho, manuscrito francês do século XIV. Bibliothèque Nationale, Paris.

48. Quetzalcóatl, estatueta vista de frente. México, entre 900 e 1250 de nossa era. Cortesia do Brooklyn Museum,

Nova York, Henry L. Batterman e Frank Sherman Benson Funds.

49. Quetzalcóatl, estatueta vista de costas. México, entre 900 e 1250 de nossa era. Cortesia do Brooklyn Museum, Nova York, Henry L. Batterman e Frank Sherman Benson Funds.

52. *A cozinha das bruxas*. Pintura a óleo de Francisco Goya, c. 1794-5. Paradeiro do original desconhecido. Photo Mas.

54. Vários aspectos do sabá. Frontispício do *Dictionnaire infernal*, de Collin de Plancy, 1863.

55. Deus celta com chifres de veado. Detalhe do caldeirão de Gundestrup. Artefato dinamarquês, século primeiro ou segundo antes de Cristo. Nationalmuseet, Copenhague.

55. Fivela de bronze anglo-saxã escavada em Finglesham, condado de Kent. Institute of Archaeology, Oxford.

57. Cabeça de animal entalhada no mastro de quina do trenó de Shetelig. Achado do barco fúnebre de Oseberg, do século IX. University Museum of National Antiquities, Oslo.

61. Mago anglo-saxão, princípio do século XI. Manuscrito *Cotton Tiberius B. V.*, parte I, f. 87 verso. British Library, Londres.

63. Bruxas fazendo chover. Entalho de Ulrich Molitor, *De Lamiis et Phitonicis Mulieribus*, 1490.

64. Diana (Ártemis), estátua grega, século IV a.C. Museo Archeologico Nazionale di Napoli. Fotografia: Mansell-Alinari.

66. Hécate. Reproduzido de Vincenzo Cartari, *Les images des dieux*, 1610.

67. Um homem selvagem, sua mulher e seu bebê diante de sua caverna. Pintura de Jean Bourdichon, século XV. École Nationale Supérieure des Beaux-Arts, Paris.

68. Pintura rupestre do período paleolítico representando um cervo ou um dançarino em traje de cervo, caverna de Trois Frères, Ariège, França. Desenho reproduzido da cópia feita pelo abade Breuil.

69. *Herne, o caçador*, gravura de George Cruikshank, 1843.

70. Ilustração para o relato de um julgamento de bruxa em Warboys, Huntingdonshire. Reproduzido de *The history of magic*, de Richard Boulton, 1715-16.

74. Pacto com o demônio. Reproduzido do *Compendium maleficarum*, de Francesco Mario Guazzo, 1608.

75. Teófilo presta homenagem ao diabo, que segura o contrato escrito. Reproduzido de *The Psalter of Queen Ingeborg of Denmark*, anterior a 1210. Musée Condé, Chantilly, conforme manuscrito de 1695, f. 35 verso. Photo Giraudon.

76. Página de rosto da peça *Doutor Fausto*, de Christopher Marlowe, 1620.

77. Bruxas assando e cozinhando crianças. Reproduzido do *Compendium maleficarum*, de Francesco Mario Guazzo, 1608.

79. *Auto de fé*. Pintura de P. Berruguete, século XVI. Museo Nacional del Prado, Madri. Photo Mas.

81. O beijo obsceno. Reproduzido do *Compendium maleficarum*, de Francesco Mario Guazzo, 1608.

82. A bruxa de Berkeley sendo arrebatada pelo diabo. Reproduzido do *Registrum hujus operis libri chronicarum*, de Hartmannus Schegel, 1493.

85. Cristo defendendo a Cidade de Deus contra Satã. Manuscrito do século XII, MS Laud. misc. 469, f. 7 verso. Bodleian Library, Oxford.

86. *O pesadelo*. Óleo de Enrico Fuseli, 1781, Goethe Museum, Frankfurt-am-Main.

89. O Diabo abraçando uma mulher. De Ulrich Molitor, *De lamiis et phitonicis mulieribus*, 1490.

89. O enforcamento das bruxas. Reproduzido de *England's grievance discovered in relation to the coal trade*, de Ralph Gardiner, 1655.

91. Diversos métodos de tortura empregados pela Inquisição. Reproduzido de *The persecution of the famous Molinos*, de M. Molinos, c. 1745.

93. Hereges valdenses. Frontispício da tradução francesa da obra *Tractatus contra sectum valdensium, de Johannes Tinctoris*, século XV. Sala dos Manuscritos, acervo nacional francês 961. Bibliothèque Nationale, Paris.

94. *A Sinagoga*. Painel externo do retábulo de Heilsspiegel, executado por Conrad Witz, c. 1435. Kunstmuseum, Basileia.

98. A execução de Jacques de Molay e de um companheiro templário em 1313. Reproduzido de *Chroniques de France*, final do século XIV. Manuscrito Real 20 C. VII, f. 48. British Library, Londres.

101. O teste da água. Página de rosto de *Witches apprehended, examined, and executed, for notable villanies by them committed both by land and water*, 1613. Bodleian Library, Oxford.

102. Registro manuscrito de uma confissão obtida sob tortura. Reproduzido do *Bamberger Halsgerichtordnung*, 1508. Historical Museum, Bamberg. Fotografia: Emil Bauer.

109. Johann Wier ou Weyer (1515-1588). Gravura anônima, século XVI. Bibliothèque Nationale, Paris.

111. A casa da bruxa, de Bamberg. Gravura anônima de 1627. Historical Museum, Bamberg. Fotografia: Emil Bauer.

113. A execução de Urbain Grandier. Entalho de 1634. Bibliothèque Nationale, Paris.

116. Uma bruxa com seus familiares. Reproduzido de *A discourse of witchcraft*, 1621. Manuscrito Add 32496, f. 2. British Library, Londres

120. Retrato anônimo de John Dee, 1594. Ashmolean Museum, Oxford.

124. Execução de três bruxas em Chelmsford, 1589. Reproduzido por permissão do arcebispo de Canterbury e da diretoria da Lambeth Palace Library.

125. O rei Jaime I da Inglaterra, 1610. Óleo provavelmente pintado por John de Critz. Reproduzido por permissão da diretoria do National Maritime Museum, Greenwich.

126. Frontispício de *The discovery of witches*, de Matthew Hopkins, 1647. Reproduzido por permissão do Reitor e Associados do Magdalene College, Cambridge University.

127. As bruxas de Lancashire. De um folheto, *The famous history of the Lancashire witches*, 1780.

128. Frontispício da terceira edição de *Sadducismus triumphatus*, de Joseph Glanvill, 1689. Primeira edição em 1681.

129. *Black John castigando as bruxas*. Reproduzido de *Twelve sketches illustrative of Sir Walter Scott's Demonology and Witchcraft*, de George Cruikshank, 1830.

131. Cotton Mather (1662-1728). Gravura de W. J. Alais. Cortesia do Essex Institute, Salem, Massachusetts.

134. Página de rosto de *A further account of the tryals of the New England witches...*, de Increase Mather, 1963.

137. Bruxos oferecem uma criança ao Diabo. Reproduzido do *Compendium maleficarum*, de Francesco Mario Guazzo, 1608.

142. *O sabá*. Pintura a óleo de Francisco Goya, c. 1794-5. Museo Lázaro Galdiano, Madri. Photo Mas.

147. Página de rosto da edição de 1669 do *Malleus maleficarum*, de J. Sprenger e H. Institoris.

150. Mapa da vila de Salem em 1692. Desenhado em 1866 por W. P. Upham, a partir de documentos originais. Cortesia do Essex Institute, Salem, Massachusetts.

152. O Julgamento de George Jacobs por bruxaria. Óleo de T. H. Matteson. Cortesia do Essex Institute, Salem, Massachusetts.

155. As bruxas de Mora, na Suécia, sendo queimadas. Gravura de 1670. Kungliga Biblioteket, Estocolmo.

157. René Descartes. Gravura anônima.

160. Página de rosto de *An historical essay concerning witchcraft...*, de Francis Hutchinson, 1720.

162. *A lâmpada do Diabo*. Uma cena de *El hechizado por fuerza*, comédia de Antonio de Zamora. Pintura a óleo de Francisco Goya, c. 1794-5. National Gallery, Londres.

163. Homem consultando uma bruxa. Gravura da Coleção Douce. Bodleian Library, Oxford.

165. *Sir Francis Dashwood adorando Vênus.* Gravura satirizando o quadro de Hogarth. British Museum, Londres.

166. *A cabra sabática.* Gravura do livro *Transcendental magic, its doctrine and ritual*, de Éliphas Lévi, 1896.

167. *Autorretrato*, de Aleister Crowley. Photo Radio Times Hulton Picture Library, Londres.

168. Leila Waddell, marcada com o sinal da besta, c. 1912. Photo Radio Times Hulton Picture Library, Londres.

168. MacGregor Mathers, superior da Ordem Hermética da Aurora Dourada. Photo Radio Times Hulton Picture Library, Londres.

169. Pã ensinando Zeus Olímpico a tocar flauta. Pompeia, século I d.C. Museo Archeologico Nazionale di Napoli. Fotografia: Mansell-Alinari.

172. Alex Sanders, líder dos alexandrinos. Fotografia: John Hedgecoe para M. Magazine, Camera Press, Londres.

176. Alex Sanders e Maxine Morris aos 18 anos, cercados por sua parafernália, 1966. Topham Picturepoint.

182. Em um sabá no País Basco, duas bruxas participam de uma dança lasciva enquanto outras desfrutam os abraços de demônios e o som das gaitas de fole. Ilustração de Martin van Maele para o livro *A feiticeira*, de Jules Michelet, edição de 1911. Mary Evans Picture Library.

185. Charles Godfrey Leland. Library of Congress, Washington, DC.

187. Margaret Murray (terceira a partir da esquerda) e colegas da Universidade de Manchester em 1908, quando da dissecação dos "Dois Irmãos". Manchester Museum.

188. Folha de rosto de *Aradia*, de Charles Godfrey Leland, 1899.

191. Robert Graves apoiado em uma das oliveiras de sua propriedade Cannelluñ, na aldeia de Deia, Maiorca. Fotografia: Beryl Graves.

198. Gerald Gardner trabalhando no Museu de Castletown, no Moinho das Bruxas, Ilha de Man, 1962. Fotografia: Stewart Farrar. Cortesia de Janet Farrar e Gavin Bone.

206. Doreen Valiente, de Brighton, Sussex, 6 de novembro de 1962. Topham Picturepoint.

210. Alex Sanders conduzindo uma dança ritual. Fotografia: John Moss. Camera Press, Londres.

211. *Casal de bruxos.* Desenho de Dirk Dykstra, 1978. Cortesia do artista.

212. *Wiccaning.* Desenho de Dirk Dykstra, 1978. Cortesia do artista.

216. Raymond Buckland, sumo sacerdote da Wicca. Raymond Buckland/ Fortean Picture Library.

219. Z Budapest. Cortesia de Z Budapest.

220. O primeiro grau da iniciação de Janet Farrar, 1970. Fotografia: Stewart Farrar. Cortesia de Janet Farrar e Gavin Bone.

221. Dançarinos de Morris no Primeiro de Maio, Califórnia, 2006. Fotografia: Don Frew.

222. Starhawk. Cortesia de Starhawk.

224. Margot Adler. © 2006 NPR, por Michael Paras.

225. Página da Web da www.witchvox.com. Cortesia Witchvox.

226. Fotograma do filme *Jovens bruxas*, de Andrew Fleming. © CORBIS SYGMA.

227. Fotograma do seriado *Charmed*, de Gilbert Adler e John Behring. © CORBIS SYGMA.

231. Sobrecapa do livro *Teen witch: wicca for a new generation*, de Silver Ravenwolf (Llewellyn Publications, 1998). Cortesia de Llewellyn Worldwide Ltd.

234. Don Frew, alto sacerdote wiccano, oficiando celebração no Interfaith Earth Day, promovido pela Spiritual Alliance for Earth – SAFE, em 2006. Fotografia: Jan Chaffee.

235. Altar para um Sabá de Beltane, 2006. Fotografia: Don Frew.

237. Cerimônia pagã conduzida pelo "mago branco" Kevin Carlyon, no festival de

Long Man, diante do Long Man of Wilmington, Sussex, Inglaterra, 1999. Kevin Carlyon/Fortean Picture Library.

237. O Deus Cornífero e a Deusa Lua. Fotografia: Gavin Bone.

238. O levantamento do **mastro de maio** em um sabá comunitário de Beltane, Califórnia, 2006. Fotografia: Russell Williams.

239. Membros de um grupo neopagão local marchando na anual Parada do Orgulho Pagão, em Berkeley, Califórnia, 2006. Fotografia: Tal Brooke.

240. Wiccanos, pagãos e público em geral com dançarinos de Morris no alvorecer do Primeiro de Maio, Califórnia, 2006. Fotografia: Don Frew.

244. Dança durante Sabá de Beltane comunitário, 2006. Fotografia: Russell Williams.

Índice remissivo

A

A deusa branca. *Ver* Graves, Robert.
Ad extirpanda, bula, 90
Adler, Margot, 23, 204, 221, 224
África, 30-37, 92, 137, 140
Agostinho de Hipona, Santo, 47, 53-54, 89
Aix-en-Provence
  caso de Catherine Cordière em, 161, 163
  freiras de, 112-114
Alan de Lille, 81
Alemanha, bruxaria moderna, 173-178
Alexandre IV, papa, 91
alexandrinos. *Ver* Sanders, Alex
Anderson, Victor, 220
animismo, 204
anjos, queda dos, 47
Aquino, Tomás de, 89
aristotelismo, 95
arte divinatória (adivinhação), 25, 122, 130, 159, 175
azande, tribo africana, 28-31

B

Babilônia, 39, 43
bacanais, 43, 45
bakweri, tribo africana, 33
Balingen, 139
Bamberg, casa das bruxas de, 103, 108, 110, 111
basuto, tribo africana, 30
Bayley, James, 150
bechuana, tribo africana, 30
Behringer, Wolfgang, 23
beijo obsceno, 51, 81
Beltane. *Ver* Primeiro de Maio.
benandanti, 96
Benevento, 71
Berkeley, bruxa de, 82-84
Berta, deusa, 65-66
Berwick, 120-122
Bíblia do rei Jaime, 44, 125
Blackwood, Algernon, 168
Blocula. *Ver* Mora.
bode, 43, 93, 191
Bodin, Jean, 108
bogomilos, 78
Boguet, Henri, 108
bonae mulieres, 70
Bonifácio VIII, papa, 97
Boyer, Paul e Stephen Nissenbaum, 23, 133-135
Briggs, Robin, 23
bruxa, significado do termo, 11-13, 15
bruxaria adolescente, 227-232
bruxas feministas, 217-222
Buckland, Raymond, 216
Budapest, Z, 219-220
Buffy, a caça-vampiros, 228
Bulwer-Lytton, Edward, 168
Burroughs, George, 132, 133
Bury St. Edmunds, 126

C

cabo de vassoura. *Ver* voo.
Caçada Selvagem, 64-67, 69
cães, 53, 60, 116-117, 119, 122-123, 148, 173, 178
Caesarius de Heisterbach, 84
Calvino e calvinismo, 104
Calw, 158
Candelária, festa da, 68

canibalismo, 13, 22, 31, 43, 73, 77-78, 80
Canídia e Sagana, 40
Canon Episcopi, 71-72, 95-96, 155
Carlos Magno, 70, 73
cátaros, 78-80, 85, 96, 144
cavalos, 38, 59, 84, 112
chambre ardente [câmara ardente], 161
Charmed, 228
Chelmsford, Essex, 118, 119, 122-123, 141
Cibele, deusa, 43
Circe, 40, 145
círculo mágico, 76, 163
Clark, Stuart, 23
Clarke, Ursula, 127, 129
classe social, correlação com a bruxaria, 139
Clerk, Jane, 154
Clube do Inferno, 164-165
Clutterbuck, "Old Dorothy", 199
Código Carolino, 105-106, 139
Colmar, 104
comportamento ético, 204.
comunidade homossexual, 223
confisco, 90, 100, 106, 139
Connecticut, 130
contracultura, 180, 213, 215, 243
Cordière, Catherine, 161, 163
Cory, Martha, 132
coven, 127, 192, 196, 198-203, 205, 207, 210, 212, 217-219
  origem do termo, 96, 117
Covenant of the Goddess – COG, 9, 203, 228, 233-236, 238-240
crianças em acusações de bruxaria, 13, 130-131
cristianismo, renúncia ao, 102, 117
Crotona, Irmandade de, 198, 200
Crowley, Aleister, 167-169, 198, 201, 208-209
crucifixo ou sacramentos, profanação de, 73, 78, 102, 161
cultura pop e bruxaria, 221, 227-236
cunning folk, caçadores de bruxas, 122
curandeiros, 12, 33-34, 122. *Ver também* xamãs.
curanderos, 34
Cyrano de Bergerac, 158

D

Da Magia à Sedução, 228
dançarinos ndakó-gboyá, 34
Dashwood, Sir Francis, 164, 165
Dee, John, 118, 120
Delcambre, Etienne, 102
Demônio. *Ver* Diabo.
demônios, 38-39, 41, 43, 46, 47, 50, 54, 57, 69-71, 74, 77-79, 84-85, 87, 89, 97, 100, 103, 104, 117-118, 131, 134, 156, 160, 168, 177, 179, 182
demonologia, correlação com a bruxaria, 39, 41, 44, 69
desastres naturais correlacionados com a bruxaria, 63, 136, 139, 149
Descartes, René, 156, 157
Deusa, a, 64-66, 194-197, 199, 237
  na bruxaria moderna, 199, 218
Devin, Pat, 228, 229
Diabo
  marca do, 103-104, 110, 120, 127, 133
  significado da palavra, 46
Diana
  associada à Caçada Selvagem, 64-66
  como Hécate, 65-66
  como um demônio, 54, 64-65, 72, 96, 186
diânicas, 218, 220
Dianus, 56, 191
dias santos, 66-67, 200
Dionísio, 43, 45, 166
doença mental, correlacionada com a bruxaria, 138
doenças correlacionadas com a bruxaria, 30, 33, 63, 118, 131, 136-138, 141, 160, 177
dominicanos, 94, 106
dualismo. *Ver* cátaros; Irã.
Dykstra, Dirk, 211-212

E

Edda, 62
Eduardo I, da Inglaterra, 97
Eduardo II, da Inglaterra, 98
Egbert, Confessional de, 62
Egito, 39
Eliade, Mircea, 192
Elimas (Bar-jesus), 50
encontros
  "sabás", 67, 96, 107, 110, 164, 171, 192
  "sinagogas", 81, 94, 96, 99, 100
enforcamento, 71, 123, 130, 132, 241
Escócia, 16, 96, 105, 118, 120-121, 125-126, 129, 153-154, 192
espíritos malignos femininos, 13, 21, 59
Espiritualidade Feminina, 217-220
Essex, 118-119, 122-123, 138-139
Estados Unidos, 11, 68
  bruxaria moderna nos, 172, 185, 200, 203, 214-217, 225, 233, 236, 239, 242
  Ver também Salem.
Estatutos ingleses
  de 1542, 118
  de 1563, 118
  de 1604, 122
  de 1736, 129, 154

de 1951 (*Lei dos Médiuns Fraudulentos*), 154
Evans-Pritchard, E. E., 28-29, 31
Êxodo, Livro do, 44, 71

F

Faery Tradition, 220
família, importância nas acusações de bruxaria, 23, 58, 143
familiares, 13, 23, 30-31, 33, 69-70, 103, 116, 118, 122, 123, 126, 160, 173, 178
  modernos, 174, 178
  sugando os mamilos de bruxas, 103
  Ver também gatos; cães.
Farrar, Janet, 220
Fausto, 73, 76
fealdade, correlacionada com bruxaria, 14, 137
feitiçaria, 19, 22, 23, 25, 27-44, 73, 159
  anglo-saxã, 61, 68, 153
  convertida em bruxaria, 83-88, 90, 91
  e enforcamento, 123, 130, 132-133, 241-242
  greco-romana, 39-40, 43, 59, 144-145, 218
  hebraica, 43-45, 59
  na Europa antiga, 59
  origem do termo, 16, 241
  persistência após a Idade Média, 154, 164, 179, 181
feitiços e encantamentos, 59-60, 62
Felipe IV, da França, 98
festivais. *Ver* dias santos.
filmes, 11, 14, 227-232
Flade, Dietrich, 106-107
Flint, Valerie, 23
fogueira, condenação à, 89-90, 98, 106, 113, 117, 121, 153, 158, 241
folclore como elemento da bruxaria, 59, 62-63, 69, 73, 83, 85, 96, 209, 241
Francis, Elizabeth, 118
Franklin, Benjamin, 164
Frazer, Sir James, 56
Frew, Don, 9, 233-234, 240
Friedan, Betty, 217
Friuli, 96
função social
  da bruxaria europeia, 139-152
  da feitiçaria, 27-31
  das origens da caça às bruxas, 94

G

Gardner, Gerald, 169, 197-202, 205-206
gatos
  bruxas transformadas em gatos pretos, 38, 84, 127
  como familiares, 123, 178
  nos sabás, 53, 81
  relações sexuais com mulheres, 30
Gervásio de Tilbury, 84
Gilles de Rais, 99
Ginzburg, Carlo, 96
Girard, Jean-Baptiste, 161
Glanvill, Joseph, 125-126, 128
gnosticismo, 45, 78, 80, 189
goēteia, 40
Goethe, Johann Wolfgang von, 73
Goode, Sarah, 131, 132
Gowdie, Isobel, 126, 129
Goya, Francisco, 11, 13, 52, 142, 158, 162
  pinturas, 2
Grandier, Urbain, 112-113
Graves, Robert, 184, 191, 193-197, 208
Gregório IX, papa, 90
grimórios, 164, 168, 174, 175
Guerra dos Trinta Anos, 108, 139, 159
Gui, Bernardo, 97
Guichard de Troyes, 97

H

Halloween, 67-68, 121, 224
harpias, 43
Hasler, Bernadette, 173
Hausmannin, Walpurga, 107
Hécate. *Ver* Diana.
Henrique VI, da Inglaterra, 115
Henrique VIII, da Inglaterra, 118, 136
  Ver também Estatuto de 1542
heresia
  bruxaria definida como, 94-100, 144
  como elemento formativo da bruxaria, 32, 58, 73-78, 141, 144
  e satanismo, 173
  função da, 137
  na Inglaterra, 96, 115, 117
  punições por, 71, 88, 90-91, 105
  Ver também cátaros; valdenses.
Herne "o Caçador", 66, 69
Herodias, identificada com a Caçada Selvagem, 66
Herrick, James A., 23
Hertfordshire, 159-160
hexenbanner, 122, 174, 175
Hilda (Holda, Hille, Hulda), 60, 65-66, 72, 96
Hincmar de Reims, 73
Hindremstein, Dorothea, 141
Hopkins, Matthew, 123, 125, 126
Hudson Frew, D., 202
Hume, David, 19, 156
Hutchinson, Francis, 126, 158, 160
Hutton, Ronald, 180, 184, 193, 205
Huysmans, J. K., 168

I

Idade do Bronze, 59

Idade Média e bruxaria, 92, 104, 184, 191
idade, correlação com acusações
de bruxaria, 33, 138, 143
identidade opositiva, 204, 215
Igreja Católica, 38, 79, 102, 180-184, 201
Iluminismo, 156-157, 179-180
incêndio premeditado, 129, 143
íncubos, 84, 86-87, 104, 179
infanticídio, 51, 73, 77, 80, 100, 159
em Orleans, 75, 77
Inglaterra, 96-98, 105, 115-123, 125-129, 153-154, 185, 197-198, 200, 205, 215, 225
bruxaria moderna na, 171, 173-175, 177-178
Ver também feitiçaria anglo-saxã
iniciação, 51
Inocêncio III, 90
Inocêncio IV, 90
Inocêncio VIII, 101, 105
Inquisição, 13, 73-75, 88, 90-92, 97-102, 115, 141, 166, 180, 190
Institoris, Heinrich, 101-102, 145-147
internet, 221-232
interpretações históricas da bruxaria, 55-59, 156
Irã, fonte do dualismo, 40, 45, 78
Irlanda, 115, 117, 213

J

Jacobs, George, 152
Jaime I (da Inglaterra) e VI (da Escócia), 44, 100, 120-123, 125-126, 154. *Ver também* Bíblia do rei Jaime; Estatuto de 1604
janeiro, festival de, 67, 68
Jarcke, Karl Ernst, 164, 180-183
Joana d'Arc, 99
João XXII, papa, 97
Jovens bruxas, 226-232
judaísmo apocalíptico, 44-46, 50
judeus, 78, 81, 94, 96, 138, 233
Junius, Johannes, 108, 112

K

Kelly, Aidan, 23, 201
Kieckhefer, Richard, 23, 99
Korn, Anna, 9, 202
Kruse, Johann, 174, 177
Kyteler, Alice, 115, 117

L

Labartu, espírito maligno, 39
lâmias, 43, 65
Lamothe-Langon, Etienne de, 166
Lancashire, bruxas de, 122, 127
Le Franc, Martin, 12
Leek, Sybil, 16
Lehmann, Arthur C., 23
lei
anglo-saxônica, 71
canônica, 72, 88
e exames para bruxaria, 103, 104, 105
e listas-padrão de acusações
contra as bruxas, 118
e *status* da feitiçaria na Europa
antiga, 69, 70, 71, 72
germânica, 90
na caça às bruxas, 104-113
nas Ilhas Britânicas, 118-123, 125-129
nos concílios da Igreja, 70-72
romana, 88, 90
tribunais, 98
visigótica, 63
Ver também Estatutos.
Leland, Charles Godfrey, 184-190, 193, 196, 198, 201
Leptinnes, Concílio de, 70
Levack, Brian P., 23
Lévi, Éliphas, 166, 168
Levítico, Livro do, 71
Lilith (Lilitu), 39, 42
linchamento, 122, 159
loa (deuses vodus), 38
lobos, 38, 62, 84
Locke, John, 19
Lombardia, 99
lombardos, 71
Lorena, província francesa, 102-103
Loudun, 95, 112-113, 159
Louviers, 95, 112, 159
Lucerna, 141
luciferianos, 96
lugbara, tribo africana, 25
Luís XIV, 13, 114, 161
Lutero, Martinho, 104, 146

M

Macbeth, 100
Macfarlane, Alan, 136, 138-139
Macha Nightmare, M., 224
Machen, Arthur, 168
macumba, 28
magia
alta magia, 16, 19-20, 25, 76, 163
baixa magia, 20, 21, 76
e ciência, 18
envolvendo o clima, 63
origem do termo, 16, 39, 40
Magliocco, Sabina, 209
Magna Mater, 43
mago, significado do termo, 16

Malebranche, Nicolas, 157, 158
malefica, maleficia, maleficus, 118, 119, 123, 131
  como heresia, 98
  na Inglaterra, 96, 97
  penalidade para, 71
  significado do termo, 44, 70, 73, 159
Malleus maleficarum, 88, 95, 102, 105, 117, 145-147
Map, Walter, 81
marca da bruxa, 103, 118, 131
Marlowe, Christopher, 73, 76
marxismo, 245
masdeísmo. *Ver* Irã.
Mather, Cotton, 130-133, 135
Mather, Increase, 133-134
Mathers, MacGregor, 168
Medeia, 40, 145
Meyer, Anton, 56
Michel, Anneliese, 173
Michelet, Jules, 167, 182-185, 187, 190-191, 193, 196, 217
Midelfort, Erik, 23, 136, 139, 143, 149
missa negra, 13, 161
Mística feminina, 217
Molland, Alice, 153
Mone, Franz-Josef, 166, 179, 181-184
monoteísmo, 45, 46, 146, 204, 218, 245, 246
Montague, Summers, 135
Montaigne, Michel Eyquem de, 95, 157
montanhas do Jura, 106
Monter, E. William, 23, 106, 136, 149
Montespan, madame de, 161
Mora, Suécia, 153, 155, 159
Morris, Maxine, 176, 213
movimento inter-religioso, 234, 236, 238, 240
mudança de forma, 39, 41, 68, 78, 84, 102, 127, 131
  no *Malleus*, 87-88
  paleolítico, 68
  vodu, 38-9
mulheres na bruxaria
  arquétipo, 146-149
  dominância de, 53, 108, 141-149
  estereótipo, 14, 143
  na África, 31-33
  no *Malleus*, 88, 102, 146
  seguidoras de Diana, 72
  Ver também bruxas feministas.
Murray, Margaret, 56, 167, 185-202, 208

N

neopaganismo, 169, 214, 226, 231, 236, 242, 245, 246
neoplatonismo, 95
New Forest, 200-201, 211
nioro, tribo africana, 34
Novo Testamento, 50
nupe, tribo africana, 34
nyakiusa, 33

O

Oenoteia, 40
Ordem Hermética da Aurora Dourada, 168, 173, 214
Ordo Templi Orientis – OTO, 168, 198
orgia, 13, 31, 43, 53, 68, 73, 78, 80, 83, 87, 91, 96, 99, 102, 117-119, 164, 178, 181
  em Orléans, 77
  no *Malleus*, 102
origens montanhesas da bruxaria, 94
Orléans, julgamento de, 75, 77-79, 85
Osborne, Sarah, 131

P

Pã, 169
pacto
  bruxa de Berkeley e, 82
  como doutrina central da bruxaria, 73, 87, 98, 99
  explícito, 73-74, 89, 107-108
  implícito, 89-90, 95, 97, 98
  na Inglaterra, 118, 122, 126
  origem do, 73-78
  Ver também Teófilo.
paganismo
  equiparado à demonolatria, 70
  significado do termo, 55
panteísmo, 204, 245-246
Paris, Sínodo de, 71
Paris, Universidade de, 98
"Parlamento Mundial das Religiões", 234
Parris, Samuel, 130, 151-152
parteiras, 107-108, 140, 144
Paulo, o Diácono, 73
pecado, 204
pena de morte, 44, 71, 78, 88, 90, 153. *Ver também* fogueira, condenação à; enforcamento.
penitencial de Teodoro, 62
penitências, 62, 71
pesagem, exame de bruxaria, 103
Peter, Edwards, 23
picadas, como exame de bruxaria, 103, 118
polé, 91, 102-103
politeísmo, 55, 146, 204, 245
pondo, tribo africana, 33
Poor Law, Inglaterra, 160
porcos, 38
Prentice, Joan (Jane), 119-120, 122

Primeiro de Maio, 221, 235, 238, 240, 244
protestantismo, 104-105, 121, 146, 148, 153, 155
Providence, Rhode Island, 130
psicologia da bruxaria, 94, 100
Putnam, família, 151, 152

Q

Quetzalcoatl, 44, 48

R

ratos, 60, 107, 123
Ravenwolf, Silver, 231
reciprocidade espiritual, 204, 246
Reclaiming Tradition, 219, 222
Reforma, como período da bruxaria, 92
religião céltica, 55
  influência céltica sobre a Wicca, 208, 209
religião hebraica, 44, 46-47, 50, 59
religião nórdica, 58-60, 62
religião teutônica, 55, 59, 65, 72, 166
Renascença, como período da bruxaria, 92, 95, 191
reputações correlacionadas com a bruxaria, 141
Robbins, Rossell Hope, 106, 123
Rodolfo II, da Áustria, 106
Roma, Sínodo de
  de 743, 70
  de 826, 71
romantismo, 164, 166, 181, 183, 185
rosa-cruzes, 168
Rose, Elliot, 58, 125, 186, 192

S

sabá, 41, 45, 81, 192
  moderno, 172, 182, 210, 235, 238, 244
Sabrina, aprendiz de feiticeira, 228
sacramentos, profanação dos. *Ver* crucifixo.
Sadducismus trumphatus. *Ver* Glanvill, Joseph.
Salem, 33, 130-135, 138, 159, 241
  história social de, 149-152
Samhain. *Ver* Halloween.
Sampson, Agnes, 120
Sanders, Alex, 172, 176, 207, 210, 212-214, 218, 220
santos, 46, 54, 70
Satã. *Ver* Diabo.
satanismo, 12-13, 44, 58, 61, 75, 112, 159, 161, 173, 181, 241
Scot, Reginald, 121
Scott, Sit Walter, 166
Sebald, Hans, 173, 177
Sexto e sétimo livros de Moisés, 174, 177
"sinagoga", 81-82, 94, 96, 99-100
Smythe, Ellen, 119
"sobrenatural", significado de, 18
solstício de verão, 68
Somerset, 127
Sprenger, Jakob, 101
Stanton, Margery, 119, 141
Starhawk, 219, 222
Stark, Rodney, 23
Stoker, Bram, 168
striga, stria, 70
Summis desiderantes affectibus, bula, 101
sumos sacerdotes e sacerdotisas na bruxaria moderna, 207, 210, 213
Super illius specula, bula, 97
"superstição", significado de, 16
"Susan B. Anthony Coven Number One", 217
Swing, bispo William, 236

T

televisão, 96, 171, 177, 227-228
templários, 97, 98
Teodósio, código de, 88
Teófilo, 75
teologia escolástica, 85, 241
teste da água, exame de bruxaria, 101, 103
Teufelsdreck (assa-fétida), 175
teurgia, 40
Thorndike, Lynn, 19, 131, 135
Tinctoris, Johannes, 93
Tituba, 131
Todi, Itália, 141
tortura, 91, 103, 111
  autorizada por Inocêncio IV, 90
  função da, 140
  na lei inglesa, 133
  prática legal da, 95, 99-105, 108, 110-112
  Ver também polé.
toupeiras, 123
traços de bruxaria no mundo, 33-34
Trevor-Roper, Hugh, 94, 152
Trier, Alemanha, 106-107

U

unguentos (pomadas), 30-31, 38, 51-54, 77, 102, 104, 107, 117, 127
  acusação-padrão, 104
  no *Malleus*, 102
United Religions Initiative – URI, 236, 239

V

valdenses, 90, 93, 96, 144
Valiente, Doreen, 186, 189, 201, 206-211
Vallin, Pierre, 100
vizinhos e bruxaria, 140-141
vodu, 11, 28, 36-38

voo, 12, 51, 54, 73, 84, 102, 107, 118, 127, 15
acusação padrão, 104

W

Waite, A. E., 168
Walpurgisnacht. *Ver* 1º de maio.
Walter, bispo de Lichfield e Coventry, 97
Warboys, bruxas de, 70
Waterhouse, Agnes, 118-119
Webster, John, 125
Wenham, Jane, 129, 153
Weston, Jessie, 167
Weyer (Wier), Johann, 108-109, 121
Wicca, 176, 197, 200-202, 205, 207-209, 213-214, 216, 218, 220-221, 237, 242, 246. *Ver também* religião céltica.
Willard, John, 133-134
William de Malmesbury, 83
William de Newburgh, 83
witchvox.com, 224-226, 232

X

xamãs, 30, 33-34. *Ver também* curandeiros.

Y

Yates, Frances, 19
Yeats, William Butler, 168

Z

Zell, Tim "Otter", 220

Sobre os autores

Jeffrey B. Russell (1934-2023) foi professor emérito de História na Universidade da Califórnia, campus Santa Bárbara. Publicou diversos trabalhos voltados para o estudo da Europa medieval e da história da teologia.

Brooks Alexander é autor de *Witchcraft goes mainstream* (2004) e escreveu numerosos artigos sobre bruxaria, neopaganismo e outros movimentos religiosos mais recentes.

TIPOGRAFIA:
Alegreya [texto]
Warnock Pro [entretítulos]

PAPEL:
Avena 80 g/m² [miolo]
Couché 150 g/m² [capa]
Offset 150 g/m² [guardas]

IMPRESSÃO:
Ipsis Gráfica [junho de 2025]